廣州大典研究

STUDIES ON GUANGZHOU ENCYCLOPEDIA
(2018 No.1) Vol.1

2018 年第 1 辑 总第 1 辑

主编　刘平清

社会科学文献出版社
SOCIAL SCIENCES ACADEMIC PRESS (CHINA)

发刊词

2005 年开始编纂的《广州大典》，起步之初就高度重视研究工作。早在 2006 年，为配合大典的编纂，"广州文献与《广州大典》"就列为该年度广州市哲学社会科学重点课题。课题有计划、有针对性地对自西汉至 1911 年前的广州历史文献进行专题研究，从文献种类、目录、版本等角度，研究文献价值，摸清版本源流，掌握文献的存佚和收藏状况。课题研究不仅为《广州大典》一期经、史、子、集、丛各辑选目提供有关文献价值和古籍版本的事实依据，而且极大地改写了学界此前对广州乃至岭南地区 1911 年前的文献的认识。《广州大典》的编纂出版，丰富了我们对岭南文化的再认识；许多原来散佚深藏在世界各地图书馆和私人藏书家手中的文献，通过《广州大典》重新进入人们视野；古老的文献，获得了新的生命。毫不夸张地说，没有研究，就不可能有《广州大典》一期编纂出版的成功。

在《广州大典》编辑部基础上成立的广州大典研究中心，在继续推进《广州大典》（民国篇）编纂的同时，也多次通过课题发布的方式，委托专家学者对涉及广州的海外文献、民国时期广东的文献进行全方位摸查。

编纂与研究，如同广州大典研究中心工作的两翼。从 2013 年开始，广州市政府设立"《广州大典》与广州历史文化专题研究"专项资金，鼓励海内外学术界充分利用大典丰富的文献资源，开展相关研究，积极发掘大典的历史文化价值。

2015 年 4 月 30 日，广州大典研究中心挂牌成立之后，在广州市社会科学界联合会的大力支持下，围绕大典相关文献，中心先后与广东省立中山图书馆、广州市地方志办公室、广州大学、广州中医药大学、暨南大学等多家单位合作，举办了多场学术研讨会，以期推动学界对于《广州大典》

和广州历史文化的研究，并为《广州大典》的后续编纂拓展学术视野。

为进一步推进《广州大典》研究，在广州大典研究中心编纂委员会和学术委员会的指导下，今天我们创办了《广州大典研究》集刊。我们的目的，是通过集刊，汇集学界智慧，为我们正着手进行的《广州大典》（民国篇）的编纂出版，提供更多有益的帮助；同时也为相关的研究，提供一个展示成果的平台，鼓励更多的朋友加强这方面的研究，以期推进传统文化的创造性转化和创新性发展。

1935 年 6 月 29 日，鲁迅在致广东籍青年赖少麒（即后来著名的画家赖少其）的信中这样说："巨大的建筑，总是由一木一石叠起来的，我们何妨做这一木一石呢？"

编纂出版大典，是聪明人下的笨功夫。以我们现有力量，推出研究集刊，仍然要下更大的笨功夫。我们希望，集刊能为学术百花园提供一个小小的园地；我们希望，这一木一石，能对学术的繁荣做出我们的贡献。

哪怕它多么微弱。

蓄芳在今朝，收获期来日。

刘平清

目 录

CONTENTS

名家专论

史料发掘

成果应用

社会与文化

地方学理论探讨

大典动态

名家专论

试论《大同书》政治哲学的几个支点

李哲夫*

广州市政府参事室，广东广州，510600

摘　要：《大同书》是康有为具有代表性的一部著作，它堪称一部奇书，康氏的主旨是竭力为其开创的新儒教和改良维新事业建立一个美好的政治理想和政治信仰。《大同书》有一以贯之的内在逻辑，有环环相扣的学术支点。它以渐进性的进化论和加以改造过的公羊"三世说"的历史观为主线，以"去国家，公天下"的世界制度观和"泯差别，求平等"的社会政治观为核心，以拯救中国，引导世界走向大同为根本旨归。凭借这样几个政治哲学支点，康有为开拓了传统儒家的思想视野和精神境界，为近代儒家注入了新的时代内容和外域活水，建构了具有中国特色的大同之世的社会理想，也以此奠定了自己在中国政治学说史上的里程碑地位。

关键词：康有为；《大同书》；儒教；改良维新

《大同书》是中国近代史上名副其实的一部奇书。康有为一生讲学从政，著书立说，奔走呼号，以振兴国家，解民苦难，光大孔子学说为己任。他自视甚高，俨然以圣人自许，人有如欲平治天下，当今之世舍我其谁之概；同时又好学深思，兼收并蓄，在顽强坚守自己思想信念和政治观点的基础上，长于吸收新思想、新观念、新事物，从而使其成为中国近代真正意义上承前启后、继往开来、维新启蒙的代表性学者和政治人物。康

＊　李哲夫（1952～　），男，汉族，辽宁沈阳人，广州市政府参事室参事，历任广州市文化局党委书记、广州市委宣传部常务副部长、广州市政协教科文卫体委主任等职。

有为深切地认识到宗教的凝聚力和号召力，因而力主变儒学为儒教，其著《大同书》，就是要为新儒教建立美好的政治理想和政治信仰。他并不认为当下就可行大同之治，因而曾一度将此书深藏于箧，秘不示人，深恐误导同人，但他坚信今后的世界必定是大同的世界，大同之光必将普照大地。今天，重新审视《大同书》，深切感到康有为的政治思考自有其一以贯之的内在逻辑，笔者以为其学术支点主要有三：一为"三世说"的进化论历史观；二为"去国家，公世界"的制度观；三为"泯差别，求平等"的政治观。三者环环相扣，相得益彰，共同支撑起大同世界的政治构想。

一

先贤与当代学者对康氏"三世说"的解读和分析可谓多矣，对其思想源流、政治实质、历史影响等方方面面都已经做了极为详尽的研究，似已到了不容置喙的地步。"三世说"固然源自《春秋公羊传》（以下简称《公羊》或《公羊传》），但西方的进化论似是其更为坚固的思想基石，说它是进化其里，《公羊》其表，进化其体，《公羊》其用也不为过。它虽然没有科学的唯物史观作支撑，也与先进的社会发展理论相距颇远，但在政治学意义上还是有它的独到之处。

其一，以治乱作为评价社会制度的基本标准。在儒家乃至整个传统的中国政治文化中，治乱的概念非常重要，它是对一个社会、一个朝代、一个时代究竟做出肯定性评价还是否定性评价的最基本指标。康有为的"三世进化"说，归根到底，也是把治乱与否当作划分时代、评价社会的基本标准。"据乱世"无疑是不好的社会，"太平世"则是理想的社会，而"升平世"则是介于二者之间的社会。这种评价标准是有道理的。当代学者赵汀阳认为，如果一种政治制度在解决社会治乱和天下兴亡问题上是有效率的，它就是好制度，反之，就不能说是好制度，因而治乱兴亡就应该成为制度分析的一个基本原则。而且这一政治分析和评价标准，有它的理论优越性，即它是一个客观标准，可以基本上不受价值观、意识形态和宗教的影响，也就是说，治乱兴亡是可以客观描述的对象，它超越于主观叙事（参见赵汀阳《坏世界研究》）。治的概念表征的是一个有序的社会。它抛开了人们的价值观偏好，不管是什么样的社会制度，奉行什么样的意识形态，只要它是安定的、有序的、能为大多数人所接受的，就是一个好制度。因为在这种制度下，合作大于冲突，能为人们的社会生产和生活，提供一个相对安全、相对稳定的社会环境，这就有利于生产力的发展，有利于人们生活水平的维持和提高。而一个动荡的社会，一个充溢暴力和恐怖的社会，就是一个无序的社会，一个混乱的社会，一个人心惶惶、流离失所的社会，它不但不能使生产正常进行，甚至会使已有的生产力遭受破坏，人们的正常生活不但难以维持，甚至会经常处于吃住无着、颠沛流离的状态，正像老百姓总结的那样，"乱离人不如太平犬"。这当然就是一个坏的社会。只有一个例外，这就是社会革命所造成的动荡。那是一种暂时的动荡，是会带来长期的安定、更好意义上的安定的动荡，这是社会进步的必要付出。正是在这个意义上，马克思才说，革命是历史前进的火车头。但纵使如此，在革命时期，也会对社会生产力造成一定的破坏，对人们的社会生活造成一定的失序和不安。但是，当人们别无手段去改变已经无法忍受的旧制度、旧统治的时候，那么，暴力革命就是迎接和建立新制度、新统治的唯一选项、唯一道路，这时革命就理所当然地成为人民大众的盛大节日，而短暂的动荡以至破坏，就是可以接受也是必须付出的代价。这是马克思主义者的认识。而传统的中国政治文化则把好社会称为治世，把不好的社会称为乱世，并总结出一治一乱、治乱交替这一历史发展的规律，这具有相当的合理性和客观性。康有为接过这一传统的政治理念，认为结束乱世、开启治世是拯救中国的唯一途径，他看出社会动荡对社会发展和人民生活的巨大破坏作用，以至不赞成在任何情况下可能导致社会和国家剧烈动荡的行为，包括革命，这成为康有为"三世说"的一个基点。

其二，以改良作为救世强国的最佳途径。坚持改良，反对或不主张革命，这是对康有为的盖棺定论。近当代我国主流的马克思主义者都认为，康有为是中国近代先天不足的民族资产阶级的代表，这一阶级具有与生俱来的软弱性，对内屈服于地主阶级，对外屈服于帝国主义，因而推行改良主义就成了他们必然的政治主张。这里，我们暂不涉及康氏的阶级属性问题，而是从其认识的来源和思想形成的固有理路来加以分析。甲午战败，列强环视，形势危在旦夕，中国岌岌乎处于被瓜分被解体的边缘，在这一危局之下，康有为忧心如焚，积极参与了震惊朝野的"公车上书"，并先后进呈了一系列旨在变法维新的奏折。除了打起效法孔子"托古改制"的政治旗帜，并以充实和改造过的公羊"三世说"为理论武器外，还认真援引和借鉴了国内外的相关经验教训，说服光绪皇帝革故鼎新，励精图治，挽狂澜于既倒，扶大厦于将倾。对国内，他认为春秋战国之世的滕文公、赵武灵王都是大胆改革而取得成功的范例。对国外，他认为俄罗斯原本是蕞尔一隅，自彼得大帝"发愤变法而霸北球"；① 日本其国家人民不过相当于我之四川，一俟明治维新，遂成东方强国。它们都是清王朝应当取法学习的榜样。相反，苟延残喘、坐以待毙、墨守成规、不思进取的突厥和波兰，则只能一解体、一亡国。"物久则废，器久则坏，法久则弊"，② 因而，维新则强、则盛，不维新则弱、则亡。然而，对于革命这一激烈的运动，康有为也是不赞成的，这除了他是体制内人物，有利益关系，又受儒家文化影响，寄希望于明君圣主外，也与他认为革命必然造成动荡、造成乱局、造成社会破坏有关。在他看来，中国沉疴已久，经不起这一猛药，况且在列强虎视鹰瞵之下更不能乱，否则必为他人所乘。于国内，太平天国运动过去不久，他当有刻骨铭心的记忆；而对国外，法国大革命使他最为震惊，他认为那是一场莫大的灾难："流血遍全国，巴黎百日而伏尸百二十九万；变革三次，君主再复，而绵祸八十年。十万之贵族，百万之富家，千万之中人，暴骨如莽，奔走流离，散逃异国，城市为墟，而革变频仍，迄无安息，旋入洄渊，不知所极。"③ "普大地杀戮变乱之惨，未有若近世革命之祸酷者矣！"④ 于此，他得出中国不能不变，不变必亡；中国不能剧变，剧变亦必亡的结论。这是康有为深思熟虑而又固守不移的观念。

其三，以循序而行作为历史发展的必然逻辑。不能停滞，也不赞成剧变，不赞成搞跳跃式的"躐等"，那就只能一个台阶一个台阶地循序而进。康有为认为，君民合治是中国历史发展过程中必不可缺的一个阶段、一个

---

① 康有为：《公车上书记·戊戌奏稿》，广西师范大学出版社，2016，第 243 页。
② 康有为：《公车上书记·戊戌奏稿》，第 32 页。
③ 康有为：《公车上书记·戊戌奏稿》，第 255 页。
④ 康有为：《公车上书记·戊戌奏稿》，第 255 页。

环节，超越这一阶段和环节，一定会欲速而不达。康有为把公羊"三世说"和西方的进化论紧密结合起来，他是自觉地把西方的进步观念用中国的方式加以表达和推广的一个政治家。初次接触西方的进化论学说，康有为有电光石火，豁然洞开的感觉，惊叹"眼中未见此等人"，[①] 受到强烈的冲击。但他作为一个伟大的思想家，很快就意识到要维新变法，还是要依赖传统的中国理论和中国文化，要旧瓶装新酒，老树着新花，赋予孔子学说以新的微言大义才能成功。于是他选中了公羊"三世说"，并将进化论深植其中，作为变法维新最基本的理论依据。"三世"的原意在《公羊传》那里是指：《春秋》的著者所撰写的都是他对于其"所见世""所闻世""所传闻世"史实的忠实记述。其后，西汉经学大师董仲舒把《公羊传》中阐发议论的主体确定为"孔子"，而经学家何休则进一步用"衰乱世"、"升平世"和"太平世"来分别描述孔子"所见世"、"所闻世"和"所传闻世"的本质特征。于是，为已经深受近代西方进化论学说影响的康有为敏锐地抓住，认为这是"托古改制"，推行维新变法，表达自己政治理想的一个绝佳载体。在他看来，由衰乱而升平，再由升平而太平，历史是进步的、发展的，是越来越好的，这与进化论完全一致，又是中国式的表达，而且是源自先圣孔子的权威表达；于是毫不踌躇地接过这一旗帜，作为改制变法的依据。康有为是清王朝体制内的政治人物，因而他不能把当时的时代称为衰乱世，但也不能认为它是太平世，于是以升平世定义之，表征它并不很糟糕，但需要痛加改良，从而达于更好。为了使自己的这一主张更有吸引力、说服力和号召力，他又把《礼记》中关于"大同"和"小康"的论述嫁接于"三世说"之中，首先使"太平"与"大同"相一致，从而使这一社会理想更为诱人、更为明晰、更加具有实质内容。然后再把当世称为"小康"，小康也就是升平，只要实行改良，积以时日，就可以顺理成章地走向"大同"，进入太平之世。小康、大同的两分法，与乱世、治世的两分法是一致的，却与"三世说"的三分法产生了矛盾。为了泯除这一矛盾，康有为只能把小康划入乱世这一范畴，毕竟改良要压倒

---

① 刘梦溪主编《中国现代学术经典·严复卷》，欧阳哲生编校，河北教育出版社，1996，第4页。

一切，如属于治世，改良就没有那么重要和紧迫了。但这一乱世不同于衰乱世之乱世，一个是天下大乱，一个是弱而不强，两者在程度上是迥乎不同的。社会的发展原本就是参差不齐的，为了使"三世说"更具有解释力，康有为又提出每一世可进一步细分为三世："有乱世中之升平、太平，有太平中之升平、据乱，……一世之中可分三世，三世可推为九世……"①以至无穷。他还把眼光从纵向的古今扩展到横向的世界："盖尝论之，以古今之世言之，有据乱、升平、太平之殊，不可少易。而以大地之世言之，则亦有拨乱、升平、太平之殊，而且不可去一也。即以今世推之，中国之苗瑶侗僮，南洋之巫来由吉宁人，非洲之黑人，美洲之烟剪人，今据乱世之据乱矣。印度、土耳其、波斯颇有礼教政治，可谓据乱之升平矣。若美国之人人自主，可谓据乱之太平矣。"② 因而，为治之道在于认清所在之世并世中之世，依据不同情况实行不同治法，才能合乎世情、达到效果。正如在自然界中，"地有广野平原，而亦有峻峰邃谷。天有卿云朗日，而亦有烈风迅雷"③ 一样，不能笼而统之，一概而论，必须"因其地而施其义法"。④ 康有为的这些论述，归根到底是要说明，为政当因世制宜、循序渐进，既不能裹足不前，也不能跨越而进。"但以生当乱世，道难躐等，虽默想太平，世犹未升，乱犹未拨，不能不盈科乃进，循序而行。"⑤ 否则，"乱次以济，无翼以飞，其害更甚矣"。⑥ 于是，在他看来，由衰乱而至升平（小康），由君治而至君民共治，乃近世中国不可不经过的历史阶段，企图跨越这一阶段，就是"躐等"，就是"乱次以济，无翼以飞"，是不可取

---

① 《康有为全集》第 6 集《论语注》，姜义华、张荣华编校，中国人民大学出版社，2007，第 393 页。

② 《康有为全集》第 5 集《中庸注》，姜义华、张荣华编校，中国人民大学出版社，2007，第 389~390 页。

③ 《康有为全集》第 5 集《中庸注》，姜义华、张荣华编校，中国人民大学出版社，2007，第 390 页。

④ 《康有为全集》第 6 集《春秋笔削大义微言考》，姜义华、张荣华编校，中国人民大学出版社，2007，第 310 页。

⑤ 《康有为全集》第 5 集《礼运注·序》，姜义华、张荣华编校，中国人民大学出版社，2007，第 553 页。

⑥ 《康有为全集》第 5 集《礼运注·序》，姜义华、张荣华编校，中国人民大学出版社，2007，第 553 页。

的过激行为。

二

《大同书》是以论述大同社会的政治理想为主旨的。康有为接过《礼记·礼运》中关于大同社会的美好描述，并在此基础上进行了天才的扩充和演绎，构筑了令人颇为向往的理想世界，尽管其中多有臆想、幼稚和荒唐之处，但这无论在当时还是在中国的政治思想史上，都具有不同寻常的意义。要实现大同社会的政治理想，康有为的思路有两个维度：外则弭兵去国，内则去级、去家、去私。这既有对中国传统文化中天下无外思想的引申和发挥，也有更多异常大胆的反传统思维。

要实现天下大同，第一个前提条件就是世界和平。战争对人类为祸最巨，它是一种以国家为主权单位，追逐利益最大化行为的最高斗争形式，是一种国与国之间有组织的大规模相互杀戮行为，"上战场彼此弯弓月，流遍了，郊原血"。从古至今，从中国到外国，战争陪伴了迄今为止人类文明社会的全过程。而要消除战争，釜底抽薪的办法，就是去国。在《大同书》中，康有为不惜笔墨，阐述有国之害：有国必有兵，有兵必有战，有战必死伤，而且是动辄死伤以数千、数万、数十万计。血流漂杵，生灵涂炭，"白骨蔽于野，千里无鸡鸣"，几乎是人类社会司空见惯、反复发生的人为灾难。

我们知道，现代政治的游戏规则主要是由民族国家决定的，现代制度的最大应用范围也是到民族国家为止，主权止于国家边界，有效政治就止于国家边界。而政治进入外部世界就变质为对抗，尚未刀兵相见的对抗和已然刀兵相见的对抗，这就是国际政治。国际政治的实质是国家间的政治，是为主权国家利益所左右的政治，在这一政治的基础上是推导不出、发展不出世界政治、全球政治的。而西方的政治思维也往往止步于国家政治，突出战争概念的霍布斯传统固然这样，突出竞争概念的洛克传统也是这样，而谋求和平契约的康德传统同样走不出民族国家的局限。似乎只有马克思主义提出的共产主义的理想社会制度，才是超越民族国家视野的全球性政治思维的产物。中国则不同，起码在三千年前所建立的周朝，就创制了以世界政治为核心的天下体系。这一体系的实质就是要实现世界的内部化，"普天之下，莫非王土；率土之滨，莫非王臣"。一切都为天下所有，一切都为天下所容，主权在天下，天下无外部，天下对天下的所有事物负责。这一源远流长的政治传统，深深内化于康有为的政治观念之中。因而，在他看来，"欲安民者非弭兵不可，欲弭兵者非去国不可"。① 世界之所以缺乏太平，战乱频仍，祸根就在于有国，不去国就不可能从根本上止战，国家林立就不可能有世界政府，而没有世界政府，世界就还是一个无政府状态的世界，无法成为一个长久有序的世界。

公羊学有一个很重要的政治观点，就是"异内外"说，它指的是，由于"三世"的不断嬗替，历史将呈现"王化日益"、滚雪球式扩展的趋势和进程。具体就是，在衰乱世，"以鲁国为内，以诸夏为外"；在升平世，以"诸夏为内，夷狄为外"②；在太平世，则不分内外，远近大小若一。这是一种以鲁国和诸夏为中心，主要依靠文化的影响力，由近及远，不断吸收边缘地域和人民归于华夏的"大一统"过程。这一现象，被赵汀阳称为"旋涡模式"，③ 而外国政治学者和历史学者则认为它是中国特有的朝贡体制。但不管怎样，它是中国版图和华夏民族得以形成的历史根源。对此，康有为加以灵活诠释，把它扩展到世界范围，并在坚持时间维度的三世转化的基础上，进一步扩展为一世之中在空间维度上也可以有三世转化，认为整个世界也存在着落后国家（据乱世、升平世）向先进国家（太平世）看齐，最后趋于大同，进入太平之世的趋向。这种由内而外，外而变内，最后趋于无外的去国过程，从哲学逻辑上是以政治上的"共在"作为其存在论假定的。从而由家而邦，由邦而国，由小国而大国，最终将整个世界全部内部化，使世界成为一个无外的世界，浑然一体的世界。这在实践上，也是一个有理由实现的可能世界，特别是在科技革命日益发展，世界已经成为一个交往日益密切，各国你中有我、我中有你、谁也离不开谁的深度融合的全球化情势下，建立一个无外的世界，不仅具备了可能性，而且简直具备了必然性，尽

① 康有为：《大同书》，周振甫点校，中华书局，2012，第 69 页。
② 段熙仲：《春秋公羊学讲疏》，南京师范大学出版社，2002，第 512～513 页。
③ 赵汀阳：《惠此中国：作为一个神性概念的中国》，中信出版集团，2016，第 19 页。

管这一道路不能不是漫长的曲折的，甚至是极为艰难的，然而"青山遮不住，毕竟东流去"，也是可以预见的。

康有为的观点也有这一思想的萌芽，在《大同书》中，论至去国的可能性时，康有为认为，这很难。他指出，"国者人民团体之最高级也；自天帝外，其上无有法律制之也；各图私益，非公法所可抑，非虚义所能动也；其强大国之侵吞小邦，弱肉强食，势之自然，非公理所能及也"①。康有为清醒地意识到，有效制度至国家而止，国家之上没有有效制度和有效法律予以约束，国际上通行的还是丛林法则。在这样的政治生态下，要弭兵，要去国，使"天下为一，大地大同"，②谈何容易？然而其势如此，终究会有实现的那一天。"观今之势，虽国义不能骤去，兵争不能遽弭，而以公理言之，人心观之，大势所趋，将来所至，有必讫于大同而后已者，但需以年岁，行以曲折耳。"③康有为所认为的趋势是什么呢？一是"国界自分而合"④是历史的趋势。中国从上古的"协和万邦"到汤时三千国，周初一千八百国，春秋时二百多国，战国时仅剩下七国，最后至秦则一统矣，前后不过二千年而已。外国也是如此，他遍举波斯、印度及欧美列强合并小国的历史现象，认为以大吞小，以强灭弱，渐趋于同，就是在为大同作准备。二是"民权自下而上"⑤也是历史的趋势。君权为私，自然难以合国，而民权其利益在民，大同则普天下之人皆能受益，因而"联合亦易"。⑥只要时机成熟，届时就会"人望趋之如流水之就下"，⑦于是世界只有一个政府将会成为现实，人类将从此远离战争。康有为认为国家少则合并易，政权在民则合并易，还有，他在《大同书》中曾多次论到近代的交通、通信、科技及大工业将使世界结为一体，其实，这是更为深刻且富有远见的见解，不能不说，他已经在当时就多少看到全球化这一发展前景了。

对于如何去国，通过什么途径才能去国而建立世界政府，康有为也没

---

① 康有为：《大同书》，周振甫点校，中华书局，2012，第69页。
② 康有为：《大同书》，周振甫点校，中华书局，2012，第69页。
③ 康有为：《大同书》，周振甫点校，中华书局，2012，第69页。
④ 康有为：《大同书》，周振甫点校，中华书局，2012，第69页。
⑤ 康有为：《大同书》，周振甫点校，中华书局，2012，第70页。
⑥ 康有为：《大同书》，周振甫点校，中华书局，2012，第70页。
⑦ 康有为：《大同书》，周振甫点校，中华书局，2012，第70页。

有止于幻想，而是从现有的政治治理模式中加以发挥，提出了一个"三步走"战略："今欲至大同，先自弭兵会倡之，次以联盟国纬之，继以公议会导之，次第以赴，盖有必至大同之一日焉！"① 先召开弭兵大会，平等订约，犹如春秋时期的晋楚弭兵，亦如近世欧洲的维也纳和会，虽不可避免忽寻忽寒、忽和忽衅，然而作为起步阶段，作为据乱世的一个制度，却有其存在的合理性和不可逾越性。继则实行联邦制政体。即各国以联邦的形式存在，共同受治于统一的大政府，国内事务由各国各自处理，共同事务则由大政府统之。约如我国的夏商周时代和当时联邦德国的治理形式。这是升平世的治理制度。最后则实行世界合一的制度。削除各国，建立自主洲郡，而统一于世界性的公政府。公政府实行民主政体，略如将当时美国、瑞士之体制扩大到全世界的范围。而这就是太平世的治理制度。当然，对于社会发展的任何预先设计都是有风险的，然而为引导社会发展，又不能不提出预见。康有为作为近代中国的一位启蒙者，他做了在他那个时代所能做的一种政治预想和政治设计，其成败利钝在今天看来并不重要，但他提出的政治理想所体现的中国天下观的思维方式，却可以为今后的世界治理提供一种中国式解决问题的维度，这就弥足珍贵。

三

要实现大同，外必去国，内则必去级界、去家界、去产界，只有这样，才能除却各种不平等、各种差异，达于大同。

去级界。有级界则必不平等，这种不平等，是人类诸多痛苦的根源，去苦则必然去除这些不平等，这是大同之世的题中应有之义。康有为认为，这种不平等主要体现在三类人群，即贱民、奴隶和妇女身上。康氏自然于马克思主义的阶级和阶级压迫理论毫不知悉，并不能科学地定义和阐明阶级差别的根源及消除阶级存在的社会历史条件，他的着眼点主要放在成文法和传统政治所明确规定的阶级差异上。如印度种姓制度把人分为诸多等级，而贱民则与生俱来就处于被奴役被欺压的地位，这是典型的不平等。欧美也刚刚废

① 康有为：《大同书》，周振甫点校，中华书局，2012，第 70 页。

止奴隶制度，而买卖奴隶、役使奴隶，也是典型的不平等。康有为对于中国早在两千多年前，就由孔子创平等之义，"明一统以去封建，讥世卿以去世官，授田制产以去奴隶，作《春秋》、立宪法以限君权"①的开明政治，大为自豪，认为"于是中国之俗，阶级尽扫，人人皆为平民，人人皆可由白屋而为王侯、卿相、师儒，人人皆可奋志青云，发扬蹈厉，无阶级之害"，②认为这是孔子的非常之功。康有为为妇女争取平等权利的阐述，历来为研究者所称道，他把妇女所遭受的被压迫之苦，妇女对人道文明的重大贡献，阐述得非常详尽；而对于解决男女的不平等问题，也提出了一系列包括教育、礼法、政治、法律等主张。他虽然还不能科学地解释妇女解放与人类解放之关系，妇女解放与社会革命之关系，妇女解放与生产发展和科技进步之关系，但如此重视妇女的平等问题，康氏应当算是中国历史上的第一人。在去级界上，康有为的部分观点是有其误区的，这主要是在人种问题上，可能是受西方白人至上观念的影响，康氏也认为白种人更为优越，黄种人稍次，而黑种人最为低下，并提出改造人种的荒唐观点。还有就是他在《大同书》中完全未提及民族不平等的问题，但在《戊戌奏稿》中我们看到，他是坚持民族共治、满汉不分的，他对北魏的改革家魏孝文帝特别推崇，原因之一就是魏孝文帝推行华风汉习，变少数民族姓氏为汉族姓氏，主动泯除民族差异。为此他建议清政府加以效法，"立裁满汉之名，行同民之寔"，③由是可知，消除民族界线，自是实现大同的一个固有内容。

去家界。在中国的传统文化中，家是一个最为重要的概念，家是最基本的社会存在单位，是名副其实的社会细胞。与西方不同，西方是个人至上，而中国则是家庭至上，个人依附于家庭。家是缩微版的国，而国是放大版的家。家国同构，齐家方能治国。国以民为基，任何一个社会都是如此，中西没有不同。但在中国，民是以家的形式存在的，有家斯有民。家是最基本的生产单位，又是最基本的消费单位，更是最基本的社会单元。

---

① 康有为：《大同书》，周振甫点校，中华书局，2012，第 109~110 页。
② 康有为：《大同书》，周振甫点校，中华书局，2012，第 110 页。
③ 康有为：《公车上书记·戊戌奏稿》，第 166 页。

自三代以下，历几千年，家和家族的观念在中国人的心目中，可谓分量最重，根基最深，最为牢不可破。康有为认为，要达于大同，必去其家。在他看来，有家必各亲其亲，各子其子，这是人性之必然，如此，则公天下就会成为一句空话。康有为是个眼界开阔的政治家、思想家，他深入研究了中西不同的家庭制度、家庭伦理和家庭观念，剖析了它们的利弊，在此基础上，以《礼记·礼运》关于大同之世的描述为基础，并从西方近代兴办的有关公共福利、公共事业中获得启发、生出灵感，一反中国传统政治文化关于"齐家、治国、平天下"的逻辑，而代之以"去国、去家、有天下"的逻辑，这在当时，如果还算不上石破天惊之论的话，那也是一种非常大胆的异端之说。在康有为看来，家是一切私欲私念之渊薮，是诸多弊害不公之根源，他在详细罗列有家之害后总结："故家者，据乱世、升平世之要，而太平世之最妨碍之物也。以有家而欲至太平，是泛绝流断港而欲至于通津也。不宁唯是，欲至太平而有家，是犹负土而浚川，添薪而救火也，愈行而愈阻矣！"① 康有为既依据儒家关于"大道之行也，天下为公"的理念，又植入西方天赋人权的观念和公共事业的形式，设计了一套去家之后的太平之世的社会治理办法，提出公政府当从孩童呱呱坠地开始，即应负起公养之、公教之、公恤之的责任：以育婴院、幼儿园的形式对幼童公养之；以各等级的公立学校的形式对青少年公教之；以养老院、恤贫院的形式对老年人、残疾人、贫困者公恤之。使天生烝民，"皆直隶于天"，② 完全以个体为单位，享受从生到死的公权利、公福利，从而让人们从家庭中解放出来，从私有牢笼中解脱出来，专心致志地从事各种社会事业活动。

去产界。大同社会是公天下的社会，它不但要去除等级制，实行人人平等；要去除家庭，使人人直隶于社会；还理所当然地要去除产业的私有制度，而代之以产业的公共所有。康有为应该没有接触过马克思主义的学说，还不能从所有制的高度，揭示剥削制度的根源所在，却也洞察到了产

---

① 康有为：《大同书》，周振甫点校，中华书局，2012，第 191 页。
② 康有为：《大同书》，周振甫点校，中华书局，2012，第 192 页。

业私有之害，认为"农不行大同则不能均产而有饥民"；[①]"工不行大同则工党业主相争，将成国乱"；[②] "商不行大同则人种生诈性而多余货以珍物"，[③] 以此解释私有制之害当然还很不够，而且就经济体系来说，也并不全面，至为重要的金融界就被置之局外。更为不足的是，他没有提出一条变私产为公产的可行性路径，没有提出推动这一巨大变动的社会动因、社会动力、社会力量是什么，因而，他的构想只是一种乌托邦，设计得再细致也不过是水中月、镜中花而已。然而，作为旧制度营垒中的人物，在国家存亡安危、命若累卵的形势下，毅然举起变革维新的旗帜，并在失败了的情形之下，仍然孜孜以求救亡图存之路，悉心考察西方列强的国以富强之道，而且还能观察出其内在的一些弊端和矛盾，并从儒家的大同传统中寻求解决之路，这就足以彪炳史册了。

要之，《大同书》以渐进性的进化论和加以改造过的公羊"三世说"、《礼记》"天下为公"说为主线，以去国、去级、去家、去私为核心，以拯救中国，引导世界走向大同为旨归。笔者认为，这就是《大同书》政治哲学最为重要的几个支点。凭借这样几个支点，康有为终于为近代儒家建构了大同之世的社会理想，从而也以此奠定了其在中国政治学说史上的里程碑地位。

作者通信地址：广东省广州市天河区珠江东路 4 号广州图书馆广州大典研究中心，邮编：510623。

责任编辑：王富鹏

[①] 康有为：《大同书》，周振甫点校，中华书局，2012，第 234 页。
[②] 康有为：《大同书》，周振甫点校，中华书局，2012，第 235 页。
[③] 康有为：《大同书》，周振甫点校，中华书局，2012，第 236 页。

道咸同间驻守澳港两地广东将领
张玉堂事迹考补

汤开建*

澳门大学历史系教授，中国澳门，999078

提　要：张玉堂是澳门、香港历史上的著名人物，而张玉堂的著名并非缘于他的政绩，而是澳港两地随处可见的张玉堂题字及书法，对于其生平事迹以及在澳门、香港的活动从未有人做过系统的梳理和研究。文章通过对中英文档案的挖掘及地方志资料的梳理，首次将张玉堂的生平事迹做了一个完整的交代，并订正了前人研究中的一些错误，特别是对张玉堂在驻守澳门、香港期间的所作所为进行了客观评价，还原了这个历史人物的本来面目。

关键词：清代将领；澳门；香港；九龙；张玉堂

在清代驻守澳门、香港的将领中，同时驻守过澳港两地的将领人数并不多，而张玉堂则是其中最著名的一位。关于张玉堂的研究，不论是澳门史还是香港史方向的研究者都十分关注。饶宗颐、萧国健、鲁金及章文钦等学界前贤都对张玉堂在澳港两地活动的事迹进行过极为有益的研究，[①] 使史学界对张玉堂这位澳港历史上十分重要的人物有了一个基本

---

* 汤开建（1949～　），男，汉族，湖南长沙人，澳门大学社会科学学院历史系教授，博士生导师。

① 饶宗颐：《九龙与宋季史料》附录《附记清末大鹏协副将张玉堂事迹》，香港：万有图书公司，1959，第92页；萧国健：《九龙城史论集》捌《九龙镇将》，香港：显朝书室，1987，第56～57页；鲁金：《九龙城寨史话》，香港：三联书店，1988，第62～66页；章文钦：《澳门诗词笺注（晚清卷）》，珠海出版社，2003，第5～9页。

认识。但整体来说，上述诸位前贤的研究均流于简略。张玉堂"自称翰墨将军"，[①] 后人则称其为"儒将"，[②] 并对其有"才兼文武，为人风雅，能诗善画，尤擅拳书指书"[③] 的评价，但从未有人对张玉堂所参与的澳港历史上的重大事件展开讨论。因此，笔者在前贤研究的成果上，进一步收集文献史料，特别是对第一历史档案馆《军机处录副奏折》及《叶名琛档案》，进行详细系统的考订，以补充完善张玉堂的生平履历及其在澳门、香港历史上的活动和事迹，并在此基础上对张玉堂在澳港历史上所参与的重大历史事件展开深入讨论，以求得出对张玉堂其人较为客观的评价。

一 镇守澳港之前张玉堂事迹

在目前所见文献记载中，均无张玉堂的具体生卒年，据徐广缙咸丰元年（1851）七月初九日《奏请张玉堂升署广东新会营参将事》称："张玉堂年五十六岁"，[④] 又据今香港九龙城侯王古庙内同治五年（1866）张玉堂题字"备荷帡幪"木匾所称"兹者年逾古稀，功成告退，时同治五年秋八月"，[⑤] 故可推出，张玉堂应生于乾隆六十年（1795）。张玉堂的卒年仅见于萧国健《九龙城史论集》捌《龙城镇将》称张玉堂"同治九年卒，年七十六"，[⑥] 但未见萧氏出具文献证据。

在张玉堂的研究中，一般均称"张玉堂，字翰生"。此说可获《（光

---

① （清）李长荣辑《柳堂诗友诗录》之《公余闲咏诗草》，《广州大典》第 57 辑第 26 册，影印同治二年羊城西湖街富文斋刻本，广州出版社，2015，第 626 页；（清）唐廷枢：《英语集全》卷首《张玉堂序》，《广州大典》第 55 辑第 3 册，影印清同治元年纬经堂刻本，广州出版社，2015，第 196 页，在序义尾有张玉堂自钤的"翰墨将军"印章。
② 章文钦：《澳门诗词笺注（晚清卷）》，珠海出版社，2003，第 5 页。
③ 萧国健：《九龙城史论集》捌《龙城镇将》，香港：显朝书室，1987，第 56 页。
④ （清）徐广缙：《奏请张玉堂升署广东新会营参将事》（咸丰元年七月初九日），中国第一历史档案馆藏档案，"录副奏折"档号：03 - 4190 - 057。
⑤ 萧国健：《九龙城史论集》捌《龙城镇将》，香港：显朝书室，1987，第 60 ~ 61 页；饶宗颐：《九龙与宋季史料》附录《附记清末大鹏协副将张玉堂事迹》，香港：万有图书公司，1959，第 92 页。
⑥ 萧国健：《九龙城史论集》捌《龙城镇将》，香港：显朝书室，1987，第 56 页。

绪）惠州府志》证明："《公余闲咏》，国朝张玉堂撰。玉堂，字翰生，归善人，官大鹏副将。"① 梁九图和吴炳南所辑《岭表诗传》亦称："张玉堂，字翰生。"② 然而，与张玉堂交往甚深，甚至曾收录张玉堂诗集的李长荣在他的《柳堂诗友诗录》中却称："张玉堂，号翰生。"③ 虽然李长荣与张玉堂有所交往，对张玉堂亦相当熟悉，但其记录"翰生为玉堂之号"明显有误。张玉堂另有号为"画锦"④，汪兆镛则称其号为"应麟"⑤，有可能"画锦""应麟"俱为张玉堂之号。

关于张玉堂的籍贯，文献记录一致认为他是广东归善人。《（道光）新会县志》称："张玉堂，归善人，行伍。"⑥《（道光）新宁县志》所载亦同。⑦《（光绪）惠州府志》，李长荣《柳堂诗友诗录》及梁九图、吴炳南《岭南诗传》均称张玉堂为归善人。然而，笔者从新发现的一首张玉堂的诗《葫芦岭》获得了张玉堂自己所言及的家乡：

我家有小岭，形势如葫芦。因义以命名，咫尺接吾庐。开辟自前朝，地广百弓余。倚城为碧栏，傍水浥清湖。凌霄竹千竿，透雪梅几株。昔我祖仰斋，在此曾读书。筑亭水之滨，垂钓以自娱。环窗种芭蕉，临池日无虚。煮酒集友朋，论诗辨瑕瑜。及我幼时贫，我母喜种蔬。结篱以为圃，移树植四隅。我每读书回，抱瓮代灌濡。膝下喜承欢，菽水乐何如。逮壮游四方，宦辙如辘轳。椿萱继凋谢，花木亦催枯。此日不再得，声泪与之俱。抚今倍思昔，感慨良自吁。仕路虽荣显，

---

① （清）刘溎年修、邓抡斌纂《（光绪）惠州府志》卷 27《艺文志》，清光绪十年刊本，第 9 页。

② （清）梁九图、吴炳南辑《岭表诗传》卷 8，《广州大典》第 497 册，影印清道光间顺德梁氏紫藤馆刻本，广州出版社，2015，第 689 页。

③ （清）李长荣辑《柳堂诗友诗录》之《公余闲咏诗草》，《广州大典》第 57 辑第 26 册，影印同治二年羊城西湖街富文斋刻本，广州出版社，2015，第 626 页。

④ （清）梁九图、吴炳南辑《岭表诗传》卷 8，《广州大典》第 497 册，影印清道光间顺德梁氏紫藤馆刻本，广州出版社，2015，第 689 页。

⑤ （清）汪兆镛编《岭南画征略续录》，广东人民出版社，1988，第 274 页。

⑥ （清）林星章修、黄培芳纂《（道光）新会县志》卷 5《职官表》，清道光二十一年刻本，第 38 页。

⑦ （清）张深修、温训纂《（道光）新宁县志》卷 2《职官表》，清道光十九年刻本，第 32 页。

久当归田居。寄语南山弟，幸勿任荒芜。①

诗中明确称自己家就住在葫芦岭，葫芦岭离他的家只有咫尺之遥。葫芦岭何在？葫芦岭者，即蒲卢岭也，屈大均《广东新语》记录了这一地方：

> 自惠阳东下，两山夹江，忽一峰横出中流，形如蒲卢，谓之蒲卢岭，博罗县城环之。以为主山，遥望罗浮，如昆仑巨舶，此山在其东三十里为碇，若罗浮之大小二石楼，则帆墙也。故是山名浮碇岗。②

蒲卢岭即葫芦岭，蒲卢古意为细腰土蜂，又称"蜾蠃"，又转为"果蠃"，指形圆中细之瓜果，后又指葫芦。③ 可见，屈大均所言之"蒲卢岭"当即"葫芦岭"，这一葫芦岭据屈大均所言在博罗县城中。民国《博罗县志》卷2《地理志》4《山分记》称：

> 葫芦岭即浮碇岗，东部多岩石，西部积蚬螺壳，其它则沙土。④

博罗县署自梁时就徙于浮碇冈之西，⑤ 至今博罗县城东侧仍有葫芦岭公园，当地甚至有"惠州好看看西湖，博罗好玩玩葫芦"之民谣流传。据上引张玉堂诗，其不仅家居博罗县的葫芦岭，而且自祖父一代就在此定居。因此，张玉堂之籍贯应该是博罗，而不是归善。由于博罗与归善相距不远，又同属惠州府，故时人均误称张玉堂为归善人。萧国健先生则称张玉堂世居归善"县城桃子园"，不知此语何据？

---

① （清）梁九图、吴炳南辑《岭表诗传》卷8，《广州大典》第497册，影印清道光间顺德梁氏紫藤馆刻本，广州出版社，2015，第689页。
② （清）屈大均：《广东新语》卷3《山语》，中华书局，1983，第87页。
③ 杨少涵：《〈中庸〉"蒲卢"的三种解释》，《光明日报》2015年3月30日第16版。
④ 张友仁：《博罗县志稿》卷2《地理志》4《山分记》，广东省文史研究馆和博罗地方志编纂委员会办公室，1985，第99页。
⑤ （明）姚良弼修、杨宗甫纂《（嘉靖）惠州府志》卷6《建置》，明嘉靖刻本，第7页。

张玉堂在《葫芦岭》诗中介绍了位于葫芦岭下的祖居，并称其祖居辟建于明朝，虽然占地不算很大，仅"百弓余"，但环境十分优美，倚城傍水，并建有碧栏，植有修竹、冷梅、芭蕉。其祖父张仰斋在此读书，并筑亭垂钓，临池挥墨，煮酒论诗。可以反映，张玉堂祖上为读书世家，虽难称豪门大户，但应该是衣食无忧的小康之家。到乾隆六十年（1795）张玉堂出生时，其家道已经衰落，即张玉堂诗称"及我幼时贫，我母喜种蔬"。虽然家道中落，但读书的传统并没有中止，诗中"结篱以为圃，移树植四隅。我每读书回，抱瓮代灌濡"反映了他少年时读书的状况。李长荣则称张玉堂"君少习举业，应文童试，屡拔前茅，未售"，[①] 可以反映他少年时代多次参加科举考试的文童试，虽然成绩名列前茅，但并未获取功名。由于仕途的多次挫折，屡不得志，所以张玉堂转从"行伍"，[②] "投笔著勋"。[③] 张玉堂有《感怀》诗一首即言此：

> 少年不得志，书剑感飘离。干禄因亲老，依人出仕迟。名成双树杳，恨报一生悲。虽有金花诰，徒增梦寐思。[④]

张玉堂诗中谈到他"出仕迟"，现在知道张玉堂从军后第一次任职是道光六年（1826）担任虎门协右营左哨头司把总，第二年升任虎门前营左哨千总。[⑤] 按照他道光六年第一次担任把总军职，可以推估他从军的时间在道光四五年，这时候的张玉堂应该是二十八九岁或三十岁，故他在诗中感叹"依人出仕迟"。

道光十四年（1834）张玉堂升任护顺德协左营都司，当时，广东海关

---

① （清）李长荣辑《柳堂诗友诗录》之《公余闲咏诗草》，《广州大典》第 57 辑第 26 册，影印同治二年羊城西湖街富文斋刻本，广州出版社，2015，第 626 页。

② （清）林星章修、黄培芳纂《（道光）新会县志》卷 5《职官表》，清道光二十一年刻本，第 38 页。

③ （清）李长荣辑《柳堂诗友诗录》之《公余闲咏诗草》，《广州大典》第 57 辑第 26 册，影印同治二年羊城西湖街富文斋刻本，广州出版社，2015，第 626 页。

④ （清）李长荣辑《柳堂诗友诗录》之《公余闲咏诗草》，《广州大典》第 57 辑第 26 册，影印同治二年羊城西湖街富文斋刻本，广州出版社，2015，第 626 ~ 627 页。

⑤ 叶觉迈修、陈伯陶纂《（民国）东莞县志》卷 43《职官志》，民国十年铅印本，第 21、第 16 页。

和水师极为腐败，贪污、贿赂成风。前广东水师提督李增阶就是因为在英国人律劳卑（William John Napier）私闯广州事件中疏于海防而被黜职，①《粤海关志》载：

> 水师提督李增阶，海防是其专责，乃该夷船阑驶入口，径行越过各炮台，守台各弁兵丁于两只夷船不能击退，殊堪痛恨，看来各炮台俱系虚设，武备废弛，一至如是！该提督平日所司何事？李增阶现因病请假，亦断不堪起用，着先行革职，事定后再降谕旨。②

清廷即以江南山阳人关天培接替李增阶出任广东水师提督。道光帝还亲颁谕旨：

> 广东风气浮而不实，加以历任废弛，水师尤甚。朕看汝颇知向上，有干济之才，是以特加擢用。务要檄发天良，公勤奋勉，实力操防，秉公去私，一洗从前恶习，海疆务期靖谧。勉益加勉，毋忽。钦此。③

为此，关天培在去广州途中就颁发了《入境告示》，派人到广州张贴，号召下属振作精神，清除旧习。④

时任护顺德协左营都司的张玉堂为李增阶的部属，很受李增阶的赏识，双方关系密切。李增阶于道光十四年（1834）革职后，翌年去世。张玉堂有《哭李谦堂军门增阶》诗：

八阵风云雨洗兵，岘山遥望陟魂惊。涕零东海三军哭，星陨南天一柱倾。韵事千秋留伏虎（地有伏虎石，公尝集词人题咏），神游半夜忽骑鲸

---

①　赵尔巽：《清史稿》卷378《关天培传》，民国十七年清史馆刊本，第3页。

②　（清）梁廷枏：《粤海关志》卷27《夷商》2，广东人民出版社，2002，第528页。

③　（清）关天培：《筹海初集》卷首《诰授振威将军广东全省水师提督关忠节公传》，《广州大典》第37辑第25册，影印清道光十六年刻本，广州出版社，2015，第533~534页。

④　（清）关天培：《筹海初集》卷1《入境告示》，《广州大典》第37辑第25册，影印清道光十六年刻本，广州出版社，2015，第584页。

（公薨夜，人见白气升天）。恩深知遇惭无报，徒使伤心两泪盈。①

"恩深知遇惭无报"句可以反映张玉堂与李增阶的关系不一般，而关天培这一次广东沿海的巡历就是要整饬各地海防空疏、武备废弛的状况。张玉堂担心自己受李增阶案的牵连，乃以广东水师之旧习，差员送洋钱三十四元分给提督属下各官弁，以求讨好。据关天培《护顺德都司张玉堂不知检束咨请撤任降补稿》载：

> 为护都司不遵功令有意窥探，咨请撤究以做将来事。窃本提督初莅粤东，甫经一月，于所属各营官弁，尚未周知，而各营内河汛境亦未身经，是即选派从人于本月初四日亲诣顺德、新会一带，查看形势，稽察巡员。一路以来，有顺德、新会等营将备弁委，先后来船接见，本提督均以谕以湔除积习，振刷精神，体恤兵艰，正己率属，巡防以捕盗为先，存营以练兵为要，谆谆告诫，众所共闻。有护顺德协左营都司张玉堂差代理巡河外委苏灿邦送来洋钱三十四元，并分派各行单账一纸，交随行千总曾应元分给。曾应元不敢徇私，立即面禀前来，本提督当即传到来弁苏灿邦再三诘询。据称系护都司张玉堂交给，令其送交曾应元转给各行等语。及询以此钱从何措出，其意何居？苏灿邦则吱唔不能应对，本提督立饬千总曾应元将原封面交苏灿邦迅即送回。查苏灿邦系顺德协右营额外代理该协左营外委汛务，张玉堂系伊本辖护理都司，差其赍送，非能自专应请，毋庸追究。惟张玉堂以提标前营千总、护理顺德左营都司，自应奉公守法，方为无忝厥职。乃不尊禁令，是积习已深，周知振作，且难保其不藉此朋摊，从中渔利。此等劣弁，应请即行撤任，降补把总，俾各营知所戒惧，不敢效尤。积习冀可渐除，公事方能振作，为此合咨贵部堂，请烦查核选员接署顺德协左营都司印务，实为公便，仍祈衡夺示覆施行，一

---

① （清）李长荣辑《柳堂诗友诗录》之《公余闲咏诗草》，《广州大典》第 57 辑第 26 册，影印同治二年羊城西湖街富文斋刻本，广州出版社，2015，第 627 页。

咨督院。道光十四年十二月十二日。①

关天培的报告送到两广总督卢坤处，两天后即获批复，将张玉堂撤任。②以区区洋钱三十四元分送提督属下各官弁，这在当时来说，很可能就是广东水师积习很深的一种"规礼"，但撞到了上任新官关天培整顿广东水师风纪、振刷旧习的枪口，故张玉堂被冠以"不知检束"的罪名而撤职。道光十五年（1835），降为虎门协署前营右哨把总。③此时张玉堂已经40岁，前引《葫芦岭》诗中"逮壮游四方，宦辙如辘轳。椿萱继凋谢，花木亦催枯"应是被撤之后张玉堂心情的真实写照。直到40岁还停留在把总这一低级武官的职位上，反映了张玉堂前半生的仕途坎坷。但从道光十四年张玉堂送贿上司官弁事件也可看出张玉堂做人、为官之品行与风格。

二　张玉堂镇守澳门

大约在道光十八年（1838）前，张玉堂升任新会右营千总，并主持修建了崖门新东炮台。④同年署理新会右营守备，⑤又调任新宁守备。⑥道光十九年（1839）又回任新会右营千总，并主持重建崖门的天后宫。⑦道光二十三年（1843），署香山协右营都司，⑧这是张玉堂第一次镇守澳门。当时他出任的香山协标右营都司，驻扎于香山县东南滨海之岛上的黄梁

---

① （清）关天培：《筹海初集》卷1《护顺德都司张玉堂不知检束咨请撤任降补稿》，《广州大典》第37辑第25册，影印清道光十六年刻本，广州出版社，2015，第610～611页。

② （清）关天培：《筹海初集》卷1《为檄行查复事》，《广州大典》第37辑第25册，影印清道光十六年刻本，广州出版社，2015，第611页。

③ 叶觉迈修、陈伯陶纂《（民国）东莞县志》卷43《职官志》，民国十年铅印本，第21页。

④ （清）林星章修、黄培芳纂《（道光）新会县志》卷3《公署》，清道光二十一年刻本，第8页。

⑤ （清）林星章修、黄培芳纂《（道光）新会县志》卷5《职官表》，清道光二十一年刻本，第38页。

⑥ （清）张深修、温训纂《（道光）新宁县志》卷2《职官表》，清道光十九年刻本，第32页。

⑦ （清）林星章修、黄培芳纂《（道光）新会县志》卷4《坛庙》，清道光二十一年刻本，第24页。

⑧ （清）田明曜修、陈澧纂《（光绪）香山县志》卷10《职官表》，《中山文献丛刊》第5册，影印清光绪五年刻本，第760页。

都城，① 与澳门、氹仔相对。但这一次到香山协任职只有一年时间。鸦片战争之后的澳门，军事形势十分紧张，为了加强对澳门的防御，在香山县拱北地方修建了拉塔石炮台，并以关闸把总移驻炮台，并兼管汛务。② 1843 年，张玉堂出任香山协标右营都司后，一年内就两次出巡澳门。张玉堂第一次去澳门的时间是道光二十三年九月（阳历为 1843 年 10 月至 11 月），此时由海军上校彼亚度（José Gregorio Pegado）出任澳门总督，彼亚度在没有获得广东政府允许的情况下，擅自在氹仔大兴土木，开始建筑永久性房屋，企图占据氹仔。③ 同年，香山县三合会起事，"始事者石门甘秀，踞老巢啸聚；至于劫掠拒捕者，则隆都高明远、周配琚也"。其党徒谭仁阶、许蔼佐、程建、梁雄、谭红等则在澳门、氹仔及湾仔等处拜会、劫掠。④ 张玉堂这一次到澳门可能与调查葡萄牙人在氹仔修建房屋事件及三合会党徒在澳门、氹仔等处的活动有关。张玉堂这次到澳门还游历了妈祖阁，并在妈祖阁山径石壁上勒下了指书五律诗《和致远西将军题壁原韵》：

> 鱼龙朝阙处，胜地著声灵。玉树逼严翠，莲峰浮海青。苔侵三径石，竹绕半山亭。更上层峦望，烟波入杳冥。

妈祖阁石壁上的勒石诗则有"和致远西将军题壁原韵，道光癸卯三秋张玉堂指书"，⑤ 道光癸卯三秋即道光二十三年九月。乾隆六十年（1795）广东左翼镇总兵西密扬阿来澳门妈祖阁，并在妈祖阁石壁上题诗：

---

① （清）阮元修《（道光）广东通志》卷 125《建置略》1，《续修四库全书》第 672 册，影印道光二年阮元序刊本，上海古籍出版社，2002，第 11 页。

② 厉式金：《续修香山县志》卷 16《纪事》，《中山文献丛刊》第 7 册，影印民国癸亥（1923）冬月刊本，第 2586 页。

③ J. F. Marques Pereira, *Ta-Ssi-Yang-Kuo*, *Arquivos e Anais Do Extremo-Oriente Português*, Serie 1, Vol. 2, Fundação Macau, 1995, pp. 303 – 304.

④ （清）田明曜修、陈澧纂《（光绪）香山县志》卷 22《纪事》，《中山文献丛刊》第 7 册，影印清光绪五年刻本，第 1881～1883 页。

⑤ 此诗现存于澳门妈祖阁山径的石壁之中，录文参见章文钦《澳门诗词笺注（晚清卷）》，珠海出版社，2003，第 7 页。（清）梁九图：《十二石山斋丛录》卷 2《张玉堂》，《广州大典》第 49 辑第 7 册，影印道光二十八年刻本，第 18 页。该处录张玉堂诗仅"玉树逼严翠，莲峰浮海青"两句，并称此诗名《谒妈阁庙》。

莲峰浮岛远，庙貌仰云亭。万顷凌霄际，千艘仗赫灵。海流天地外，神护潮汐青。万国朝宗日，馨香格杳冥。①

张玉堂在妈祖阁是为和西密扬阿韵而作诗，但不知为何张玉堂将西密扬阿写成"致远西将军"。据杨钟羲《雪桥诗话》载：

> 纳兰静远军门西密扬阿，初为左翼镇，调雷琼镇，洊至提督，工书画指画山水杂卉，信手而得，兼能为古今体诗。伊雪林尝赠以诗云：纳兰才子世承恩，天遣南荒见凤骞。温室树高思宿卫，佛桑花发照军门。泛湖诗好弓衣织，扫阁风清笔阵烦。最喜深秋鲸浪息，马人龙户趁墟繁。②

据此可知，西密扬阿其名实为纳兰静远，属于满洲正黄旗的纳兰氏。又据民国《东莞县志》：

> 觉罗西密扬阿，字文晖，满洲正红旗人冯金伯墨香居画识。乾隆六十年任虎门左翼镇总兵彭志。雅歌投壶，有儒将风，工指头画，山水苍浑有气势，杂卉尤佳，时推为高凤翰后一人墨香居画识。③

而据冯金伯《墨香居画识》，西密扬阿是爱新觉罗氏，字文晖，满洲正红旗人。一称西密扬阿为满洲正黄旗纳兰氏，一称为满洲正红旗爱新觉罗氏，甚为矛盾，不知以何为准，待考。但不管属何姓氏，可知西密扬阿的汉文名为"静远"，字为"文晖"。而张玉堂将西密扬阿的汉文名记为"致远"（或许是刻工刻张玉堂诗时误刻），导致今人误以为"西密扬阿字致远"。④

道光二十三年（1843）十月，张玉堂再次来到澳门，这一次与他同来

---

① 此诗现存于澳门妈祖阁山径的石壁之中，录文参见章文钦《澳门诗词笺注（明清卷）》，珠海出版社，2003，第230页。
② 杨钟羲：《雪桥诗话》三集卷8《纳兰静远》，民国求恕斋丛书本，第20~21页。
③ 叶觉迈修、陈伯陶纂《（民国）东莞县志》卷52，民国十年铅印本，第6~7页。
④ 章文钦：《澳门诗词笺注（明清卷）》，珠海出版社，2003，第230页。

的还有香山知县陆孙鼎。陆孙鼎，字调甫，浙江仁和人，道光十二年（1832）举人。从道光二十三年至道光二十八年（1848）一直担任香山知县，后出任澳门同知，治理香山颇有政绩。[①] 道光二十四年（1844）曾与香山协右营都司洪名香一起镇压三合会起义。[②] 所以，陆孙鼎与张玉堂于道光二十三年十月再次来澳门，仍然可能是与调查三合会在香山、澳门、凼仔等地的活动有关。张玉堂这一次来澳门又在妈祖阁弘仁殿东侧山径的石壁上勒下了七律诗一首，梁九图将此诗题名为《游澳门海觉寺》[③]：

> 何须仙岛觅蓬莱，海觉天然古刹开。奇石欲浮濠镜去，慈云常护鲎帆来。莲花涌座承甘露，榕树蟠崖荫玉台。谁向名山留妙笔，淋漓泼墨破苍苔。[④]

张玉堂不仅在石壁上题诗，而且在妈祖阁西侧山崖还勒下了"海镜"两个大字，其旁留有"道光癸卯小春武林陆孙鼎题，惠州张玉堂书"两行小字。[⑤]"道光癸卯小春"即道光二十三年十月，小春即小阳春，即农历十月。

张玉堂镇守澳门不到一年，道光二十四年（1844）回任新会右营守备。[⑥] 道光二十五年（1845）十月署理新会参将。[⑦] 道光二十六年（1846）调署虎门水师前营都司，同年又升署中军参将。[⑧] 道光二十七年（1847）任香山协前山营都司，[⑨] 至道光二十八年（1848）十月十三日正式接

---

① 李格：《（民国）杭州府志》卷 137《仕绩》6，民国十一年刊本，第 24 页。
② （清）田明曜修、陈澧纂《（光绪）香山县志》卷 12《宦绩》，《中山文献丛刊》第 5 册，影印清光绪五年刻本，第 1031 ~ 1032 页。
③ （清）梁九图：《十二石山斋丛录》卷 2《张玉堂》，《广州大典》第 49 辑第 7 册，影印道光二十八年刻本，第 18 页，将下诗题为《游澳门海觉寺》，但仅录下诗中的两句"奇石欲浮濠镜去，慈云常护鲎帆来"，其中"慈云"作"慈航"。
④ 此诗现存于澳门妈祖阁山径的石壁之中，录文参见章文钦《澳门诗词笺注（晚清卷）》，珠海出版社，2003 年，第 8 页。
⑤ 此诗现存于澳门妈祖阁山径的石壁之中，录文参见章文钦《澳门诗词笺注（晚清卷）》，珠海出版社，2003 年，第 7 页。
⑥ （清）彭君谷修、钟应元纂《（同治）新会县续志》卷 4《职官》，清同治九年刻本，第 8 页。
⑦ （清）彭君谷修、钟应元纂《（同治）新会县续志》卷 4《职官》，清同治九年刻本，第 7 页。
⑧ 叶觉迈修、陈伯陶纂《（民国）东莞县志》卷 43《职官表》3，民国十年铅印本，第 15 页。
⑨ （清）田明曜修、陈澧纂《（光绪）香山县志》卷 10《职官表》，中山文献丛刊第 5 册，影印清光绪五年刻本，第 770 页。

任，① 这是张玉堂第二次镇守澳门，出任前山营都司。前山营，原为海防营，嘉庆十四年（1809）改，以平镇营游击、守备各一员移拨过营，原系陆路，道光十一年（1831）改为内河水师营，驻扎香山县南一百三十里，隶香山协管辖。② 前山营控制澳门，实有拊脊扼吭之势。③ 都司为前山营最高军事长官。张玉堂出任前山营都司时，正是亚马留（João Ferreira do Amaral）实施拓展澳城北部计划之时，他拆毁旧澳门城墙，并在澳城以北直至关闸开辟一条马路，还将两旁近 700 座坟冢搬迁。④ 更为严重的是，亚马留还下令在中国关闸门的门楼勒有"关闸门"三个字的石碑上"又置放了一块葡文石碑，其中刻有葡文'界门'（Porta de Limite）"。⑤ 将关闸门改为"界门"是葡萄牙人夺取澳门旧城以北土地管辖权最为重要的措施。据《（道光）广东通志》记载：

> 关闸汛在本营（前山营）南十五里，把总一员，分防兵四十六名。⑥

又据民国《续修香山县志》：

> 关闸汛，以把总一员驻防；后改都司专营，归香山协管辖。道光二十一年，新建拉塔石炮台，将把总移驻炮台，仍兼管关闸汛务。⑦

---

① （清）徐广缙：《奏请张玉堂升署广东新会营参将事》（咸丰元年七月初九日），中国第一历史档案馆馆藏档案，"录副奏折"档号：03 - 4190 - 057。

② （清）梁廷枏：《粤海关志》卷 20《兵卫》，广东人民出版社，2002，第 410 页。

③ （清）卢坤：《广东海防汇览》卷 32《方略》21《炮台》2，河北人民出版社，2009，第 837 页。

④ 《澳门政府宪报》1848 年 1 月 11 日，转自〔葡〕萨安东《葡萄牙在华外交政策：1841—1854》，金国平译，澳门：澳门基金会，1997，第 93 页。

⑤ 葡萄牙海外历史档案馆：《澳门总督于 1848 年 9 月 22 日致海事及海外部公函》1848 年函盒；《澳门政府宪报》1848 年 5 月 15 日，第 36 ~ 37 页，转自〔葡〕萨安东《葡萄牙在华外交政策：1841—1854》，金国平译，澳门：澳门基金会，1997，第 97 页。

⑥ （清）阮元修《（道光）广东通志》卷 175《经政略》18，《续修四库全书》第 672 册，影印道光二年阮元序刊本，上海古籍出版社，2002，第 689 ~ 690 页。

⑦ 厉式金：《续修香山县志》卷 6《海防》，《中山文献丛刊》第 7 册，影印民国癸亥冬月刊本，第 2246 页。

对于亚马留拆开关闸门，并在关闸门上加刻葡文"界门"之事，香山县丞汪政的态度是"我对下令拆开关闸门，加宽通道一事，睁一只眼，闭一只眼"，[①]而作为直接管辖关闸的前山营都司张玉堂的态度又怎么样呢？我们遍检中葡文史料，当时统有数百营兵的前山营都司张玉堂对于这一严重的武装政治冲突也未做出任何干涉或者反对的行为。明朝万历二年（1574）兴建的中国关闸门从此就变成了葡萄牙与中国的领土分界之门。香山县丞汪政面对强敌的怯懦与不作为已遭到了后人的贬斥，难道专管关闸的前山营都司张玉堂在这一事件中的不作为不应遭到指责吗？

更为可笑的是，亚马留强力推行殖民扩张政策，拆毁清政府驻澳海关，驱逐清政府驻澳官员，将葡萄牙人居住的澳门旧城拓展到关闸一线，"开平马道，毁人坟墓，无恶不作，妇孺共愤"，[②] 最后导致被望厦村民暗杀。张玉堂参加了对这一事件的处理。道光二十九年十一月十九日（1850年 1 月 1 日）两广总督徐广缙的奏折有言：

> 窃查本年七月初七日接据前山同知及香山县营禀报，七月初五日，有西洋兵头哑吗嘞骑到关闸以外游玩，下晚回至三巴门外，被人杀毙，割去头手而逸，该夷当将关闸汛兵掳去三人。旋据该西洋夷目伸同前由，求为得凶速办。当即札饬香山协副将叶长春、前山营都司张玉堂、香山县知县郭超凡，会同署前山同知英浚，督饬弁兵，严防该夷逞忿滋扰，一面通饬毗连各县营严挐凶犯。[③]

据此可知，亚马留暗杀事件发生后，作为前山营都司的张玉堂参与了对这一事件的处理。8 月 22 日亚马留被暗杀以后，激起了澳门葡萄牙人的愤怒，当晚即召开了会议，并有人提出要对中国政府进行报复，甚至提出

---

① 葡萄牙海外历史档案馆：《澳门总督于 1848 年 9 月 22 日致海事及海外部公函》1848 年函盒；《澳门政府宪报》1848 年 5 月 15 日，第 36～37 页，转自〔葡〕萨安东《葡萄牙在华外交政策：1841—1854》，金国平译，澳门：澳门基金会，1997，第 97 页。

② （清）徐广缙：《思补斋自订年谱》，载中国史学会主编《第二次鸦片战争》第 1 册，上海人民出版社，1978，第 155 页。

③ 《两广总督徐广缙等奏报西洋兵头被杀业已缉凶正法折》，载中国第一历史档案馆等编《明清时期澳门问题档案文献汇编》第 2 册，人民出版社，1999，第 346～347 页。

占领邻近香山县。① 按理讲，在如此紧张的形势下，直接控扼澳门的关闸
应该受到清政府的高度重视，加强军事防守。然而，令人吃惊的是，还没
有等到葡萄牙军队进攻关闸，就在暗杀事件的当天晚上，原来守卫关闸的
二十几名士兵居然弃关而逃，只留下三名汛兵被葡人俘虏而囚禁在澳门。②
不知这一弃关行为是由于收到张玉堂的指令还是守关士兵的畏战，但不管是
什么原因，未经战阵就放弃关闸，将扼守澳门的军事要地轻而易举地让给葡
萄牙人，作为前山营都司的张玉堂无论如何也有着不可推卸的责任。

1848 年 8 月 25 日上午，澳门派出了一支由 25 名士兵组成的葡萄牙小
分队进据关闸。两广总督徐广缙意识到形势的严重性：

> 一面飞檄香山县，会同香山协，驰驻澳门炮台，以防西洋为变。
> 又咨照水师洪军门，督带师船，遥为接应。并密饬澳门居民，西洋夷
> 人果率众出犯，即可乘机先倾其巢穴。彼若不动，却不可先发，务须
> 持以镇静，不可稍涉张皇。③

据葡文资料称，当时驻守北山岭拉塔石炮台的清军足有两千多人，约
500 人驻守在炮台里，其余的与炮兵分布在附近的高地上，其他援军也纷
纷到来。④ 形势对于进攻的葡萄牙军队十分不利。在这关键时刻，一位年
轻的炮兵中尉维森特·梅斯基塔（Vicente Nicolau de Mesquita）率先发难，
率领 36 名士兵，一举将拉塔石炮台占领。清军丢弃枪炮溃逃，附近山头工
事里的守军也落荒而去，此役清军阵亡百余人，葡军仅一人挂彩。⑤ 仅仅

---

① 〔葡〕萨安东：《葡萄牙在华外交政策：1841—1854》，金国平译，澳门：澳门基金会，
 1997，第 150 页。
② 〔葡〕萨安东：《葡萄牙在华外交政策：1841—1854》，金国平译，澳门：澳门基金会，
 1997，第 155 页；（清）徐广缙《鹿邑徐制军奏疏遗集》卷 2，《奏陈葡人亚马勒被杀一
 案凶犯俱获完案加结始末情形疏》，中国国家图书馆藏民国十年鹿邑徐氏铅印本。
③ （清）徐广缙：《思补斋自订年谱》，载中国史学会主编《第二次鸦片战争》第 1 册，上
 海人民出版社，1978，第 155 页。
④ 〔葡〕徐萨斯：《历史上的澳门》，黄鸿钊、李保平译，澳门：澳门基金会，2000，第 220 页。
⑤ 〔葡〕萨安东：《葡萄牙在华外交政策：1841—1854》，金国平译，澳门：澳门基金会，1997，
 第 156 页；〔葡〕徐萨斯：《历史上的澳门》，黄鸿钊、李保平译，澳门：澳门基金会，
 2000，第 220～221 页。梅斯基塔，萨安东书称其为炮兵中校，而徐萨斯书称其为炮兵中尉。

一支 36 人的葡萄牙敢死队，就击败了有 2000 余人驻守且配备有多种火炮的清军。北山岭拉塔石炮台之役，清军惨败。当然，对于这次战败应负主要责任者当为香山协副将叶常春，而作为前山营都司的张玉堂对这一失败亦当负责，因为拉塔石炮台就是前山营管辖下唯一的炮台。葡军攻占炮台后将山坡上的碉堡和工事全部毁坏，而且将炮台的火炮全部炸毁。[①] 这一仗，按照葡萄牙人的说法是：

> 这次胜利不但阻止了澳门的厄运，还维护了近来屡屡受挫的军事威望，粉碎了中国官方的阴谋伎俩，巩固了亚马留的成就。[②]

然而，两名惨遭失败的将军却获得了加官晋爵。道光三十年（1850）三月，香山协副将叶常春被推荐为"堪胜水师总兵之员"[③] 而出任江南苏松镇总兵，[④] 而前山营都司张玉堂则于咸丰元年（1851）五月由徐广缙奏请提升为新会营参将，并称"该员明白体面，以呈勤干"，[⑤] 同年，由于香山协副将叶常春的离任升任护理香山协副将，[⑥] 直到咸丰四年（1854）十月因其拿获邻境盗匪有功而"待广东外海水师副将缺出酌量升用"。[⑦] 莲花茎关闸的失守，拉塔石炮台的惨败，身为当事人的张玉堂不仅没遭受处分，反而获得升迁，这只能说明一个问题，这一切都出自其上峰两广总督徐广缙

---

① 〔葡〕萨安东：《葡萄牙在华外交政策：1841—1854》，金国平译，澳门：澳门基金会，1997，第 157 页；〔葡〕徐萨斯：《历史上的澳门》，黄鸿钊、李保平译，澳门：澳门基金会，2000，第 221 页。

② 〔葡〕徐萨斯：《历史上的澳门》，黄鸿钊、李保平译，澳门：澳门基金会，2000，第 222 页。

③ 《奏为遵旨遴选堪胜水师总兵之员恭折仰祈圣鉴事》，刘志伟、陈玉环主编《叶名琛档案：清代两广总督衙门残牍》，第 5 册（FO931/0980 - 1222），广东人民出版社，2012，第 534～535 页。

④ 中山市档案局、中国第一历史档案馆编《香山明清档案辑录》，《兵部奉旨开复原香山协副县长将叶常春等履历事致军机处片》，上海古籍出版社，2006，第 44 页。

⑤ （清）徐广缙：《奏请张玉堂升署广东新会营参将事》（咸丰元年七月初九日），中国第一历史档案馆馆藏档案，"录副奏折"档号：03 - 4190 - 057。

⑥ （清）田明曜修、陈澧纂《（光绪）香山县志》卷 10《职官表》4，《中山文献丛刊》第 5 册，影印清光绪五年刻本，第 760 页。

⑦ （清）叶名琛、柏贵：《奏为前署广东香山协副将张玉堂等拿获邻境盗犯请照例鼓励等事》（咸丰四年十月初六日），中国第一历史档案馆馆藏档案，"录副奏折"档号：03 - 4199 - 038。

的安排。而官场沉浮几十年狡猾老练的边疆大吏徐广缙在处理亚马留事件上获得道光皇帝的认可乃至嘉奖：

> 至（道光二十九年）十一月初旬，该西洋见中国层层布置，无隙可乘，各国亦非真意扛帮，孤掌难鸣，不能鼓波生澜。操纵在我，确有把握。因照会西洋各国，告以亚（马留）公使首级右臂现已起获，正凶亦拿到，即日解附澳门，眼同各国斩枭示众，一伸中国之法，一协泄外国之愤。该夷帖然无辞。大局既定，乃将办理此案始末情形，析理分条，详细俱奏。恭奉朱批："所办万分允当，可嘉之至。朕幸得贤能柱石之臣也。"褒勉过情，悚惶弥切。①

只要能平息事件，安定大局，纵使丧失澳门关闸，毁弃拉塔石炮台，对于清政府来说也是无关紧要的，这恐怕就是张玉堂失责后仍获升迁的主要原因。

同治元年（1862）十一月，已经担任大鹏协副将的张玉堂还来过一次澳门，来澳门的原因，无文献可考。但这次来澳，张玉堂在普济禅院留下了七绝诗一首：

> 醉笔淋漓写木绵，结邻兰岛倍生妍。几枝剑影香浮谷，千万朵花红到天。

诗后还题有"壬戌冬月翰生张玉堂"九个字。②

三　张玉堂镇守九龙

张玉堂第一次镇守九龙应该在道光二十六年（1846），他当时从新会参将任上调任虎门水师提督前营都司，同年又出任中军参将，③ 这一次镇

---

① （清）徐广缙：《思补斋自订年谱》，载中国史学会主编《第二次鸦片战争》第1册，上海人民出版社，1978，第155～156页。
② 萧国健：《九龙城史论集》捌《龙城镇将》，香港：显朝书室，1987，第61页，注释26。
③ 叶觉迈修、陈伯陶纂《（民国）东莞县志》卷43《职官表》3，民国十年铅印本，第15页。

守九龙的时间仅为 1 年，次年即调任香山协的前山营。当时担任虎门水师提督的是曾经在九龙海战中击败英军的鼎鼎有名的赖恩爵将军，而虎门水师中军的营地在九龙。张玉堂于当年写下了《九龙军营》五言长诗一首：

> 昔读从军行，字字惨心目。今统众军来，苍黄越岩谷。濠池时深凿，藩篱日高筑。半山为营盘，一帐十人宿。席地曲卧躯，枕戈横抵足。山岚湿上升，日暮暑下酷。暑湿频交侵，时正当三伏。而且遐方来，水土多不服。此地无良医，病者殊窘蹙。恩威当自思，无令滋怨谤蔼然仁者之言。①

这首诗描写了作为虎门水师中军参将张玉堂统率众军驻守九龙军营时生活的艰苦，营盘宿帐狭窄，暑湿之气交侵，水土不服，病患无医。但是，作为中军统帅仍要恩威并重，无令属下滋生怨言。这首诗应作于道光二十六年（1846）秋天，与另一首诗《秋日登惩膺台城楼和赖都督原韵》当作于同一时期。该诗云：

> 南楼登眺日，秋色际平分。碧浪拥沧海，青山横白云。运筹清四野，挟纩暖三军。万里烽烟息，旗常仁勒勋。②

诗名中的"惩膺台"即惩膺炮台，也称尖沙咀炮台，1840 年两广总督林则徐拨银，由大鹏协副将赖恩爵创建尖沙咀、官涌两炮台，并将尖沙咀炮台命名为惩膺炮台，将官涌炮台命名为临冲炮台。诗名中的"赖都督"即虎门水师提督赖恩爵。此诗乃张玉堂在道光二十六年的秋天登上九龙尖沙咀惩膺炮台城楼时步赖恩爵诗韵而写的一首唱和之诗。诗中除了描写登上城楼所看到的秋天的九龙海上景色外，还对赖恩爵都督运筹帷幄、恩重三军、平定夷氛、屡建功勋的事迹进行了歌颂。

---

① （清）梁九图、吴炳南辑《岭表诗传》卷 8，《广州大典》第 497 册，影印清道光间顺德梁氏紫藤馆刻本，广州出版社，2015，第 689 页。

② （清）梁九图、吴炳南辑《岭表诗传》卷 8，《广州大典》第 497 册，影印清道光间顺德梁氏紫藤馆刻本，广州出版社，2015，第 689 页。

张玉堂第二次出镇九龙的时间是在咸丰四年（1854）。今香港九龙城侯王古庙内有同治五年（1866）张玉堂题字的一块木匾，木匾题字为"备荷帡幪",① 在题字下还有一段张玉堂的跋文：

> 道光二十年春二月，督师官涌防范，会督诸军，仰藉雄威，肃清海甸，迄今二十余载矣。逮咸丰四年春，捧檄九龙，瞬十二载，冰渊兢惕，艰险倍尝，皆蒙神灵庇佑，默授机宜，一带地方均获安静，铭篆心中。兹者年逾古稀，功成告退，东山雅意，志在林泉。敬撰数言，以志永佩不忘云尔。时同治五年秋八月，奉酬沐恩。署大鹏协副将张玉堂熏沐敬书。②

关于张玉堂跋文的第一段文字，前人有这样的解释。饶宗颐先生称："玉堂，字翰生，广东归善人，由前山参将调升大鹏协，曾代理水师提督，修虎门炮台。"③ 鲁金先生的解释则是："张玉堂在道光二十年（1840）曾奉林则徐之命，以前山寨参将的军职驻守官涌炮台，参加鸦片战争战役。"④ 检阅现存有关张玉堂的文献资料，饶宗颐先生和鲁金先生所提张玉堂的职位均未见记录，张玉堂于道光十九年（1839）任新会右营千总,⑤ 于道光二十三年（1843），署香山协右营都司。⑥ 在道光十九年至道光二十三年并未见出任其他职务，张氏从未担任过"前山参将"，更未曾"代理水师

① 饶宗颐：《九龙与宋季史料》附录《附记清末大鹏协副将张玉堂事迹》，香港：万有图书公司，1959，第92页作"□荷帡幪"。鲁金：《九龙城寨史话》，香港：三联书店，1988，第62页将□补字为"备"，萧国健：《九龙城史论集》捌《龙城镇将》，香港：显朝书室，1987，第60页则录文为"治荷帡幪"。"治荷帡幪"文义不通，当以"备荷帡幪"为是。

② 萧国健：《九龙城史论集》捌《龙城镇将》，香港：显朝书室，1987，第60~61页；饶宗颐：《九龙与宋季史料》附录《附记清末大鹏协副将张玉堂事迹》，香港：万有图书公司，1959，第92页。

③ 饶宗颐：《九龙与宋季史料》附录《附记清末大鹏协副将张玉堂事迹》，香港：万有图书公司，1959，第92页。

④ 鲁金：《九龙城寨史话》，香港：三联书店，1988，第62页。

⑤ （清）林星章修、黄培芳纂《（道光）新会县志》卷4《坛庙》，清道光二十一年刻本，第24页。

⑥ （清）田明曜修、陈澧纂《（光绪）香山县志》卷10《职官表》，中山文献丛刊第5册，影印清光绪五年刻本，第760页。

提督"。至于说张玉堂道光二十年（1840）二月"驻守官涌炮台"则更为谬误。因为，官涌炮台开始兴建的时间是在道光二十年三月。① 之所以出现这样的错误，是因为前贤将张玉堂跋文的第一段文字理解为张玉堂的事迹。事实不然，这一段文字实际上是记述大鹏协副将赖恩爵率军在九龙官涌防守的事迹。《（光绪）广州府志·赖恩爵传》记载，大鹏营参将赖恩爵在道光十九年（1839）九龙海战中击退英夷义律的舰船后：

> 即授副将。义律被创逃，仍负固尖沙嘴，叠次骚扰，皆随时击退。恩爵复带兵，移住官涌，分五路进攻，计击沈双桅洋舶一，划艇一，旬日间，大小接仗六，俱获全胜，洋舶乃退。②

可见，道光二十年，"督师官涌防范"的将领是刚被授予大鹏协副将的赖恩爵将军，正因为赖恩爵率军驻守官涌时多次击退义律的进攻，又分兵五路进攻英军，并击沉英船，大获全胜，故张玉堂跋文称"会督诸军，仰藉雄威，肃清海甸"。这都是颂扬赖恩爵将军战功的言辞。道光十九年时，张玉堂官职仅为新会营右营千总，一位千总之官怎么可以自称"会督诸军"，"肃清海甸"呢？故知张玉堂的第一段跋文讲述的是其上司赖恩爵的事迹而非张玉堂本人。

但九龙城侯王古庙木匾上张玉堂的跋文却提供了一个重要的事实，那就是张玉堂是咸丰四年（1854）从镇守澳门的香山协任上调任至九龙的，而且说明张玉堂进九龙的时间是在咸丰四年的春天。据前引叶名琛、柏贵奏折，知张玉堂直到咸丰四年还在护理香山协副将任上，因其拿获邻境盗匪有功"待广东外海水师副将缺出酌量升用"。③ 因此我们可以推估，张玉堂"捧檄九龙"时还只是拥有"广东外海水师副将"之衔，并未实授。又

---

① 林则徐全集编辑委员会编《林则徐全集》第 3 册（奏折卷）760《尖沙嘴官涌添建炮台折》道光二十年三月二十六日，海峡文艺出版社，2002，第 1457~1458 页。

② （清）史澄：《（光绪）广州府志》卷 136《列传》25，清光绪五年刊本，第 19 页。

③ （清）叶名琛、柏贵：《奏为前署广东香山协副将张玉堂等拿获邻境盗犯请照例鼓励等事》（咸丰四年十月初六日），中国第一历史档案馆馆藏档案，"录副奏折"档号：03-4199-038。

据《(光绪)广州府志》：

> (咸丰四年七月二十六日)贼罗亚添攻陷九龙寨城。(闰七月)初四日，官军收复九龙寨城。知县黄光周协同副将张玉堂、都司谭蛟等率众前进，斩首三十余级，阵亡兵丁廖达邦、林禹平二人，即日收复寨城。[①]

此处提到"副将张玉堂"与前引九龙城侯王古庙木匾张玉堂跋文相互印证，可以说明，咸丰四年春张玉堂已经以副将职衔进入九龙城寨，并参加了当年闰七月平定三合会收复九龙寨城的战斗。《(光绪)广州府志》所载"罗亚添攻陷九龙寨城"之事，在英国殖民地部档案中亦有记载，香港副总督威廉·坚吾(William Caine)在1854年8月21日给殖民地部的信中称：

> 本月19日上午，一群造反者进攻并占领了九龙城。据报告，进攻者几乎都是客家人，而且，大部分是来自本岛(香港)和附近的石匠，并且都是三合会一个支派Quan-tye的成员。一些官员事前已经离开。但是，大鹏协副将和另一名官员一直留到进攻开始的时候，才溜之大吉保全了性命。据说，其中一位已到这里(香港)避难。看来造反者的目的不过是抢劫。他们既不属于南京的造反者，也不属于广州的造反者。从昨天上午起，已有几百人参加他们的行列。他们在进攻中死亡12人，清帝国士兵死3人，伤15人。[②]

威廉·坚吾在1854年9月9日给殖民地部的信中又称：

> 关于我在8月21日61号信件中提及的一群造反者占领附近九龙

---

① (清)史澄：《(光绪)广州府志》卷82《前世略》8，清光绪五年刊本，第10、11页。

② 英国殖民地部档案编号C. O. 129/47，《威廉·坚吾致乔治·格雷函》1854年8月21日，第36~37页，转自刘蜀永《割占九龙(香港历史问题资料选评)》，香港：三联书店，1995，第49~50页。

城一事，我荣幸地报告，占领者经过多次讨论，已逐渐从该地撤离。清帝国的军官们已于上周重新进入并占领该地。①

1854 年 9 月 13 日的英文报纸《中国之友与香港公报》报道称：

> 在我们最近的简要报道中，曾提到香港对面的九龙城被占领。但在后来几天内，大多数占领者离开了该城。在得到付给四百元钱的许诺后，香港一些擅自对外国作战者于 8 月 31 日替清军重新夺回了该城。②

关于此事，中英文材料的记录有一些差异。据上引英文材料称，1854 年 8 月 19 日九龙寨城被来自香港和香港附近地区的三合会叛乱者占领。但据《（光绪）惠州府志》记载：

> （咸丰四年）夏五月二十七日，归善会匪许李先、罗阿添等聚众倡乱，遂劫梁化墟。时广东土寇遝起，惠来、东莞相继陷，省垣复有警。归善匪首许李先、罗亚添与其党廖二、范四、罗公寿等遂乘机窃发，纠众拜盟，名三点会，聚千余人，踞大禾峒，遂劫梁化墟。六月初三日，贼首许李先等劫踞归善平山墟。③

可证攻占九龙城寨的罗亚添又名"罗阿添"，罗亚添本人并非威廉·坚吾信中所言"来自本岛（香港）和附近的石匠"，而是属于惠州府"归善会匪"。他们于咸丰四年（1854）五月，"纠众拜盟，名三点会，聚千余人"，在惠州归善发动叛乱，到六月时，许李先率一部分人占据归善的梁化墟；

---

① 英国殖民地部档案编号 C. O. 129/47，《威廉·坚吾致乔治·格雷函》1854 年 9 月 9 日，第 64 页，转自刘蜀永《割占九龙（香港历史问题资料选评）》，香港：三联书店，1995，第 50 页。

② *The Friend of China and HongKong Gazette*，13/09/1854.

③ （清）刘溎年修、邓抡斌纂《（光绪）惠州府志》卷 18《郡事》下，清光绪十年刊本，第 22 页。

而罗亚添则带领一部分人于七月间攻占九龙城寨。但攻占九龙城寨的造反者有一部分确是来自香港的客家人。马沅《香港法律汇编》中的1862年《军用品出口条例之缘起》亦称:

> 时九龙城地方尚属华界,向设都司驻守,一八五四年九月,尝一度陷落红军之手,惟旋得旋失。该地与港仅隔一衣带水,洪杨党羽混迹港地,聚众数百人,屡欲就近袭取九龙城,本港当道以若辈挟械游行,乃下令驱逐离境。①

综合中西文材料可以看出这一次攻占九龙城寨的造反者除了来自惠州归善县的三点(合)会会员外,还有被港英政府驱逐出境的数百名所谓"洪杨党羽"。

据西文资料,在惠州归善三合会首领罗亚添于咸丰四年七月二十六日攻占九龙城寨前,九龙城内的一部分官员已经逃脱,驻守该城的最高军事长官大鹏协副将"到进攻开始的时候,才溜之大吉保全了性命",最后到香港避难。大鹏协这一军事建制,始于道光二十年(1840)三月,由两广总督林则徐和水师提督关天培磋商设立,"应将大鹏改营为协,拨副将大员,统带督率,与香山协声势相埒,控制方为得力"。② 大鹏营原设兵员马步军为931人,③ 改营为协后,大鹏协统率左右二营,左营水师兵丁共795名,右营水师兵丁共691名,两营共有兵1486名,其在九龙寨城共设防兵250名,再加上九龙炮台的汛兵75人,九龙城寨内驻军至少有325人。其周边还密密麻麻地分布了上千名防守九龙与香港的汛兵。④ 而九龙寨城乃是于道光二十七年(1847)才刚刚建成:

---

① 马沅编译《香港法律汇编》第一卷乙册《香港法制史实汇编》之《军用品出口条例之缘起》,香港:香港华侨日报有限公司,1936,第13页。
② 林则徐全集编辑委员会编《林则徐全集》第3册(奏折卷)759《请改大鹏营制而重海防折》道光二十年三月二十六日,海峡文艺出版社,2002,第1454页。
③ (清)阮元:《(道光)广东通志》卷174《政经略》17,续修四库全书第672册影印道光二年阮元序刊本,上海古籍出版社,2002,第670页。
④ (清)郭嵩焘修、桂文灿纂《(同治)广东图说》卷13《新安县》14,清同治刻本,第14~16页。

在九龙建造石城一座，周围一百八十丈，高连垛墙一丈八尺，内东西南三面城墙厚一丈四尺，北面城墙厚七尺，后山建粗石围墙一道，长一百七十丈，高八尺，厚三尺。①

该城还建有九龙炮台一座，共置有大小铁炮 8 门，② 所有建设耗银三万余元。③ 一座建成不过六七年的十分坚固并配有火炮防守的城堡，由一位统率千余名士兵的大鹏协副将驻守的城寨，居然在不到半年的时间里就被几百名造反的乌合之众攻占。根据西文资料，在攻占过程中，清兵仅仅死亡 3 人，伤 15 人，可以说明，几乎没有经过任何战斗，城寨就已经陷落，作为守城的最高军事长官张玉堂却临阵逃脱甚至逃到香港避难。这些信息再一次证明，张玉堂不仅不是一位能征善战的战将，而且还是一位防海守边十分不称职的将领。也许，这一次叛乱者能攻占九龙城寨还有许多其他原因，但作为九龙城寨的最高军事统帅，统有众多兵丁，配有强力火炮，怎么就不能率兵丁与叛乱者浴血奋战呢？怎么可以敌人进城自己就弃城脱逃而到香港避难呢？就这一点而言，张玉堂是应该受到谴责的。

还有一点值得注意，《（光绪）广州府志》称："（咸丰四年闰七月）初四日，官军收复九龙寨城。知县黄光周协同副将张玉堂、都司谭蛟等率众前进，斩首三十余级，阵亡兵丁廖达邦、林禹平二人，即日收复寨城。"在这一场收复九龙城寨的战争中，当时的中文记录是以知县黄光周为主，而作为大鹏协副将的张玉堂则是协同者，如果从两人的官阶品级相论，副将是武职中的从二品官，而知县则是正七品，但该文献在叙述咸丰四年收复九龙城寨这一史实时，知县黄光周排第一，是这次战役的主要领导人，而张玉堂排第二，表明他在这一战役中并不占主要地位。前引西文文献记

---

① （清）顾炳章等辑《勘建九龙城炮台全案文牍》，《广州大典》第 37 辑第 27 册，影印广东省立中山图书馆藏稿本，广州出版社，2015，第 315 页。
② （清）顾炳章等辑《勘建九龙城炮台全案文牍》，《广州大典》第 37 辑第 27 册，影印广东省立中山图书馆藏稿本，广州出版社，2015，第 291 页。
③ （清）顾炳章等辑《勘建九龙城炮台全案文牍》，《广州大典》第 37 辑第 27 册，影印广东省立中山图书馆藏稿本，广州出版社，2015，第 319 页。

录这一战役则透露了中国人所不知道的一些信息，这一次收复九龙城寨是当时的清朝官员用 400 元的钞票收买了一批外国雇佣军帮助完成的，九龙城寨的迅速收复并非来自清朝官员和清朝军队的浴血奋战。张玉堂长期在澳港两地工作，夷务接触甚多，故其人精通英文。同治元年（1862）张玉堂为唐廷枢《英语集全》一书撰写序言（见图1）。①他还参加了清政府于 1862 年割让九龙半岛给英国的有关事务。② 所以，笔者认为 1854 年在香港收买外国雇佣军帮助清政府收复九龙城一事应该是这位逃到香港而又精通英语的张玉堂所为。

图1 张玉堂为唐廷枢《英语集全》亲笔撰写的序文

这一次收复九龙城寨，据前引西文文献，还有一个很重要的原因就是："由于占领者中间发生了意见分歧，他们已逐渐从该地撤离。"《（光绪）惠州府志》亦有资料印证："（咸丰）四年七月间，逆首罗亚添等自九龙回窜，经铁矢岭淡水约，绅督勇邀击，生擒贼匪一百七十余名。"③ 这条材料可以说明，罗亚添率领的惠州三合会起义部队在咸丰四年（1854）七月时（即占领城寨不到四天时间）就已经撤出了九龙城寨，可以反映，到闰七月时留在九龙城的则是香港岛的所谓"洪杨党羽"，人数不会很多，约为数百人。所以，九龙城寨的收复实际上还有一个很重要的原因，就是与惠州三合会同香港岛"洪杨党羽"内部的分裂有关。

虽然九龙城寨到 1854 年 9 月时已被清军收复，但这些三合会的造反者

① （清）唐廷枢：《英语集全》卷首《张玉堂序》，《广州大典》第 55 辑第 3 册，影印清同治元年纬经堂刻本，广州出版社，2015，第 194～196 页。

② Report of The Commissioners：Appointed Under the VI Article of the Convention of Pekin to Investigate the Claims of the Chinese on the Kowloon Territory（Hong Kong 30th April 1862, Sir H. Robinson），转自萧国健《九龙城史论集》捌《龙城镇将》，香港：显朝书室，1987，第 57 页，注释 28。

③ （清）刘溎年修、邓伦斌纂《（光绪）惠州府志》卷 18《郡事》下，清光绪十年刊本，第 26 页。

们并没有完全撤离九龙地区。笔者在《叶名琛档案》中发现了一封咸丰四年十二月九龙城衙前村耆老吴惠香写给香港政府的一封信：

> 具禀民九龙洞衙前村耆老吴惠香等，为被贼匪围困村庄抢夺财物妇女哀乞恩准迅饬兵弁捉获究办事。切蚁等世居九龙衙前村务农为业，向来守份，不敢非为，常有开设渡船装载货物往来贵治贸易，深蒙贵国施恩体恤，感德不浅，惟今日风尘四起，不料，于本月十一日十点钟候，被匪贼驾艚船九号、虾罟拖船七号，内藏贼匪约有七百余，直抵九龙而来，先入踞城，诓料并无官宪，即将衙前村围困，抢夺牛猪、家私、物业、妇女，并掯夺往来治属渡船，货物尽空，生民涂炭。值得沥情哀叩仁连，恳乞垂怜允准，刻迅饬贼匪饬兵弁捉获贼匪究办，以解倒悬则蚁等阖村沾恩于无既矣。切赴大老爷台前，作主恩准施行。甲寅年十二月日禀。①

咸丰四年闰七月刚刚收复九龙城寨，到十二月时又一批有七百余人的三合会造反者们再次进攻九龙城，清政府军队的丑剧再次重演，但造反者攻进城时，城内的官兵早已逃脱，"诓料并无官宪"。这一史料说明，咸丰四年驻守九龙城寨的大鹏协副将张玉堂第二次弃城逃跑，任城内的居民百姓被贼匪抢夺劫掠。城中村民由于无法获得清政府官宪的保护，只好派人送信给对海香港岛的英国政府，请求他们派兵平定匪乱，以安生民。虽然我们无法知道这一事件的最后结局如何，但可以说明，作为驻守九龙城的最高军事长官大鹏协副将张玉堂再一次失职，将刚刚收复不到五个月的九龙城寨又让给了三合会的造反者们，并使九龙城的居民遭受匪患。这一份档案的发现，不仅可以说明清政府的广东海防阵地形同虚设、不堪一击，同时，也使我们更加清楚地认识了这位驻守九龙长达十三年而两次将其驻守之地九龙城寨丢弃的广东将军的军事才能是何等平庸，甚至可以说缺乏

---

① 《具禀民九龙洞衙前村耆老吴惠香等为被贼匪围困村庄抢夺财物妇女哀乞恩准迅饬兵弁捉获究办事》，载刘志伟、陈玉环主编《叶名琛档案：清代两广总督衙门残牍》第 7 册（FO931/1344 - 1666），广东人民出版社，2012，第 193 页。

一位职业军人所应具备的基本责任感和廉耻心。怪不得香港辅政司马撒尔（William T. Mercer）在 1859 年的备忘录中，把 1854 年 8 月九龙城清军的溃败，明确说成"中国当局孱弱的证据"。[①]

咸丰七年（1857）春天，九龙城寨发生了第三次被外力攻占及洗劫的大事。1854 年，广东天地会起事后，不少天地会成员为了逃避清政府的镇压到香港避难，据 1855 年 10 月 30 日的《香港新闻纸》报道：

> 前礼拜后一日，有三人回国对王面陈，香港乃近红头匪人（指天地会红巾军）之地，且日间经两广总督叶（名琛）责成各乡中团练拿获甚紧，匪等无路可逃，逼得藏来香港、澳门，以图脱网也。[②]

港英政府获得消息，这些来香港避难的天地会成员已经形成了一个庞大的组织，而且有一部分人就藏匿于香港对面的九龙城，他们在九龙城密谋策划，派人到香港放火烧毁房屋，绑架并企图毒杀香港的杰出人士，从而对香港形成危害。[③] 据 1857 年 4 月 27 日香港总督包令（John Bowring）给殖民地部的信称：

> 目前落入我的手中的一些文件证明，在中国大陆有一个骚扰本殖民地的庞大组织。后来这里得到的信息进一步确认了这个事实，即离香港最近的城镇九龙，是造成这种危害的地区之一。由于我们未在该地区采取措施，在该处以及这里的中国人中间普遍流行一种看法，认为我们对窝藏在那里的歹徒鞭长莫及，犯罪行为不会受到惩罚。在 4 月 20 日（星期一）行政局的会议上，我同行政局议员们磋商，要求九龙大鹏协副将引渡一些人来香港，但大鹏协副将声称他无法按要求

---

① 英国殖民地部档案，C. O. 129/74，《有关九龙半岛问题的备忘录》，1859 年 6 月 6 日，转自刘蜀永《天地会攻占九龙寨城史实考订》，《近代史研究》1987 年第 3 期，第 305 页。

② 《一千八百五十五年十月三十日香港新闻纸》，载刘志伟、陈玉环主编《叶名琛档案：清代两广总督衙门残牍》第 4 册（FO931/0551 – 0979），广东人民出版社，2012，第 641 页。

③ 英国殖民地部档案编号 C. O. 129/63，《包令致拉布谢尔函》1857 年 4 月 27 日，第 48 页，转自刘蜀永《割占九龙（香港历史问题资料选评）》，香港：三联书店，1995，第 52 页。

找到那些人。①

此处的大鹏协副将即张玉堂。1857 年 4 月 27 日上午，香港代理辅政司必列啫士（William T. Bridges）率领两百名马德拉斯土著步兵特遣队渡海袭击九龙城，并对九龙城进行了"极不光彩的洗劫"。② 这一次英军对九龙城的袭击与洗劫，作为九龙城的守军主帅大鹏协副将张玉堂仍然采取不抵抗的政策，并且乖乖地未进行任何反抗就被英国侵略军带回香港。据香港总督包令称：

> 他已被部队带回来，不是作为战俘，而是想与他交换意见，讨论他管辖的地区与本殖民地之间应该存在的关系。这是一个二等军官，纽扣是红色的，在中国的级别是高的。这位满大人名字叫张玉堂。本月 21 日他被带到会议厅，立法局和行政局大部分议员在场。③

包令指责张玉堂称：歹徒们在赏金的诱惑下，在九龙城密谋策划，派人到香港岛杀人、放火、绑架，还企图切断对香港的粮食供应。他要求张玉堂为这些罪行赔偿他们的损失，并威胁张玉堂说："如果这些罪行继续发生，就是你的责任。"还要求张玉堂竭尽全力地维护九龙城的秩序，上述罪行应引以为鉴。④ 张玉堂对包令的指责和要求做了如下的回答：

> 据说是在九龙策划的反对这个地方（香港）的密谋，他是知道的。但是，广州事件发生时，他不在衙署，直到阴历正月才回来。

---

① 英国殖民地部档案编号 C. O. 129/63，《包令致拉布谢尔函》1857 年 4 月 27 日，第 45 页，转自刘蜀永《割占九龙（香港历史问题资料选评）》，香港：三联书店，1995，第 51～52 页。

② 英国殖民地部档案编号 C. O. 129/63，《包令致拉布谢尔函》1857 年 4 月 30 日，第 54 页，转自刘蜀永《割占九龙（香港历史问题资料选评）》，香港：三联书店，1995，第 54 页。

③ 英国殖民地部档案编号 C. O. 129/63，《包令致拉布谢尔函》1857 年 4 月 27 日，第 47 页，转自刘蜀永《割占九龙（香港历史问题资料选评）》，香港：三联书店，1995，第 52 页。

④ 英国殖民地部档案编号 C. O. 129/63，《包令致拉布谢尔函》1857 年 4 月 27 日，第 50 页，转自刘蜀永《割占九龙（香港历史问题资料选评）》，香港：三联书店，1995，第 52～53 页。

在此时或大约在此时，经陈桂籍（Chan-kuei-tsik）提议，一个姓程的到九龙监督或协助切断对香港的供应。我曾劝解说，九龙靠近香港，这样做会使九龙与英国发生冲突。英国人与九龙人本来是互相谅解的。①

关于派人到香港放火、杀人及绑架之事，张玉堂还说：

在他直接管辖的步兵和水师中，没有一个人可能到香港来。如果有奸细派来，可能是新安县当局或乡绅派来的。他本人从未见过陈桂籍，并从未与他通过信。②

张玉堂对包令要求他尽力维持治安的答复是：

他愿意悬赏，并采取措施逮捕某些人。他还说，这些人已经潜逃，或者居住在别的地方。③

张玉堂在香港的拘押、聆讯（英国人称此事为"会见"）结束后，被英军安全地送回九龙城。④

1857年英军袭击、洗劫九龙城及绑架大鹏协副将张玉堂事件可以说是英国对占领九龙半岛的一次试探性军事行动。英军劫持大鹏协副将及其在九龙城内的抢劫活动，践踏了中国的领土主权，揭示了他们侵略者的面目。而另一方面，作为这一事件的主要当事人大鹏协副将张玉堂的表现也极不光彩。其一，对进犯九龙城的两百名英军不做任何抵抗，束手就擒，

---

① 英国殖民地部档案编号 C. O. 129/63，《包令致拉布谢尔函》1857年4月27日，第51页，转自刘蜀永《割占九龙（香港历史问题资料选评）》，香港：三联书店，1995，第53页。
② 英国殖民地部档案编号 C. O. 129/63，《包令致拉布谢尔函》1857年4月27日，第51页，转自刘蜀永《割占九龙（香港历史问题资料选评）》，香港：三联书店，1995，第53页。
③ 英国殖民地部档案编号 C. O. 129/63，《包令致拉布谢尔函》1857年4月27日，第52页，转自刘蜀永《割占九龙（香港历史问题资料选评）》，香港：三联书店，1995，第53页。
④ 英国殖民地部档案编号 C. O. 129/63，《包令致拉布谢尔函》1857年4月27日，第52页，转自刘蜀永《割占九龙（香港历史问题资料选评）》，香港：三联书店，1995，第53页。

任英军在九龙城内抢劫掠夺。沿袭了他一贯的面对强敌而采取完全的投降主义方策。其二，被英军拘捕后，不能取义成仁，而是作为"不是战俘"的俘虏被英军带回香港，侮辱了中国军人的人格。其三，在英国人的聆讯下，张玉堂不仅不敢指责英国人的不法行为，反而对英国人的要求采取完全依顺的态度，表示愿意帮助英国人镇压九龙的反英人士，其行为表现与汉奸并无二致。英国人早就鼓吹割让九龙半岛，英国政府担心力量不够，一直不敢采取行动。第二次鸦片战争中，英国官方却上下一致采取行动，强行割占了今界限街以南的九龙半岛。这一变化是多种因素促成的，但我们认为，1854 年及 1857 年九龙城事件及中国官员张玉堂的表现对这一变化的形成也会产生一定的影响。

1860 年 10 月 24 日，屈辱的中英《北京条约》签订后，九龙半岛南部被割让给英国，但不包括九龙城和九龙炮台。1861 年 1 月 19 日，英方在九龙半岛举行了大规模的领土移交仪式，大鹏协副将张玉堂及一部分清朝官员参加了这一仪式，原属张玉堂管辖的九龙大部分地区从此划归英国人管理，九龙镇城也变成一个徒有军镇之名的民居城镇。虽然如此，但张玉堂任大鹏协副将之职直到同治五年（1866）才"年逾古稀，功成告退"。这就是说，张玉堂从咸丰四年担任大鹏协副将之职，到同治五年退休，时间长达 12 年。这 12 年对九龙地区的军事管辖，在张玉堂的心目中虽然是"冰渊兢惕，艰险倍尝"，但在"神灵庇佑"下，"一带地方均获安静"。① 在张玉堂的军事管辖下，九龙寨城三次被土匪和外国人攻占，九龙城寨的居民三次遭受战争的荼毒，房屋焚毁，财产被劫，张玉堂居然还自鸣得意地称"一带地方均获安静"，还恬不知耻地称"年逾古稀，功成告退"。很显然，张玉堂在九龙侯王古庙木匾的题词就是为了掩饰自己在管辖九龙地区期间的多次失误和失责的事实，让留于后代的木匾记事使后人忘记他所犯下的罪责。其在《颜夏廷廉访培瑚见示丰湖感旧诗奉次原韵》一诗中亦称："防海宣劳四十年，壮心报国尚

---

① 萧国健：《九龙城史论集》捌《龙城镇将》，香港：显朝书室，1987，第 60～61 页；饶宗颐：《九龙与宋季史料》附录《附记清末大鹏协副将张玉堂事迹》，香港：万有图书公司，1959，第 92 页。

依然。忽惊投笔班超老，敢拟抽簪疏广贤。松菊未荒三径宅，江湖还恋九重天。"① 张玉堂将自己防海守边的四十年，比同东汉投笔从戎、报效国家、镇守西域的班超。利用诗文进一步地掩饰自己的失败和错误，目的就是给后人留下一个为国家镇守海防、壮心报国、劳苦功高的老将军形象。

四 余论

最后笔者还想说的是，张玉堂镇守九龙城 12 年，一次又一次地失守九龙城寨，而且犯下了一连串错误，甚至可以说是罪责，但为什么他却可以以戴罪之身连任四届大鹏协副将，在任长达 12 年呢？笔者认为，张玉堂善于处理与上级的关系应是一个很重要的原因，这从前文所述他与李增阶的关系及与赖恩爵的关系即可看出。他与两广总督徐广缙的关系也不错，道光二十九年（1849），关闸及拉塔石炮台失守后，徐广缙仍上奏升其为新会参将，并称"该员明白体面，以呈勤干"，② 所谓"明白体面"，当即明白事理，体顾大局，因为整个亚马留事件的直接指挥者就是两广总督徐广缙，张玉堂弃关闸不守和拉塔石炮台的战败很可能都是徐广缙当时的战略部署。因此，徐广缙对张玉堂印象极好。直到张玉堂古稀之年，两广总督瑞麟还希望他留任大鹏协副将之职，"感深东阁殷留意，久隶龙骧忝备员"。③ 据此可知，其与两广总督瑞麟的关系也非同一般。除此之外，张玉堂长期主管海防，与外国人打交道时间很长，熟悉夷务。所以，在他担任大鹏协副将时还有一项极为重要的任务就是利用九龙与香港的地理优势打探外国人来华的情报。④ 在《叶名琛档案》中，我们还发现两份咸丰五年

---

① （清）李长荣辑《柳堂诗友诗录》之《公余闲咏诗草》，《广州大典》第57辑第26册，影印同治二年羊城西湖街富文斋刻本，广州出版社，2015，第629页。
② （清）徐广缙：《奏请张玉堂升署广东新会营参将事》（咸丰元年七月初九日），中国第一历史档案馆馆藏档案，"录副奏折"档号：03 - 4190 - 057。
③ （清）李长荣辑《柳堂诗友诗录》之《公余闲咏诗草》，《广州大典》第57辑第26册，影印同治二年羊城西湖街富文斋刻本，广州出版社，2015，第629页。
④ 鲁金：《九龙城寨史话》，香港：三联书店，1988，第33页。书中称：自1847年开始，九龙城内的中国官员长期派人驻在香港，这些人一方面和港英官员保持联络，交换有关海盗情报，另一方面也打听港英的内情，向城寨报告。当时城寨派驻香港的人员，有案可稽的是一名叫黄墨洲的人。

（1855）署名张玉堂的筹办夷务的文件，这两份文件讲的是一件事情，即咸丰五年十月时，由于当时英俄爆发战争，有俄罗斯船来香港，故两广总督叶名琛下令要求大鹏协副将张玉堂察清楚俄罗斯船的情况。张玉堂接到谕令后，即刻派员弁到香港、澳门探察，察复的结果是：

> 九月二十八日有俄罗斯国喊士火轮船一只到香港裙带路，停泊尖沙嘴，十月四日驶往澳门，十月十六日复回泊尖沙嘴，现在裙带路。十月二十二日有新到英夷哑士顺火轮战船一只，停泊尖沙嘴，载有夷兵六百名，番梢三百二十余名，大炮十八门，为大桅三枝船，身约长十八、九丈。①

另一份文件除复述此事外，还称：

> 因查刻下夷务紧要，所有夷船往来俱遵诏奉行，按五日具报一次，如有新夷船到泊，及紧要夷情，随时专差飞报，庶免迟误。②

从这两份文件可以看出，作为大鹏协副将的张玉堂，除了他应遵行的对九龙一带地区的军事防守外，还兼有一项极为重要的工作就是搜集香港的夷务情报并向两广总督汇报。在筹办夷务的过程中，由于张玉堂擅长英语，故能利用自己的书画特长周旋于英夷之间。据张玉堂自称：

> 余捧檄九龙，濫竽十载，地邻香港，一苇可航，时有诸国使官频来求书索画者，得以晤谈，于语言之间听问已久，颇知其梗概，然无书稽考，尚多未得其详。③

---

① 《张玉堂函覆探知哦啰嘶抛泊尖沙嘴又有英国火轮船一只到泊等情》，刘志伟、陈玉环主编《叶名琛档案：清代两广总督衙门残牍》第 4 册（FO931/0551 - 0979），广东人民出版社，2012，第 645~647 页。
② 《张玉堂函覆具报夷船夷情等原委》，刘志伟、陈玉环主编《叶名琛档案：清代两广总督衙门残牍》第 4 册（FO931/0551 - 0979），广东人民出版社，2012，第 648~649 页。
③ （清）唐廷枢：《英语集全》卷首《张玉堂序》，《广州大典》第 55 辑第 3 册，影印清同治元年纬经堂刻本，广州出版社，2015，第 196 页。

可知，张玉堂镇守九龙时，由于其擅长书画，所以香港的很多外国人来向张玉堂"求书索画"，张玉堂能以英语与其晤谈，不仅反映了张玉堂的英语较好，而且也可以看出张玉堂与香港的英方上层关系不错。1862年英国人攻占九龙城的事件中，张玉堂对英国人基本上言听计从，也很听英国人的话，所以推估其与香港殖民政府的关系也处理得较好。这些恐怕是张玉堂能在大鹏协副将一职上连任四届长达12年更重要的原因。

作者通信地址：中国澳门氹仔大学大马路澳门大学社会科学学院历史系，邮编：999078。

责任编辑：赵新良

《卢氏族谱》：西风东渐的乡村读本[*]

林广志^{**}

澳门科技大学社会和文化研究所，中国澳门，999078

摘　要： 进入十九世纪，随着首次经济转型的推进，澳门以赌博为主要产业的经济模式逐步形成。澳门经济主要为来自广东、福建的华人华商所控制，以卢九家族为代表的一批华商家族迅速发展壮大。可以说，一部华人华商史，就是一部澳门近代经济史。由于资料匮乏，学术界关于澳门近代华商家族的研究较为薄弱。现存《卢氏族谱》（1949 年刊刻本）反映了清民鼎革之际珠三角流域政治、经济、社会、文化的变迁，民国时期传统乡绅的人文精神与世界视野，尤其是保存了卢九、卢光裕、卢廉若、卢煊仲、卢兴原等家族成员的大量珍贵资料，对研究近代以来西风东渐对珠三角流域乡村的影响、卢九家族的形成以及澳门近代经济社会的发展具有重要的史料价值。

关键词： 澳门；华商家族；卢九；《卢氏族谱》；西风东渐

传统中国人非常重视以家谱传世，所谓"家之有谱，犹国之有史也。国史以昭劝惩，家谱以示传述。谱之不修，如后之无述何？"特别是大家名族，尤以家谱为家族扬声，砥砺后世之"彝宪"。明清以后，宗族活动繁盛，私修家谱甚为流行。世居澳门的华人，除了久居澳门的赵氏家族、

---

* 基金项目：本文系国家社会科学基金重大招标项目"鸦片战争后港澳对外贸易文献整理研究"（批准号：16ZDA130）子项目"鸦片战争后港澳对外贸易参与者研究"的阶段性成果。

** 林广志（1962～　），男，汉族，广东韶关人，历史学博士，澳门科技大学社会和文化研究所教授，博士生导师。

沈氏家族有家谱传世之外，[①] 一般华人家族，由于多为移民，其代序之续，多踵原籍家谱。特别是其人在澳门"显达"之后，原籍族人乃载之于谱以为荣耀。尽管如此，由于各种原因，居澳华人家谱，鲜有传世者，在澳门，或在原籍，皆杳而难觅，若幸得一二，取其谱牒，循世考列，得其家世端绪，则可为澳门华人家族研究之锁钥。因此，现存卢子骏增修之卢九家谱——《新会潮连芦鞭卢氏族谱》（1949 年刊刻，以下简称《卢氏族谱》），可谓沧海遗珠，对了解近代珠三角流域乡村宗族文化形态变迁以及澳门第一代"赌王"卢九及其家族成员的品秩源流和人生轨迹十分重要。[②]

一 《卢氏族谱》的增修者：卢子骏

《卢氏族谱》现存本以康熙五十二年（1713）版本为基础，宣统元年（1909）增修，1947 年修订，1949 年铅印本，共二十六卷，分订十三册，由二十二世孙宝均署检，增修者为卢氏后裔卢子骏。

卢子骏（1868～1970），字湘父（后文亦称其为"湘父"或"卢湘父"），以字行，同治七年（1868）戊辰五月二十一日生于新会潮连乡芦鞭圆塘坊，兄弟六人，排行第二，年十三，随父母迁居楼前坊。湘父世系属梅墅房，祖父兆河，字位珩，父骥，字育颖，号达之，又号达渠。至湘父，为二十一世，乃二十世卢华绍（卢九）之族侄。

卢湘父是近代粤港澳地区著名教育家。少时行科举，但"文坛蹭蹬"，颇不得意。戊戌变法后，改试策论，"始以时务经古，成五洲教派表，受知于长沙张尚书百熙学使"。1894 年，由陈荣衮（字子褒）介绍入万木草

[①] 《赵氏家谱》为民间收藏家吴利勋先生收藏。具体内容可参见林广志《清代澳门望厦赵氏家族事迹考述》，《澳门历史研究》第 3 辑，2004；另有郑观应家谱二种，即 1937 年编纂，存于中山雍陌村的《郑雍陌祖房谱》，澳门博物馆存有影印件，另有光绪年间积善堂存本《荥阳家谱》一册，澳门博物馆藏；《沈氏家谱》，约编纂于同治年间，澳门档案馆存有影印残页。

[②] 卢九（Lou Kau，1848～1907），原名华绍，曾用名卢华富，字育诺，号焯之，小名耇，广东新会潮连乡人，是十九世纪下半叶澳门的"一代赌王"，也是当时澳门政治、经济及社会生活中最具影响力的华商代表之一。有关卢九及其家族的生平及事迹考述，可参见林广志《卢九家族研究》，社会科学文献出版社，2013。

堂，师从康有为。曾著《万木草堂忆旧》，记述在草堂求学的情形，"余既游于草堂，而康师或北上会试，或远游山水，在堂讲学之时间甚少"。[①] 求学期间，卢湘父与陈荣衮热心从事改良蒙学，编著通俗蒙学课本，"予生数十年，日与童蒙为侣，故少时尝与同门陈子褒孝廉，商榷童蒙诸书"，[②] 先后编成《妇孺韵语》《童蒙三字书》《童蒙四字书》《童蒙五字书》等启蒙教材，为学校授课和儿童学习之用。

离开万木草堂后，卢湘父以"敬教劝学"为师训，毕生致力于教育，在港澳地区办学达四十余年。1899 年，应梁启超和徐勤之邀，任日本横滨大同学校教席；1900 年归国，任澳门张氏家塾专席教师；1905 年，在澳门创办湘父学塾，任主讲席，采用自编蒙学新教本，"徒侣日盛"。"安砚于濠镜者十一年"之后，1911 年，湘父学塾由澳门迁至香港，"存案于侨务委员会，生徒岁数百人，以次卒业，著称于军政学商各界者，所在多有"。1916 年，倡办女子学校，同时续办男校。1928 年，澳门创办孔圣堂，旨在弘扬圣学，湘父为创办人之一。1934 年，湘父学塾改名湘父中学，至 1944 年日军占领香港后被迫停办。

卢湘父还是著名的尊孔思想家，"余素崇孔教，香港孔圣会、中华圣教总会，均为董事，而孔圣堂倡建，余为创办人，尤多出力"。[③]同门陈焕章在港创办孔教学院，自任院长，湘父"既有捐助"；1942 年，香港孔教学院第二任院长朱汝珍离港，湘父继任院长，时年已届 73 岁，"亦义不容辞也"。同时，兼孔教学校校长，抗战胜利后更名为大成中学，1963 年，迁校黄大仙续办中小学。20 世纪 40 年代末，卢湘父、雷荫荪发表《香港孔教学院呈国民大会书》，要求国民政府"阐扬圣道，息邪距诐"，应确立孔教为国教，在各地立孔庙，学校崇祀圣诞。其后，事虽未成，但经湘父等人推动，香港孔教日渐复苏。

卢湘父关爱乡党，致力慈善，不遗余力。受传统文化教育，其"慈善之观念，既根于天性，殆亦父母师长之教，耳濡目染与"。1912 年，看到

[①] 卢湘父：《万木草堂忆旧》（选录），夏晓红编《追忆康有为》（增订本），上海三联书店，2009，第 179 页。
[②] 卢子骏修《新会潮连芦鞭卢氏族谱》卷 24《家传谱·自传》，1947 年修，1949 年铅印本。
[③] 卢子骏修《新会潮连芦鞭卢氏族谱》卷 24《家传谱·自传》。

潮连乡没有善堂，"乃约本乡同志，倡办普仁善堂于直街，次第办理善举"；随后，卢九设公善堂义学，委请湘父"综理学务"，"成效颇著"；又与族弟兰生等创办芦溪两等小学，为贫困儿童着想，"故劝捐以设义学，使贫儿亦得有求学之机会也"；又倡设水泵，向港澳乡亲集资数万元，设于潮连乡间，"由是潮连无水患"；1939 年，新会米价昂贵，民食艰难，湘父兄弟"乃邀集侨港同宗，在家乡举办平粜，继念平粜仍未普及，乃又召集港中潮连同乡，捐资赈粥，各姓分办，惠及单寒"。①

卢湘父醉心诗文创作，自称"喜为诗，诗喜为容易格，不事雕琢"。1939 年，与朱汝珍、江孔殷、叶恭绰、郑洪年、黎季裴等十九人，结千春诗社，"课暇辄以此遣兴"。在《卢氏族谱》之《艺文谱》中，收入湘父文 29 篇，诗 529 首。湘父好游历，31 岁之后，"由澳门而港而沪而长崎、横滨、东京，诸繁盛处所，名胜之地，得以游览一二"。② 因此，湘父文章乃以游记居多，颇具特色，如《桂游鸿雪绪言》《罗浮游记绪言》《惠州西湖游记绪言》《丹霞游记绪言》《清远游记绪言》《小榄菊花会游记绪言》等，其诗内容丰富，有唱和、喜赋、忆旧、记游等，其中又以记游诗居多。值得一提的是，湘父与卢九之子卢煊仲、卢兴原昆仲多有交往，有《题煊仲二兄聚珍册》《题检察厅长卢兴原言行录》等诗存录，记录了二人的交谊。③ 此外，卢湘父还著有《童蒙书》三种以及《编年纪事诗》《北游纪事》《棠棣诗文集》《桂游鸿雪》《万木草堂忆旧》《龙溪（外海旧名）志》《外海乡志》等。

尤其值得称道的是，卢湘父关心家族文献事业，多有著述。先是于宣统元年（1909）增修族谱；1943 年，因念及年事已高，家乡文献散漫，有

① 关于卢湘父之生平，参见卢子骏修《新会潮连芦鞭卢氏族谱》卷 24《家传谱·自传》；陆鸿基《卢湘父先生之生平及其事业》，《孔道季刊》第 7 期，香港：香港孔圣堂，1983；游子安《朱汝珍与香港孔教学院——一九三零年代的先贤往事》，《华南研究数据中心通讯》（香港）2000 年第 21 期。
② 卢子骏修《新会潮连芦鞭卢氏族谱》卷 25《艺文谱·辛酉游记绪言》。
③ 《题检察厅长卢兴原言行录》序：族弟孔勉，以博士弟子员，游学英伦，得法学硕士，及大律师资格，施于有政，成绩斐然，读其言行录，率成二绝以纪之。诗曰：希文当做秀才时，天下已如己任之。莫怨疮痍今痛之，吾家救国有卢医。饱读儒书学律成，关怀国计与民生。低徊六十余年事，兴复中原不负名。见卢子骏修《新会潮连芦鞭卢氏族谱》卷 25《艺文谱》。

失传之虞，乃立志编撰乡土文集，经"竭力搜访，幸而亲友同情，邮筒络绎，遗闻轶事，积少成多"，集成《潮连都志》，凡二十万言。① 1947 年，不辞劳苦，再修族谱，使家族、乡土故事得以存续："余每关心家族，尊祖敬宗之念，无时或释。幼时，先考达渠公，尝提议续修芦鞭卢氏族谱，事虽未成，而余窃识之。宣统纪元，余知修谱之必要，著论以告族人。乃集议举行，余任纂修之责，与衮棠兄勤力同心，调查编辑，凡三年而成事。……民国二年春，谱成祭祖，大会同宗，置酒演戏，可谓极一时之盛矣。民国三十六年，念宣统至今，垂四十载，因发愿增修，增之云者，此次加入艺文谱也。"②

湘父修乡志，增族谱，于乡党家族贡献甚巨，然自谓"人固有能有不能，但能就其所可能者，而尽力为之，为学如是，任事亦如是，是则可以无畏矣。顾乡志之创作，族谱之再修，岂敢谓为无愧？亦聊以尽其力之所能致云尔"。③ 其为人谦逊而敢当，于此可见。

二 《卢氏族谱》的体例、内容及其特点

中国社会民间修谱，由来已久，至唐朝中期，族谱由以前的官修合谱逐步转向私家修谱而兴盛起来。宋朝时，受"三纲五常"的宗法伦理思想支配，私修族谱逐步普及和完善。明清至民国，宗族活动盛行，私修族谱蔚然成风。④《卢氏修谱》起于明时，历经明弘治正德间十世孙秉元（介所）初辑，万历十二年（1584）十二世孙孔猎（号林适）续修，万历四十一年（1613）十二世孙梦祯（号皖窗）续修，天启年十二世孙九礼（号梅麓）续修，清康熙五十二年（1713）癸巳十四世孙方申（号大峰）、十五世孙继球（号九成）、十七世孙九招（号浪川）同修，宣统元年（1909）卢子骏增修，1947 年卢子骏增修。

---

① 卢子骏修《新会潮连芦鞭卢氏族谱》卷首《增修芦鞭卢氏族谱序》。
② 卢子骏修《新会潮连芦鞭卢氏族谱》卷 24《家传谱·自传》。
③ 卢子骏修《新会潮连芦鞭卢氏族谱》卷 24《家传谱·自传》。
④ 陈英毅：《中国族谱的产生和发展》，犹他州家谱学会、沙其敏、钱正民编《中国族谱地方志研究》，上海科学技术文献出版社，2003，第 33 页。

卢氏"在九世以前，无所谓族谱也"，旧谱"草创于前明宏正间（按，当为弘正），由来已久，两修于万历，再修于天启，又再修于康熙"，历时二百余年之后，明时版本均佚。康熙五十二年（1713）修谱，有手写本一卷存于湘父家中，"未有印本，仅有手抄三份，其一存太祖数箱，其一存二世长房，其一存二世次房。太祖数箱一份，久已杳无踪迹，二房一份，原存在华峰房子孙执掌，今次搜集，亦已不知去向，惟长房一份，传于先伯考干三公，故现存我家"。① 宣统元年（1909）四月，湘父等人即以康熙五十二年版本为基础，发起重修，"吾兄分部郎中邦弻、浙江候补道鸿翔，亦慨然同志，愿襄斯役，于是旁搜博采，开局纂辑，阅两载有奇，而校刊告成，视旧谱殊为完备"。② 1947年春，考虑到自宣统增修，又过了近四十年，加之"近岁变乱，尤恐荡析离居，散处者迷失本宗，将来堕绪茫茫，无处寻觅，乃慨然提议重修，经家族议事会赞成，并推湘父叔主任"。③ 此次修订族谱，发起人为卢湘父，卢九之四子兴原（号孔勉），"学贯中西，士膺显秩，为我族闻人，因公推为倡修"，亦参与修订。谱成，兴原作序曰："宣统修谱，先兰生兄既倡修于前，此次亦当追随于后，且湘父兄以八十高年尚能贾其余勇，兴原六十有奇，何敢言老？但念家族掌故，素乏研求，于谱事无甚裨益，惟有所商榷，或亦可备顾问，期于笔墨之事，口舌之劳，尽其力之所能致耳。湘父兄两任纂修，虽为识途之老马，然此四十年间，时局之迁流，人事之变幻，有不可思议者，故其怀铅握斩，博访周咨，仆仆于道途，劳劳于笔札，此中艰苦，固可想象而得之。"④ 此次增修，历时二年余，至1949年农历十月乃成。至此，《卢氏族谱》历经迭次增修，已成为脉络清晰、体例完备、内容丰富的"新型"族谱。

关于族谱体例，明弘治正德间，十世孙介所编撰之《卢氏族谱》，"其间条例若何，形式若何，迄今无所推测"，"旧谱体例，不可概见，大都专谱宗支，惟梦公所修，则附以祠规而已"。宣统元年增修，参照南海朱九

---

① 卢子骏修《新会潮连芦鞭卢氏族谱》卷首《宣统元年增修芦鞭卢氏族谱始末记》。

② 卢子骏修《新会潮连芦鞭卢氏族谱》卷首《宣统元年增修芦鞭卢氏族谱卢宗璜序》。

③ 卢子骏修《新会潮连芦鞭卢氏族谱》卷首《中华民国三十六年增修芦鞭卢氏族谱卢宝均序》。

④ 卢子骏修《新会潮连芦鞭卢氏族谱》卷首《中华民国三十六年增修卢氏族谱卢兴原序》。

江家谱，"近世之为谱学者，以南海九江朱氏为最精。兹谱条例，大率亦仿朱谱为多"。除了赓续旧谱，即在宗支之外，增加了祠宇、恩荣、家传、杂录诸谱，1937 年增修，又增加艺文谱。此外，在体例及内容方面还有不少创新，"要之疑者阙焉，略者补焉，不必尽合乎古人，但求不诬我后人而已"。① 因此，今存《卢氏族谱》，卷首为历次修订的序言、职事衔名、目录、凡例、图画、肖像等。肖像一目，为家族祀者、闻人或有功于修谱者，不问长卑、老幼、生卒，均择录之，"祠墓肖像，则拍照而纪念之，及此次有助力于修谱者亦与焉"。② 以上共计录入 74 张肖像。

内容方面，共计二十六卷：卷一至卷二十一为《宗支谱》，记载家族谱系；卷二十二为《恩荣谱》，记载家族荣誉，包括所受制诰、进士、举人、武举、贡生、仕宦（候补附）、恩例、封荫、文学、武学、国学、毕业、冠带顶戴、旌节（待旌附）、耆寿；卷二十三为《祠宇谱》，记载家庙设置，包括芦鞭、香山、平南、西宁、信宜等地各宗房主要宗祠 71 所；卷二十四为《家传谱》，记载族人故事，包括始祖龙庄公以下共 63 人，并附卢子骏自传；卷二十五为《艺文谱》，记载族人文集等；卷二十六为《杂录谱》，记载历代对家族有影响的历史事件。

《宗支谱》为族谱最重要的内容，卢氏支系庞大，有元白、襟江、隐南、松岭、梅墅、云谭、敬所、平台、东逸九房，每房一卷，间有支派繁衍者，则另设卷。凡此共设二十一卷以排列之：卷一宗支谱元白房，卷二宗支谱襟江房，卷三宗支谱隐南房，卷四宗支谱松岭房，卷五宗支谱梅墅房（奇所房、连山房附），卷六宗支谱云谭房、敬所房，卷七宗支谱敬所房，卷八宗支谱平台房（霞山），卷九宗支谱平台房（霞山），卷十宗支谱平台房（霞山），卷十一宗支谱平台房（霞山），卷十二宗支谱平台房（霞山），卷十三宗支谱平台房（昆山），卷十四宗支谱平台房（岐山），卷十五宗支谱平台房（岐山，西山、丹山、亦山房附），卷十六宗支谱东逸房（南怀），卷十七宗支谱东逸房（华峰、奇峰），卷十八宗支谱东逸房（侣樵），卷十九宗支谱东逸房（侣樵），卷二十谱上下东逸房（东

① 卢子骏修《新会潮连芦鞭卢氏族谱》卷首《宣统元年增修芦鞭卢氏族谱卢宗璜序》。
② 卢子骏修《新会潮连芦鞭卢氏族谱》卷首《宣统元年增修芦鞭卢氏族谱卢子淇序》。

山、南窗）。

《艺文谱》为此次新增，"今次更增开艺文一门，于吾族著作，搜罗宏富，其所以诵先德之清芬，而动后人之爱慕者，用意尤为深远。吾愿得斯谱者，什袭而藏之，以此为我族文献之传，吾尤愿外房同宗，得斯谱而读之，各兴其水源木本之思也"。①《艺文谱》共收 34 位作者 76 篇文章，12位作者的文外集 12 篇，18 位作者的诗作 909 首，另有 11 位作者的诗外集 13 首。《艺文谱》的作者，大部分是族中历代文人，也有少量与族人相关的族外名家，如宋湘、朱汝珍等。②

宣统元年（1909）、1924 年两次增修族谱，卢湘父均枵腹从公，呕心沥血。他在宣统元年修谱时，有人"惊叹"、有人"窃笑"："惊叹者之意，以为骏方授徒，日与学童共艰苦，乃能与青毡余暇，任斯烦剧。两年之间，哀然成帙，巧拙虽非所计，而亦可谓能人所难也；若夫窃笑者之意，则以为世界之大，人物之繁，爱群之心，当从大处落墨，若沾沾于家族之一小部分，亦已隘矣。"至 1947 年修谱毕，卢氏再次感叹，谓修谱有六难焉，一难修谱之事，毫无专责；二难修谱之事，从无年限；三难凡办一事，非财不行；四难谱学枯燥，谁复耐此；五难虽有此心，枵腹从公；六难钟鸣漏尽，夜行不休。凡此种种，"能者不欲为，欲为者又未必能"。③尽管如此，卢湘父以八十高龄，仍为人所不能之事，在修谱之组织、体例、内容等方面精心策划，从容编撰，使《卢氏族谱》成为一部具有鲜明特色、兼具创新意义的家族"叙事鸿篇"。其主要特色如下。

第一，策划周详，组织严密。宣统元年修谱时，曾制订详尽的工作计划，包括修谱之缘起、前度之续修、宣统增修之集议、修谱之布告、房谱样本之分发、外居之调查、编辑之条理、谱例之改革、捐款之踊跃、印刷与校对、芦鞭全图之测绘、宗祠祖茔及各村图之摄影、谱事之助力等均有周密安排。1947 年修谱时，经验稍具，又有家族议事会之赞成、职务之推

---

① 卢子骏修《新会潮连芦鞭卢氏族谱》卷首《中华民国三十六年增修卢氏族谱卢兴原序》。
② 香山上栅一带，多有卢氏。乾隆十四年（1749），上栅诸村官涌桥，桥成，澳门同知张汝霖作《官涌桥记》。该文亦收入《艺文谱》，为张氏罕有之作，极有价值。
③ 卢子骏修《新会潮连芦鞭卢氏族谱》卷首《中华民国三十六年增修芦鞭卢氏族谱始末记》。

选、修谱之发起人、募捐之助力、调查之工作、协修之得人、董事之效劳、印刷之商榷、编次誊录及校字、艺文之搜集、简表及补遗等，其工作或增加，或完善，莫不调动族中菁华，广泛参与，周详推演。其中，关于"印刷之商榷"，即充分体现了卢氏的严谨、周到和精明以及族人的力量："编辑就绪，印刷事开始考虑。工费之比较，广州廉于香港。初拟在广州排印，惟以校对一事，不能委之别人。盖寻常著作，但识文义，便可校对无讹，若谱事则世系所关，非熟悉其上下源流，则每易错误，故非由纂修者校对不可。然印刷尽需数月，若因此流寓广州，历时许久，又非所便。予年老需人自随，若以数月间之屋租食用，亦所费不赀。办事既不便，而费用仍不能廉，故决议在港排印。订定价值日期，即于戊子九月开始。时捐款尚未足用，但恐物价再涨，故且印且筹，徐图接续。此则与侨港诸君商议取决者。至于督理印刷事宜，则粹吾、兼腾两君之力也。"①

第二，顺应形势，创新体例。1947 年修谱，内容周全备至，其所设目，超越了一般性的族谱，而"肖像""艺文"之设，尤具特色。体例方面，则因应时变，突破樊篱，多有创新。宗支谱，通常是族谱的基本体例与内容，最能体现宗族的繁盛与序列，以及修谱者的工作难度和基本态度。"入清以后的家谱，虽然在总的体例上，依然保留着世系表，直为经，父子相承；横为纬，兄弟并列。长房叙清，继叙二房，条分缕析，按图而稽。书讳、书名、书字、书配、书子女、书生卒的格式，但在具体的编纂时有了比较大的自由度。"② 以此视之，《卢氏族谱》在体例上有诸多突破和创新：关于排列，"康熙修谱时，已改为直次五代，横列三位；宣统时仍用直次五代之法，而改为横列五位；今次改为直次五代横列十位以省篇幅。宗支谱之过接处，如五世九世十三世廿一世等，俱重列一代，以便检寻"。关于宗房排列，"变通旧法，分房编纂。每房各自一世起，详本支而略旁支，……今或于一房之中，又区分为数房焉，是合之则为全族之谱，分之则实为多数之房谱"。关于庶长嫡幼，"以嫡据右直承，庶列于左，于

---

① 卢子骏修《新会潮连芦鞭卢氏族谱》卷首《中华民国三十六年增修芦鞭卢氏族谱始末记》。

② 范同寿：《一部折射明清黔北社会的谱牒——读〈遵义沙滩黎氏家谱〉》，犹他家谱学会、沙其敏、钱正民编《中国族谱地方志研究》，上海科学技术文献出版社，2003，第 43 页。

其名之上，加嫡长二字，以著其实。立宗之义，尤较重于长也"。关于妾侍，不按旧列，"凡有妾者，均照来稿直书"。关于入谱年齿，康熙修谱，"年未二十者，俱未记录"，宣统续修，已有变通，"凡生存之人，不拘老幼，悉数纪载"。①

第三，西风东渐，融于一谱。与一般族谱相同，《卢氏族谱》处处体现了浓郁的宗族、宗法理念，修谱以示宗秩，以踵家贤，以明传述，所谓"观吾谱者，孝弟之心，油然而生。谱之所系，岂浅显哉？"然而，自宣统元年（1909）至1947年，中国内地历经动荡与变革，国门初开，西风东渐，近代化的浪潮席卷全国。另一方面，卢湘父从事教育四十余年，重视文化传承，且曾游历长崎、横滨、东京、港澳、上海等地，于彼处繁华，眼界为之大开，"近世之见闻多矣"，乃由世界而思及家园，有"文化富力"之说，所谓"夫民族之富力，与文化最有关系。地球言文化，必以河流；粤省言文化，当以海坦；古世言文化，必以中原礼俗；现世言文化，必以频海交通。我潮连四面环海，属西江流域，河流海坦，均擅其胜，以故交通便利，民智日开，宜乎文化富力，与日俱增"。②唯其如是，卢湘父思想较为开放，吸纳了许多西洋知识，使得《卢氏族谱》随处体现世界眼光与时代气息，且中国传统与西方气息交织，颇具特色。在《恩荣谱》中，既有传统的制诰、封荫以及科考，又增设了"毕业"一目，族人子弟受西方教育而显著者，均列榜中：兴原，伦敦法学硕士；光忠，伦敦兵马科；荣基，伦敦大学；荣发，上海圣约翰大学商科；明新，英国剑桥大学医学博士；雨董，美国波士顿大学经济科学士；文翰，国立中山大学，等等，显示卢氏族人自二十一世之后已经开始出现走出国门，或转向新学的面向世界的知识精英群体。他如"地图测绘""肖像摄影"，以及《杂录谱》所择录的"学校""道路""水泵""园林"等，亦透露出许多新鲜的西洋知识和"玩艺"。珠三角流域是最早"沐浴"西风欧雨的地区之一，处于新旧交替时期而修订的《卢氏族谱》，则完全可以当作西风东渐、中西交织的"乡村读本"，从中可以看到近代中国传统乡村受外来风气影响

① 卢子骏修《新会潮连芦鞭卢氏族谱》卷首《凡例》。
② 卢子骏修《新会潮连芦鞭卢氏族谱》卷25《艺文谱·潮连乡志自序》。

而发生的种种变化，对中国近代社会史的研究颇具价值。

第四，广泛动员，经营得当。此次修谱，首先得到了家族议事会的同意，然后动员全族精英参与，《职事衔名》胪列了倡修、监修、纂修、协修、分修、议修、董事、督印、编次、誊录、校字等近 200 人的编纂队伍；此外，如何筹集经费，亦使卢湘父煞费苦心，最终得到了旅居各地的族人，尤其是港澳乡亲的大力支持。其中，卢九后人积极捐资襄助，得成其事：宣统元年（1909）修谱，卢九次子卢宗璜"慨捐钜金"；1947 年修谱，倡修者是卢兴原（号孔勉，卢九之四子），监修者是卢光裕（号戒农，卢九之侄）。卢九之孙卢荣锡亦"慨捐钜款"，"以为之倡，尤有乃祖父之风"。而在捐款一项中，卢廉若兄弟以卢九名义捐款一千元："修谱集议时，由公益会提借数百金，以为开办经费。盖尚未开捐也，至是刊派捐册。兰生君昆仲，首为其父文山公尝认捐一千员，廉若君昆仲继之，亦为其父焯之公尝认捐一千员，敏卿君昆仲，为其父寿如公尝认捐四百员，其余认捐一二百员者，凡数十人。"此外，外居所捐，"上栅房共一千员，员山丹竹各四百余员，俱占多数，而其余之零星捐款，尚不能屈指计也。虽然彼认捐钜资者，固属可嘉，而中人以下，或分其岁入之小部分，或积存其劳动之余资，以贡献于谱局，藉表其敬宗尊祖之心，虽所捐不多，而此举挚诚，尤足令人钦仰。窃叹吾族人天性之优厚，盖有加而无已也"。① 卢湘父为此感叹，修谱之事，非财不行，幸赖族人捐助，且精打细算，巧做经理，新谱乃克告成。正是卢湘父的坚毅以及族人的支持，才给族裔以及后世研究者留下了弥足珍贵的文献史料。

三 "我族精华所聚，多在澳门"：卢九的家世

新会地处西江流域，来往港澳十分方便。1850 年后，太平天国、红巾之乱等运动导致新会人大量往外迁徙，澳门便是一个主要目的地，许多新会芦鞭卢氏族人因此寓居澳门。1947 年 4 月，卢湘父为筹集修谱经费，奔走于港澳，澳门被列为主要筹款地，因为"我族精华所聚，多在澳门。曩

---

① 卢子骏修《新会潮连芦鞭卢氏族谱》卷首《增修芦鞭卢氏族谱始末记》。

时家族义举，端赖澳侨提携"。十二月一日，卢氏夫妇专程赴澳，"以孔勉兄（按，即卢九四子卢兴原）之介，访荣锡君，慨然认捐壹仟元，而荣浚、顺德各捐壹佰元，其余多寡不一，则皆大楹之力也"。[①] 其中，卢九父子为潮连族亲在澳门之翘楚，在营商致富后对家族故乡之慈善及人文诸事尤为重视，且卢湘父与卢九诸子也多有交结往来，情谊至深，因此，《卢氏族谱》花了不少篇幅，详尽记载卢九及其家族的世系、传略、贡献等资料。

关于卢九家族的世系与辈分。根据族谱，卢九先人由中原迁居广东南雄珠玑巷，又于宋咸淳年间，先祖龙庄携兄弟谦公、焕午公及子义轩、仰轩等一干人由珠玑巷迁徙南下至新会潮连芦鞭里，[②] 尔后开枝散叶，逐渐兴旺起来。

卢九世系所属支派为东逸房（奇峰），自始祖隆起，历经思齐、梦斗、逢丁、信翁、安、签、癸、珍、秉辛、致用、孔会、獬、士养、应兆、梦龄、遇泰、菩嘉、耦等十九世，至卢九（华绍），乃二十世矣。

曾祖遇泰，字芳翰，号墨园，又号西林，娶吕氏，续区氏，副周氏，子六，长二三四周出，五六区出。

祖父菩嘉，字应喆，号喜堂，娶赵氏，子二。覃恩诰赠通奉大夫，晋赠荣禄大夫。

父耦，字位配，号寿昌，娶陈氏，副高氏，子三，曰：华锦、华益、华绍，俱高出。覃恩诰赠通奉大夫，晋赠荣禄大夫。

叔髦，字位醒。

卢九大哥华锦，字育班，号文山，娶李氏，子三。监生。覃恩诰赠中宪大夫，晋赠奉政大夫。生三子：长光奕；二邦甫，字圣甫，号兰生；三光裕，字圣珍，号舜渠，监生，候选道，赏戴花翎，诰授中宪大夫。

卢九二哥华益，出嗣位醒（髦）。

卢华绍（即卢九），字育诺，号焯之，娶欧阳氏，副梁、陈、梁、范、梁、张、何、黄、张九氏，子十七。长子、次子、七子欧阳氏出；三子、五子、八子、十二子、十三子，次副室梁氏出；六子、十子，四副室梁氏

---

① 卢子骏修《新会潮连芦鞭卢氏族谱》卷首《增修芦鞭卢氏族谱始末记》。
② 卢子骏修《新会潮连芦鞭卢氏族谱》卷首《宣统元年增修卢氏族谱始末记》。

出；四子，五副室范氏出；九子、十六子，六副室梁氏出；十一子、十四子、十五子，七副室张氏出；十四子，八副室梁氏抚养；十五子，九副室黄氏抚养；十七子，十副室张氏出。卢九与欧阳氏合葬省城大东门白水塘南蛇岗。盐运使衔，赏戴花翎二品顶戴，广西转运道，迻封文林郎，诰授中议大夫。①

卢九育有十七子，即二十一世，其名号、妻室、儿子、科举、官衔等，《族谱》也有较详尽的记载。

长鸿翔，字圣管，号廉若，娶陈氏，副黎氏、张氏，子七，长陈出，次黎出。廪贡生，赏戴花翎，浙江补用道。②

二宗璜，出嗣育茗（号华益），字圣岸，号煊仲，娶刘氏，副张氏、黄氏、徐氏，子十一，长梁出，四刘出，三黄出。邑庠生，辛丑补行庚子恩正并科乡试第一名举人，花翎试用知府。

三宗缙，字圣惇，号怡若，娶李氏，副黄氏、梁氏，子五，长次李出，三梁出。监生，壬寅补行庚子辛丑科顺天乡试中式第三十一名。

四兴原，字圣步，号孔勉，娶李氏，子三。邑庠生，游学英伦，得法学硕士，考取英国大律师资格，历任广东检察审判两厅长。1947 年倡修族谱。

五硕，字圣韵，号静庵，娶戴氏，通同知衔，游学美国。

六诵芬，字圣勖，号康民，娶陈氏，子二。监生，壬寅补行庚子辛丑恩正办科顺天乡试中式第一百五十八名举人。

七光忠，字圣牒，号季驯，娶钟氏，子五。邑庠生，游学英伦柯斯说兵马科毕业，历统第七旅炮兵营第一统领。

八光圻，字圣，号篆璧，娶张氏。

九光棣，字圣，号次常，娶陈氏，子三。

十光德，殇，嗣子。

---

① 卢子骏修《新会潮连芦鞭卢氏族谱》卷 17 下《宗支谱》。据族谱世系记载，卢华绍有兄弟三人，在兄弟中排行第三，并非排行第九。据笔者初步考证，"九"乃"耇"同音简写所致："卢华绍，字焯之，卢鞭人，小名耇，躯干雄伟，头特大，俗俗人又称之大头耇。"参见卢子骏编《潮连乡志》卷 5《人物略·卢华绍》，1946 年香港林瑞英印务局承印。至今新会老人仍有称卢九为卢狗者。见《新会文史资料》第 3 辑。

② 据《卢廉若墓志铭》，廉若副室不止黎、张二氏，尚有郭、黄、区、沈、黎、姚等氏。《卢廉若墓志铭》，参见林广志《卢氏家族资料四种》，《澳门历史研究》第 2 辑，2003。

十一光炜，字圣形，号美甫，娶陈氏，副黎氏，子六。

十二光涛，字圣恺，号松坡，娶郑氏，续徐氏。

十三光穌，字圣模，号养平，娶王氏，子三。

十四光铨，号衡若，英伦大学毕业。

十五光霖，号小焯，子二。

十六光樾，字圣贤，号荫民，娶陈氏，子四。

十七光显。①

卢氏的字辈始自十一世，初仅有"始履萃中和继芳应位育"十字，至康熙五十二年（1713）修谱，继球公以为日久混淆，法有未善，乃续拟十字，即"圣贤万事存、斯道为之鹄"。至宣统修谱时，此二十字已渐次用尽，卢子骏原拟续订，后因事未果。至1947年增修时，卢子骏乃更定二十字为之续，即"文章乃国华、诗礼是家福、守义与怀仁、子孙受百禄"，子骏名重远迩，且续字蕴意嘉美，可扬家声，"以此征询族众同意，均无异议"。至此，自先祖至二十一世，卢氏字辈为"始履萃中和、继芳应位育、圣贤万事存、斯道为之鹄、文章乃国华、诗礼是家福、守义与怀仁、子孙受百禄"四十字。以此推之，卢九为育字辈，其子卢廉若等为圣字辈，其孙为贤字辈，如卢廉若之长子荣观，字贤书，但世事变迁，且受现代思想影响，其曾孙辈之字辈排序已没有那么严格了。

关于卢九家族的行迹。在肖像、恩荣、家传等谱，卢九先人及卢九儿孙的制诰、封荫、仕宦、科举、学校等均有记载。

肖像。二十世焯之公、焯之配欧阳夫人、二十一世廉若公（卢九长子）、二十一世煊仲公（卢九次子）、二十一世兴原（卢九四子）、二十一世光樾（卢九十六子）、二十二世荣锡（卢九之孙，煊仲三子）、二十二世荣干（卢九之孙，兴原子）。肖像有画像，也有照片，肖像之下，配有简短文字，介绍其主要事迹。

制诰。光绪二十三年四月二十日，诰赠荣禄大夫卢芳翰一品夫人吕氏

---

① 卢九夫妇先后逝世，给卢廉若留下"弟妹二十八人，多未成立"。由此可见，卢九应有儿女二十九人，在十七子之外，还育有十二女。《卢廉若哀启》，参见林广志《卢氏家族资料四种》，《澳门历史研究》第 2 辑，2003。

周氏（卢九曾祖父母）。

科举。举人：宗璜，字圣岸，号煊仲，光绪二十七（1901）年辛丑补行庚子恩正并科乡试由附生中式第一名；宗缙，字圣惇，号怡若，光绪二十八年（1902）壬寅补行庚子辛丑恩正并科顺天乡试由监生中式第三十一名；诵芬，字圣勷，号康民，光绪二十八年（1902）壬寅补行庚子辛丑恩正并科顺天乡试由监生中式第一百五十八名。贡生：鸿翔，字圣管，号廉若，廪贡生。

仕宦。华绍，盐运使衔花翎二品顶戴广西待用道；鸿翔，花翎浙江补用道；硕，候选同知；诵芬，花翎候选知府；宗璜，花翎试用知府。

恩荣。菩嘉，字应喆，号喜堂，以孙华绍诰赠通奉大夫，晋荣禄大夫；耦，字位配，号寿昌，以子华绍诰赠通奉大夫，晋荣禄大夫；华绍，以子宗璜、宗缙、诵芬迭封文林郎；华益，以嗣子宗璜例赠文林郎，诰赠奉政大夫，晋赠中宪大夫。

家传。关于卢九早年事迹，除了"肖像"有简略记载外，另在《家传谱》设有卢九传略，对卢九生平有较详细的记述，兹录于此。"公讳华绍，字育诺，号焯之，躯干雄伟，头特大。少失怙恃，生计殊窘。弱冠后，始至澳门，业钱银找换。稍有蓄积，设宝行钱号。既而以善营商业，雄财一方。性友爱，两兄早逝，事寡嫂有礼，抚诸侄如己出；爱护乡族，以岁饥，尝捐办本族平粜者四次，赔累逾万无吝色；又自以家贫失学，乃设公善堂数所，以惠寒畯，行之数年，成就颇众。九世祠日久失修，倡议重建，自捐三万余元，改题曰名宦家庙，以十世秉章公为孝养名宦也。有子十七人，长鸿翔，廪贡生，浙江补用道；次宗璜，辛丑解元，试用知府；三宗缙，与六诵芬，同为壬寅举人，兄弟同科，尤为佳话；四兴原，以邑庠生游学英伦，得法学硕士，又考取英国大律师资格，历任检察审判两厅长暨法院长，民国三十六年倡修族谱；八光忠，以附生留学英国兵马科，历任营长、团长等要职；侄邦蒲，附贡生，分部郎中，与鸿翔、宗璜等，俱以先人名义义捐巨资。民国二年，普仁善堂创办，复以先人名义捐助巨款，又捐立芦溪义学，购置地址，均以先人名义题捐。善则归亲，诸君有为。孙荣锡为澳门华人代表，卓有时誉，民国三十六年修谱，捐巨资以为之倡，尤有乃祖父之风。公为广西待用道，加运使衔。孙曾以百计，侨居澳门，椒聊远条，其遗泽亦孔长哉。"①

《杂录谱》还记载了卢九捐资办学的事迹及其卒年："二十世焯之公，以寒畯起家，悯贫民不识字者之苦，乃于光绪二十二年丙申，捐赀延师，设本族义学两所，……三十一年乙巳，以节省经费之故，只设本姓两所，而外姓两区，暂行裁撤，惟外姓之俊秀，有可裁成者，仍择取收录。三十三年丁未，又裁为一区，是岁焯之公卒，明年义学遂停办。"②

在"肖像"一目，卢九的侄子卢光裕、儿子卢廉若（Lu Lim Ioc，1878～1927）、卢煊仲、卢兴原的事迹也有述略。

光裕，公讳光裕，字圣珍，号舜渠。文山公之三子，而焯之公之胞侄也。清时为候选道，赏戴花翎，诰授中宪大夫。公少年老成，勇于任事，大为焯之公所器重，待之如子。经营商业，以此致富。③

廉若，名鸿翔，字圣管，号廉若，焯之公长子也。公为清廪贡生，赏戴花翎，浙江补用道。事父母以孝闻，筑娱园于澳门，以娱其亲。父母殁，弟妹二十八人，公与二弟煊仲，同理家政，以教以养，使之各能成立。生平乐善好施，在乡尝设公善堂义学数所，以惠寒畯。宣统元年，重修族谱，公以先人名义，倡捐千金；潮连设普仁善堂，公与兰生煊仲诸昆季，各捐巨款；潮连设水泵，又慨捐千金。侨居澳门，历任镜湖医院总席，又倡办孔教学校。澳门商会成立，迭任总席。1915年，大总统特赏三等嘉禾章。曾充任澳门议例局议员，葡政府特授基利斯笃一等爵士勋章。子八人，长荣观，美国费城大学商科学士，曾充澳门议例局议员、澳门商会主席；次荣杰，曾任香港东华医院主席董事。余各自树立焉。④

---

① 卢子骏修《新会潮连芦鞭卢氏族谱》卷24《家传谱·二十世焯之公》。

② 卢子骏修《新会潮连卢鞭卢氏族谱》卷26《杂公谱·公善堂义学》。关于卢九的生卒年，据卢湘父撰《卢九墓志铭》称，"公生于清道光二十八年戊申十月十五日，卒于光绪三十三年丁未十一月十一日，享寿六十岁"。以此推算，卢九生于公历1848年11月10日，逝于公历1907年12月15日。《卢九墓志铭》，参见林广志《卢氏家族资料四种》，《澳门历史研究》第2辑，2003。

③ 光裕事亲至孝，曾在潮连修筑"娱园"，"与兄兰生相友爱，筑怡园于海田坊，以示兄弟怡怡之意也"。卢子骏修《新会潮连卢鞭卢氏族谱》卷首《职事衔名，肖像，舜渠公》。

④ 卢子骏修《新会潮连卢鞭卢氏族谱》卷首《职事衔名，肖像，廉若公》。关于卢廉若的生平事迹，可参阅《卢廉若哀启》《清资政大夫花翎二品顶戴浙江补用道廪贡生卢君墓志铭》，见林广志《卢氏家族资料四种》，《澳门历史研究》第2辑，2003。

煊仲，字圣岸，号煊仲，焯之公次子。焯之公有子十七人，谢世后，诸弟多幼，公与兄廉若公，以教以养，次第成立。赋性恬淡，雅好儒术。年二十，由附生应光绪辛丑科乡试，以第一人领乡荐，旋改选知府，赏戴花翎。……而武昌革命事起，公遂退居澳门，日与诸名士游，以文酒诗画自适。维时如吴玉臣、汪憬悟、张汉三、陈述叔等诸名流，过从尤密。番禺姚粟若，风雅善画，久客濠江，但身后萧条，公为经理其丧，事后姚之家人，以产业契据偿所负，公辞不受，时论尤多其侠。盖公见义勇为，如潮连普仁善堂、宣统元年（1909）修谱、1922 年修大宗祠，与乎平粜筹赈等，靡不慨捐巨金。民国肇造，曾任两广盐运署惠阳盐运使，澳侨首届国大代表，亦以公举当选，又尝任澳门华人代表。子十一人，类能成立。三子荣锡，仍为华人代表，其慷慨好义，尤有父风。①

兴原，字圣步，号孔勉，原名兴仁，民国成立后，更名兴原，焯之公之四子也，弱冠游邑庠，以就学不足以应世变，乃游学英伦，得硕士及大律师资格。历任大理院庭长兼平政院庭长、总检察厅检察长、广东高等审判厅厅长、司法行政委员会委员、上海临时法院院长等职，政绩昭著。无官场习气，不失书生本色；廉洁自持，待人忠厚，以新人物而有旧道德，是盖学有根底，而后学新文化者，与其他之用夷变夏者迥异矣。妻李丽卿，子三，长荣干，英伦美琪大律师；次荣进，美国航空技师；三荣发，美国费城大学经济学士。②

荣锡，字贤，焯之公之孙，煊仲公之子也。既毕业于香港圣士提反书院，复肄业于岭南大学。既而习航空，充广东空军第七队少校，又充飞鹰舰副舰长。退职后，居澳门，曾为利为旅酒店司理，今（1946）任英美烟草公司澳门总经理。而于现任之澳门政务会议非官议员之华人代表，尤能为澳侨谋福利。至其服务社团，如澳门中华总商会、镜湖医院，均当顾问；四邑同乡会为副理事长、世界扶轮会、香港华商会所，均为永远会员。③

此外，《杂录谱》大量记述了卢九及其诸子参与家族公益事业的相

---

① 卢子骏修《新会潮连卢鞭卢氏族谱》卷首《职事衔名，肖像，煊仲公》。
② 卢子骏修《新会潮连卢鞭卢氏族谱》卷首《卷首，职事衔名，肖像，兴原》。
③ 卢子骏修《新会潮连卢鞭卢氏族谱》卷首《职事衔名，肖像，荣锡》。

关活动，包括赈灾、捐资办学等。兴办善堂，一直是阖乡父老的愿望："天下事似缓而实急，似小而实大者，即我潮连乡之宜倡办善堂是也。"①卢九致富后，对于家族公益相当热心，曾倡议兴建善堂并带头捐资："光绪中，卢焯之君，尝发大心愿，拟捐巨金以为之倡，而人事不齐，议遂中辍。乡人至今惜之。民国二年，旧历六月，旅港澳同乡，拟联合省、佛、江门、上海及外洋各埠梓里，倡办普仁善堂，集合同志，参订办法，致书在乡诸君子，请即集议举办，旬日之间，群情欢跃，愿分任筹办经费者数十人。嗟呼，人格之高下，每视其用财之当否以为准，此固有识者之通论也。"②卢廉若也曾参与善堂的创办，"又倡办阖乡普仁善堂，至今赖之"。卢湘父对卢九父子等"港澳诸君"的善举大加赞扬："夫耗巨金……惟用之以办公益事业，则一时虽觉割爱，而此高尚之人格，与尊贵之名誉，上可以显亲，下可以垂后，清夜自思，怡然尚有余快，至于因果报应之说，更有不期而然者。乡人乎，其亦与港澳诸君同此心理乎，吾愿执鞭以从其后也。"③

在卢九父子以及众乡亲的努力下，1913 年，普仁善堂正式成立。除了一般性的赈济捐助外，卢九对善堂所设义学尤为重视，"乃设公善堂义学数所，以惠寒畯，行之数年，成就颇众"。④其实，善堂义学最初办得不好，以致停办已久，"近二十年来，则告朔饩羊，亦不知所在。盖停办已久，仅存潮连义学之名额，尚未磨灭而已"。⑤卢九目睹这种情况，乃出资建本族义学两所，后扩大到四所，惠及全乡，"设本族义学两所，一在东华祠，一在东唐祠，如是者七年，迨光绪二十九年癸卯，焯之公又思推爱于一乡，扩充规模，增为四区，其二仍在本族，其一设在豸尾渭东祠，明年迁雷湾李氏宗祠，其一设在茶墟陈兰契祠"。⑥

为了提高办学质量，卢九聘请卢湘父管理学校，另聘教师。由于管理

---

① 卢子骏：《倡办新会潮连普仁善堂刍议》，载卢子骏修《新会潮连卢鞭卢氏族谱》卷 25《艺文谱》。

② 卢子骏修《新会潮连卢鞭卢氏族谱》卷 25《艺文谱》。

③ 卢子骏修《新会潮连卢鞭卢氏族谱》卷 25《艺文谱》。

④ 卢子骏编撰《潮连乡志》卷 4《人物略》，1946 年香港林瑞英印务局承印。

⑤ 卢子骏编《潮连乡志》卷 5《建置略》。

⑥ 卢子骏修《新会潮连卢鞭卢氏族谱》卷 26《杂录谱，义学》。

认真，效果明显，受到族人好评："焯之公又虑无监学者，则收效尚少，乃委成于族侄子骏。凡延聘教师，编定课程，皆子骏为之经理，其教法注重认字解书，务使学童速通文义，故就学未久，辄能作浅白信札。岁时考校，奖励而诱掖之。如是两年，贫民戴义，颂声四起。"① 1904 年之后，卢九因其赌博生意出现问题，资金紧张，义学被迫裁撤。卢九逝世后，仅剩的一所义学也不得不停办。族人虽然不免为义学的停办而扼腕叹息，但对于卢九捐款创办义学给予了高度的评价，希望家族中有财力者能够以卢九为榜样，继续热心教育公益。

受到卢九的影响，其子侄卢光裕、卢廉若、卢宗璜、卢兴原等均重视家族公益，积极在家乡兴办教育。"……姪邦蕱，附贡生，分部郎中。光绪中，创办芦溪小学，与宗璜先后长校务者十余年；宣统初，邦蕱倡修族谱，与鸿翔、宗璜等，俱以先人名义捐巨资。民国二年，普仁善堂创办，复以先人名义捐助巨款，以捐立芦溪义学，购置地址，均以先人名义题捐。"② 1912 年，卢光裕、卢廉若等人再次募捐三千多元创建卢溪义学。所捐款项除购地外，其余用于放贷获息，以支付教师薪酬。不料，几年之后，放贷失败，卢溪义学又被迫停滞："民国二年，族人兰生、廉若、煊仲、衮裳、湘父等，倡设义学，捐资试办，颇有成绩。民国三年，乃募捐基金三千余元，除购置东亨留香馆，为义学校址外，余款放揭生息，以供教员备金。行之数年，旋以揭项失收，基金无着，因此停办。今只存有东亨内卢溪义学一所，以为复兴之基础，继志求事，是所望于后人矣。基金三千余元，内计英喆公尝捐二千元，敏卿以寿如公尝名义捐五百元，燕林夫妇捐二百余元，其他如衮裳、湘父、颐堂、贤衡尝等，亦各有捐助，合为三千元，取名卢溪，以示为地方公益也。"③

结　语

卢九家族之于澳门的贡献是不言而喻的。卢九作为十九世纪下半叶至

---

① 卢子骏修《新会潮连卢鞭卢氏族谱》卷 26《杂录谱，义学》。
② 卢子骏编《潮连乡志》卷 5《建置略》。
③ 卢子骏修《新会潮连卢鞭卢氏族谱》卷 26《杂录谱，义学》。

二十世纪初澳门的"一代赌王"，几十年间，纵横省澳，专擅烟赌，热心社群，乐善好施，是当时澳门社会、经济、政治生活中最有影响的华商代表之一。卢九及其子侄卢光裕、卢廉若、卢煊仲、卢怡若、卢兴原等家族成员在不同时期、不同领域，为近代澳门的社会稳定、经济繁荣以及改善华商营商环境、缓和华葡关系、救济贫困、传播儒家文化等方面做出了重要贡献。但是，对这样重要的华商家族，过去学术界缺乏足够的研究，主要原因之一是资料的匮乏。而有些研究，包括卢九的家世、名号以及事迹等，由于所用资料多为坊间传闻，以致舛误颇多。己丑年（1949）冬季，卢湘父将费尽心血增修刊刻的《卢氏族谱》赠予广东省立图书馆，"私谱以为公用"，卢九家族史料乃得以保存。如今，览此皇皇巨册，卢九家族的世系、行迹终于"豁然明朗"起来。毫无疑问，由于记载了大量近代以来珠江三角洲乡村的社会文化变迁以及卢九家族的重要资料，《卢氏族谱》对于近代珠三角乡村社会文化史及澳门近代华商史之研究无疑具有重大的史料价值。

笔者注：翻译时，此文之人名（除已标明外）、官名及农历等专有名词可用汉语拼音。

作者通信地址：中国澳门氹仔伟龙大马路澳门科技大学社会和文化研究所，邮编：999078。

责任编辑：赵新良

史料发掘

试析民国《香港华字日报》关于
广东社会报道资料的史料价值

邢照华*

广州市社会科学院，广东广州，510410

摘　要：《香港华字日报》自诞生之日起就特别重视对广州的报道，常设"羊城新闻""中外新闻"等栏目，涉及时政、军事、经济、文化等方方面面，保留了诸多珍贵史料。该报关于广东报道的视角独特，经常以专访形式捕捉社会敏感消息，具有即时性和动态性的特征，且局部的密集信息有助于复原当日的社会运行情景；该报关注广东社会重大问题或热点现象，常进行连续性和追踪式的报道；该报还经常参与实事调查，揭示社会真相，增强了时人或后人的社会认知；该报不定期刊载多样化的、导引民意的时评分析及诸多影响时政的研判，显示其兼具社会变革参与者的角色。对该报史料进行整理，并非简单的资料积累，还可将该报用作观察社情变化的标杆。

关键词：《香港华字日报》；广东社会报道资料；史料价值

《香港华字日报》的前身是 1845 年创立于香港英文报的《德臣西报》中的中文夹页——《中外新闻七日报》，因这一中文夹页大受民众欢迎，故有独立成报之必要。1872 年 4 月 12 日，《香港华字日报》副主笔陈霭亭先生在其《告白》中明确公告，将《中外新闻七日报》正式易名为《香港华字日报》并独立发行。4 月 17 日，《香港华字日报》遂正式在香港诞生。

---

* 邢照华（1970~　），男，汉族，河南南阳人，广州市社会科学院历史研究所研究员、副所长。

　　《香港华字日报》一经成立，即以其全方位的资讯服务模式，激起了巨大冲击波。"上自国政，下迄民情，中权人事，凡船舶之出入、电报之迟速、货物之周流、价值之贱贵，载无不周，采无不遍，务其乎至新至真，俾一览之余即可了如指掌……"，这一宗旨被奉为圭臬。当年 5 月 20 日，《申报》在《本馆自叙》中称，"兹者《香港华字日报》告成，主笔者为陈霭亭先生；先生以锐历之才，沉浸于学"，"本馆猥承先赐，弥愧后尘"。在此后的半个多世纪中，《香港华字日报》始终承续着既关心民生，又力争在言论上不偏不倚的宗旨，因此大受社会欢迎。

　　如果进一步从微观的角度聚焦《香港华字日报》与广东的关系，则可知该报从诞生之日起就特别重视对广州的报道。其常设栏目有"京报全录""羊城新闻""中外新闻"等。"羊城新闻"一直是与港粤政治、民生密切相关的热议栏目。进入民国后，"京报全录"消失，"羊城新闻""中外新闻"继续保留，直到 1941 年 12 月 25 日香港沦陷该报停刊为止。关于该报的价值，学界前辈邱捷先生曾专门撰文评论，相比其他方面，笔者更为重视《香港华字日报》在研究清末民初广东社会、经济方面的史料价值。《香港华字日报》无疑是研究这个课题的资料宝库。不仅对辛亥革命研究，而且对广东地方史的研究都是有重要的参考价值的。①

　　《香港华字日报》关于民国广东方面的史料记载，表现出了六个明显特点。

一　取材广泛，全面翔实地保留了诸多珍贵的史料

　　《香港华字日报》取材广泛，涉及时政、军事、经济、文化等各方面的素材，并专设"粤闻""广州短讯"固定栏目，分广东和广州两个层面高度关注粤地事态，由此而形成的散见素材，内容覆盖面很大。例如，《省政府慰留周恩来电》《蒋介石回师广州之内幕谈》《粤省国民党党员之调查》《胡汉民筹款手段之高强》《党政府拟募大宗公债》《省垣禁用外币后之市面情形》《欲更动兵工厂之经过》《清查粤路案中之林直勉》《各属

---

　　① 邱捷：《〈香港华字日报〉对研究辛亥革命的史料价值》，《广东史志》2002 年第 2 期。

农团近事志》《佛山沿涌贫民之大请愿》《海外华侨结合新党之趋势》《民党海外代表整治党国之提案》《赌棍请承杂赌之公愤》《反基声中之广州日来见闻》等。这些素材，客观上提供了一种对当时社情的立体透视。

还需要提及的是，《香港华字日报》对广东的重视，在早期甚至超过了香港本地。因为该报一直到光绪末年，才设立"香港新闻"专栏。而在顺序放置上，《香港华字日报》也只是到了民国初的1914年之后，才把"香港新闻"栏目，置于"广东新闻"之前。即便如此，在实际的报道中，《香港华字日报》对广东社会的关注程度，也仍然超过了对香港的关注程度。无论是大标题的数量还是版面文章的总数量方面，《香港华字日报》关于广东社会诸类现象的报道素材仍然具有明显优势。

二 视角独特，具有即时性和动态性的特征，且局部的密集信息有助于复原社会运行原貌

《香港华字日报》经常以"专访"形式即时捕捉社会敏感消息，如《吴铁城离粤之真因》《梁鸿楷之赎命钱》《市面铜圆价低之要因》《铜仙锐跌小贩叫苦》等，视角独特，引人注目。其在版面形式上采用灵活密集的排列方式，体现了敏锐性十足的专业特点。如1925年12月22日的"粤闻"栏目由12篇文章组成，其中10篇为"专访"。全部12篇文章的题目有：《孙镜亚致汪精卫书》《民党左派对于代表大会之准备情形》《滇唐出兵与李宗仁部入占钦廉》《潮汕要闻近志》《刘志陆部退永定后之近况》《海容舰已于昨晨北上》《佛山发现培英被掳学生尸体》《再志桂省煤油盐斤专卖之反响》《江门苏杭行停止营业》《香山近事志》《佛山匪徒之猖獗》《再志公益驳轮被劫情形》，其中的专访报道涵盖了广东重大政治军事动态变化及治安、民生等方面的内容，都是当时社会非常关切的信息。如1925年12月5日的"广州短讯"有：《赴俄学生第一批已于昨三号出发……》《卫戍司令部将无轨军车改装铁甲骑车，定本月十五起出巡市面》《派警九名，分三班》《陈公博定期昨四日接广大代校长职，先一日致函该校秘书知照》《集贤工会会长邓汉兴因案被捕，昨已由公安局解往特别审判所》《中央执行委员会前因议决改组广东大学》。这些抢眼球的密集简要报道，《香港华

字日报》显得不厌其烦，总是能够即时再现社会事务运行的局部场景，这一点甚至连广东本地的报纸都自愧弗如。

三 关注重大问题或热点现象，经常
进行连续性和追踪式的报道

1925 年 11 月 18 日，由该报《监察院审计盐务稽核所之经过》一文引发的监察问题，进入大众视线，引起热议。19 日，该报再载《清查粤路案中之林直勉》一文，直接将胡汉民委任林直勉，间接包揽代购，从而造成煤炭价格从 12 元虚升至 20 多元的情况予以报道，引起轰动。20 日，续载《省港煤炭工人发生意见》《监察院查办地检厅法官案呈文》两个报道。21日，复有《粤路职员舞弊之层出不穷》《总检察长弹劾大理院长》专文。此后，11 月 24 日报道，《卢兴原对惩吏院委员之呈文：总检查长卢兴原，以惩吏院委员林翔等，均有袒护区李案渎职之嫌，日昨咨请国民政府监察院会衔呈请政府，声请拒却，请另派公正大员接充惩吏院委员》。12 月 4日，其促成的结果最终呈现在《汪精卫关于粤汉铁路的腐败问题处理》。12 月 11 日，又有《省报述粤路舞弊案之余波》。该报连续追踪几近一月，同题素材如此集中，十分难得。这些报道留给后人非常细腻深入、持续不断的个性化主题素材。这是其他种类的史料载体难以做到的，甚至是档案媒介，也很难将客观材料与大众实态反响如此紧密性地结合呈现。

四 开展实事调查，揭示社会真相，
增强了时人或后人的社会认知

1925 年 4 月 21 日，该报有《广州无饭市之实地调查》：广州省垣自开抽宴席捐后，各饭店纷纷改卖茶面，更有改称下级饭店者，借以避免苛抽。今下级饭店亦要报效教育费，故饭店日少。世人多呼广州"无饭市"。访员因事赴省，实地调查，抵埠后，尝在街边购白粥一碗，其碗口虽阔，形浅如碟，容量甚少，但取铜仙三枚，较诸三年前二分四及第粥，真过后难寻矣。询及卖粥者何故如此奇贵，彼即答谓广州种种苛抽。由此，向时人及后人揭示了广州税负实况。

1926 年初，省港大罢工间隙，港商请求广东省政府年底"恢复短期交通，以便账客来往"。《香港华字日报》访员在第一时间接到"省城来电，谓已定由本月四号起，恢复交通一星期"的消息。于是，立即向商会联合会主席谢树棠及香港华民政务司求核准。继又向香港本地的两家船运公司求核准，考察两家公司是否支持政府的决定，是否同意派船运客。后来，《香港华字日报》访员得了两种不同的答复。其中一家，即"省港澳轮船公司司理宴奴君答复当然加增"，而另一家公司，即广东广西行的船东周俊年则"答复船员临时颇难配足人役，且为短期交通，故决不派轮前往矣"。经此调查，1926 年 2 月 3 日《香港华字日报》遂大标题刊载《恢复短期交通昨讯》。报道了调查详闻及经过，这其实为我们保留了省港大罢工期间强硬的国民政府行使弹性办事的大量细节。

五　不定期地刊载多样化的、导引民意的时评分析，诸多论断影响时政，扮演了社会变革参与者的角色

1925 年 3 月 12 日孙中山先生在北京逝世后，粤省政局呈现十分复杂的局面。《香港华字日报》这一时期对广东当地的政治斗争情况做了大量报道。3 月 20 日，特约专访员大德撰写了《粤局大变化之酝酿》文，点题文字为"胡汉民谋继大元帅之进行""刘震寰、杨希闵将来之地位"，称："惟胡汉民以实行委员制，则代帅之资格消减，不能再施行其最高职权，或因此而牵及其本身之省长问题，故极力谋打消委员制之说，冀达到继任大元帅之目的。若不克如愿以偿，势不能改用委员制，亦必须设法攫取委员长一席。连日业经向杨希闵、刘震寰、谭延闿等疏通，但杨、刘、谭等表面上仍极力敷衍。"3 月 23 日，刊文称《杨希闵背胡勾结段之进行》。4 月 1 日，再刊文《吴铁城对胡之怨言》称"广州联军之新内讧"，"胡汉民疑神疑鬼，指谋军为滇唐内应"。4 月 2 日，载文《广州局面变化之酝酿》《滇军将有特殊举动》。4 月 3 日，载文《杨、许互相猜忌之中双方形势》《谭延闿将加入拒唐》。4 月 4 日，载文《胡、杨斗法声中又发生违制案》。

4 月 11 日，载文《兔起鹘落之广州政潮》揭露 "滇桂军示威之内幕，胡代帅日来之软化"。文称："日前桂滇军因主张逐胡迎唐，与胡代帅反脸，将对政府示威，迭志报端。兹续闻此次平地风波，因由迎唐拒唐问题而起，而其内幕实尚有他种原因在，盖胡代帅自闻滇桂军取联唐态度后，乃竭其囊底之阴谋秘智，密遣心腹，一面挑拨桂军中下级军官，脱离刘震寰关系，以打倒联唐派之。"4 月 16 日，特约专访员倪卿撰载《元太两派之决斗迫近》。4 月 20 日，载文《酝酿中粤局变化之趋势》，称："各军拒绝胡汉民发出之大元帅命令，廖仲恺、古应芬在山会议应付滇桂军，胡廖许始终认定杨希闵不迎唐则投北。"《香港华字日报》无保留地将国民党内权力交锋公开化，介入程度较深。《香港华字日报》诸多影响时政的研判，显示该报兼具当时广东社会变革参与者的角色，成为观察社情变化的标杆。

六 与国内主流报纸的相关报道存在 较好的参证、互补关系

以关于国民党一大会议的主题报道为例，《香港华字日报》1924 年 1 月 23 日做了题为《国民党大会通过宣言案详情》的（专访）报道：胡汉民等对陈炯明主张之 "联省自治" 表示让步……在三民主义节末删去 "治外法权" 一句。关于会场发言：以胡汉民为最多；孙科则面向瓦顶 "含羞答答"；古应芬数日来自始至终不发一言；邹鲁则避匿家中；伍朝枢、徐绍桢则座于旁听之席，似表示冷静之态；邓泽如不懂正音，苦苦求孙文用粤语讲演，孙以粤人居少数，不允所求。……而万绿丛中两点红，即议场上有汪精卫夫人陈璧君，及廖仲恺夫人何香凝为之点缀，亦自楚楚有致也。而如天津《益世报》1924 年 1 月 23 日则重点报道了会期变动情况："开会日期，原定一月十五日"，"上海国民党本部来电，请延迟五天开会。以便在沪候船南下各代表之依期出席"。而各省代表不能齐集，"即在广州市选举之代表，如滇桂赣各省党员，略有风潮"。但是，孙中山坚持，仍于十五日开预备会。长沙《大公报》于 1924 年 1 月 28 日以《孙中山又将组织国民政府》为题做了报道：二十日全国国民党代表在粤开会，孙及各要人均列席。议决实行以党治国，组织国民政府。该报独家披露的最

重要的信息是，按孙文原定此次召集国民党全国代表会议，组织"建国政府"，嗣以许崇智由沪返粤，谓"建国"二字系拾徐树铮唾余，且徐曾失败，"建国"二字万不可用云云。故孙与粤中要人几经磋商之结果，遂决定采用"国民政府"名称。同时，天津《大公报》1924 年 2 月 11 日做了题为《国民党代表大会闭幕记》的报道，大体只是属于一则事后追述报道：中国国民党因改组问题，召集海内外代表来粤开会。这次开会讨论问题以宣言书最重要，包括该党主义及今后对内对外之政策与纲领，不得不慎重致至也。重要问题则以闭会日所议决之对外议案，堪足注意。该议案提出：（一）取消租界地名义；（二）居于中国之外人，应受中国法律之约束；（三）庚子赔款收为教育费。弥足珍贵的是该报详列了新选出的中央执行委员 24 人名单，中央执行委员为：胡汉民、汪精卫、张静江、廖仲恺、李烈钧、居正、戴季陶、林森、柏文蔚、丁维汾、石瑛、邹鲁、谭延闿、覃振、谭平山、石青阳、熊克武、李守常、恩克巴图、王法勤、于右任、杨希闵、叶楚伧、于树德。[1] 在当时的国内主流报纸中，《申报》则无相关报道，这也成为分析当时社会反响动态的依据。

客观而言，由于各报纸的政治背景、地域环境、办报导向等风格因素的差异，以及普遍的标新立异等心理因素的存在，尤其是当时的主流报纸如《大公报》《益世报》《申报》《国民日报》等，都竭力凭借自己独特的消息采集渠道，努力挖掘新信息，发布独家见解，这就给后人的合并使用，提供了比堪、深化分析的有利条件。以《香港华字日报》与国内主流报纸进行参证，可以将相关史料合并使用，有利于对重要事件的纵深探究和综合考察粤地社会变化与演进。

综上所述，《香港华字日报》关于广东报道史料的价值是不言而喻的，甚至是无可替代的。如果再叠加以国内主流报刊的同步报道，则其内涵尤其丰富。上文所列举的国民党一大会议的综合报道，即典型一例。因此，在以《香港华字日报》为对象的资料整理工作中，同时宜对国内主流报刊的报道进行同步采撷，尽可能地宽幅汇集史料，不避求全求精求细，可以成为一个相对的采编原则。同时，对于这些宽口径采集来的资料的处理，

---

① 《国民党代表大会闭幕记》，《大公报》1924 年 2 月 11 日。

不宜简单地以"编年体"方式堆砌完事，而应该进行事件主题分类归并处理，彰显一种类似"纪事本末体"的史料汇集方式，以形成最终的产品。需要特别强调的是，由于《香港华字日报》的精华，集中于社会亮点的采撷及追加以热点事件为轴心的链式追踪报道，因而在报刊资料的编辑中，采取以《香港华字日报》的信息点为主线的方式，都是可以探讨或提倡的。

目前，中国学界尚无针对《香港华字日报》报道内容的专题梳理工作，尤其是缺少定向于广东近世社会相关方面的史料梳理工作。作为中国境内最早出现的、有较大影响力、致力于对广东社会浓墨重彩地进行长期报道的报纸，未能获得深入挖掘，殊为可惜。故很有必要针对《香港华字日报》的广东报道进行一次深度加工整理编辑工作，并可叠加国内主流报纸在同时期对广东社会的报道，分类合并进行。这样做既可以利用各报纸的政治背景、地域环境、办报导向风格因素的差异，从横向上拓宽相关事件的宏观背景，又可从纵向上串联多渠道的同题信息报道，扩充信息源，利于比堪分析。这大体是一个比较新的角度。在具体的操作中，将首先进行横向梳理编辑，以年、月、日时间顺序为维度，从而保持对报纸信息驾驭的广度和精深度。其次，进行纵向加工，拟梳理出主题事件作为线索，串联核心和边际资料，深入整理。对于无法用主题归并的史料，可以考虑列入"其他"中放置。就学术宏观层面而言，对近现代特定时段的广东史料进行以事件为轴心的归纳整理，在理论上也是一种创新探索。现代社会历史发展具有非常复杂的特性，是否可以分层次地归并相关史料，以及如何处理相关主题的关系，都面临着实践的检验，尤需进行创新性深入探究。

作者通信地址：广州市社会科学院；邮箱：guangzhou112202@126.com

责任编辑：金峰

《光绪十九年蔚长厚票号广东分号通年总结账》账本整理[*]

孟 伟^{**} 晏雪莲^{***}

山西大学历史文化学院 山西太原 030000

摘 要：票号账本这一原始资料对于票号的具体经营情况和营业地的商业、经济研究都非常重要。山西民间收藏家所藏的《光绪十九年十月底吉立·广东·通年总结账》是蔚长厚票号广州分号的年总结账，是广州分号对整年业务经营、收支等情形予以分类的"合拢"总结，属于山西票号"龙门账"体系的一部分。

关键词：蔚长厚票号；广州分号；通年总结账；龙门账

蔚长厚票号是清代100余家专门从事专业化汇兑的山西票号之一，总号设在山西平遥县城，自然归属"平遥帮"。蔚长厚票号诞生于同治初期，由经营茶庄改组而成，于民国八、九年间（1919~1920）自动收歇，前后经营六十年左右。主要在"南路的长江流域以及沿海"展开经营，最兴盛时有二十余处分号，位于京师、天津、西安、三原、开封、周口、上海、苏州、镇江、扬州、南昌、广州、河口、沙市、常德、重庆、成都、长

---

* 基金项目：2014年国家社科重大招标项目"山西民间契约文书收集整理与研究"阶段性成果（批准号：14BZS048）；2017年国家社科重点项目"明清以来白银货币演变史"阶段性成果（批准号：17AJL005）；山西省晋商文化基金会第四批资助项目"明清民国时期山西布商研究"（批准号：S20170405）。

** 孟伟（1963~ ），男，汉族，山西文水人，河北大学、山西大学特聘教授，博士生导师，博士，研究方向：社会经济史、货币史、文献学。

*** 晏雪莲（1985~ ），女，汉族，湖北钟祥人，山西大学历史文化学院讲师，博士，研究方向：社会经济史、中西文化交流史。

沙、福州、厦门、太谷等地，自为一体的同时，与平遥帮票号相互联合。

蔚长厚票号诞生初期，就在广东开设分号，是继日升昌、蔚泰厚、新泰厚、蔚盛长、云丰泰、谦吉盛、百川通、协同庆等票号之后的又一家平遥帮票号（目前可考，至少有过二十余家山西票号先后进驻广东），蔚长厚票号的金融经营与平遥帮其他票号的经营大同小异，也遵循"山西票号金融经营六要素原则"，撤离广州的时间大体在民国五、六年间（1916～1917）。目前存世文献尚有信稿、账册、清单，均为民间收藏家所收藏。而有关蔚长厚票号的专门学术研究则基本属于空白。

说　明

1. 可以充分肯定，本账册为山西票号原始账册，来源以及辗转流通情形不详，原件现为民间收藏家所藏，本整理依据影印（照片）整理。

2. 原件，封面外包"绸缎"，金粉书写"光绪十九年十月底吉立·广东·通年总结账"字样，规格尺寸 28×18cm，共计 128 页（其中有余留空白页，见图 1），线装，账册系石印本，内容则毛笔竖排书写，加盖各类"图章"，包括"〇""对"等标识。

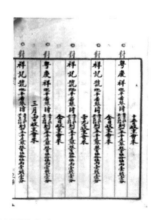

图 1　账本封面及内容

3. 所谓"年总结账"，分为总号年总结账和分号年总结账，本账册是广州分号的年总结账，是广州分号对其一个整年的业务经营、收支等情形予以分类的"合拢"总结，属于山西票号"龙门账"体系的一个环节和局部。通常情形下，在此基础上最终会形成"分号年总清单"，或邮寄，或托捎，定时报告总号——类似于现代会计的"年终报表"。

4. 本账册的"通年"是指"光绪十八年（1892）十月底—光绪十九年（1893）十月底"，亦即蔚长厚票号的结账账期为"每年冬月底"。

5. 类似本账册，最近十几年来在祁太平地区"井喷式"出现，类型多样，形制与内容则大同小异，抑或各有千秋。无须惊讶，150 多家山西票号及其大量的字号，每家票号、字号及其分号都必然有相似的账册、清单等原始文献。但是，非常遗憾，目前学界对这些"原始的文献"关注不够，而相关的学术研究则近似于空白。账册的特殊性以及丰富的内涵、对应的外延等，亟须科学探究。本文作为示例，仅供参考。

凡　例

1. 原账册书写方式为传统"竖排"，现统一为"横排"。

2. "○对"，系原账册之"核对"时附加在"置顶"的标志符号，原为红色，以示区别。本整理予以保留。

3. 关于"数字"，原账册中有"炭码""大写""小写"等，情形不一，各有规矩，现整理统一排版，使用"大写"。

4. "标题序号"是在原账册"科目"基础上整理所加，一为纲目序列清晰，二为研究方便。

5. 本账册残缺漫漶处，使用"□"表示。

6. "账册中的时间"，遵循原账册，但排版则统一"首行缩进二字"。

7. 整理中"——"用以标识其"最终合计"情形，而"∥"则用于对"账页"加以区别，原账册中的"余留空白页"则在整理时省略、删除，丝毫不影响原账册内容。但从中不难看到本账册最初设立时的"预先判断"以及"习惯经验"等，其中隐藏着"当年业务变化"之可能。

8. "标点"和"句读"，按照票号账册习惯。

一　收会申票处

……（上残，残缺原因不详）

二十五日收会申

〇对 许祥盛苏漕平二七宝银一百两,共大五钱八分,合本平一百两零五钱八分

十月初七日收会申

〇对 许贡臣英洋二百六十六元七,六九,合本平足银一百八十四两零二分

仝日收会申

〇对 王承绪英洋十元,八九,合本平足银六两儿钱

初九日收会申

〇对 致和祥汇划豆规银一千六百两,每百两大三钱六分,共大五两七钱六分,九三一五扣本平足银一千四百九十五两七钱六分

仝日收会申

〇对 源裕祥汇划豆规银一千两,每百两大三钱六分,共大三两六钱,九三一五扣本平足银九百三十四两八钱五分

十二日收会申

〇对 志钧苏漕平足纹银三十两,共大一钱七分,合本平三十两零一钱七分

二十二日收会申

〇对 志钧英洋三十元,六九,合本平足银二十两零七钱

二十四日收会申

〇对 张四应英洋五十元,六九,合本平足银三十四两五钱

二十六日收会申

〇对 姚传永京平足纹银二十两,共小七钱四分,合本平一十九两二钱六分

——(对) 以上共收合砝平足纹银三万零二百八十七两二钱七分//加盖"蔚长厚记"方形章四枚//

二 收申会票处

十八年冬月二十日收申会来

〇对 舒敬之司库平足纹银五百两,每百大二两七钱,共大一十三两

五钱，合本平足银五百一十三两五钱

二十一日收申会来

〇对　德厚祥九九七平番银一千两，每百大二两七钱，共大二十七两，九二扣本平足银九百四十四两八钱四分

二十九日收申结来

〇对　捎物本平足银二两五钱二分

十九年三月二十三日收申结来

〇对　转安徽三千一百两，上贴克费本平足银一十一两七钱九分

四月十一日收申结来

〇对　捎物本平足银五两九钱四分//

二十八日收申结来

〇对　许友安三百二十两，上转安徽贴克费本平足银三两一钱七分

五月初六日收申结来

〇对　赔平本平足银二十一两六钱

十二日收申会来

〇对　沈伯颖九九七平足纹银四百八十三两，每百大二两七钱，共大一十三两零四分，合本平四百九十六两零四分

十九日收申结来

〇对　树标记等船资并广号捎物本平足银六十八两零四分

六月初七日收申发来

〇对　小洋银三千两，九二扣本平足银二千七百六十两//

仝日收申结来

〇对　小洋二千八百上赔色本平足银八十四两

十九日收申会来

〇对　沈伯颖九九七平足纹银一百三十八两，每百大二钱七分，共大三两七钱三分，合本平一百四十一两七钱三分

七月二十四（日）收申结来

〇对　捎物本平足银四两二钱七分

九月初九日收申会来

〇对　沈伯颖九九七平足纹银一百三十八两，每百大二钱七分，共大

三两七钱三分，合本平一百四十一两七钱三分

十六日收申结来

○对　捎物本平足银二两八钱

——（对）　以上共收合砝平足纹银五千二百零一两九钱七分（加盖"蔚长厚记"方形章四枚）∥

三　收会重票处

十九年三月初九日收会重

○对　宏泰钧京平足纹银一百两，共小三两七钱，合本平九十六两三钱

八月初二日收会重

○对　李敦甫川九七平票色银一百四十两，每百小一两七钱，共小二两三钱八分，合本平一百三十七两六钱二分

——（对）　以上共收合砝平足纹银二百三十三两九钱二分（加盖"蔚长厚记"方形章四枚）∥

四　收重会票处

十八年冬月二十九日收重会来

○对　谦恒益九九七平番银一千两，每百大二两七钱，共大二十七两，九三扣本平足银九百五十五两一钱一分

三十日收重会来

○对　粤庆祥九九七平番银二千两，每百大二两七钱，共大二十七两，九三扣本平足银一千九百一十两零二钱二分

腊月十三日收重会来

○对　谦恒益九九七平番银一千两，每百大二两七钱，共大二十七两，九三扣本平足银九百五十五两一钱一分

二十五日收重会来

○对　祥记号九九七平番银一千两，每百大二两七钱，共大二十七两，九三扣本平足银九百五十五两一钱一分

十九年二月初一（日）收重会来

○对　祥记号九九七平番银一千两，每百大二两七钱，共大二十七

两，九三扣本平足银九百五十五两一钱一分//

十五日收重会来

○对　粤庆祥九九七平番银一千两，每百大二两七钱，共大二十七两，九三扣本平足银九百五十五两一钱一分

全日收重会来

○对　祥记号九九七平番银一千两，每百大二两七钱，共大二十七两，九三扣本平足银九百五十五两一钱一分

二十九日收重会来

○对　祥记号九九七平番银一千两，每百大二两七钱，共大二十七两，九三扣本平足银九百五十五两一钱一分

全日收重会来

○对　粤庆祥九九七平番银一千两，每百大二两七钱，共大二十七两，九三扣本平足银九百五十五两一钱一分

三月十四日收重会来

○对　祥记号九九七平番银一千两，每百大二两七钱，共大二十七两，九三扣本平足银九百五十五两一钱一分//

三十日收重会来

○对　祥记号九九七平番银一千两，每百大二两七钱，共大二十七两，九三扣本平足银九百五十五两一钱一分

全日收重会来

○对　谦恒益九九七平番银五百两，每百大二两七钱，共大二十七两，九三扣本平足银四百七十七两五钱五分

四月二十二日收重会来

○对　粤庆祥九九七平番银三千两，每百大二两七钱，共大二十七两，九三扣本平足银二千八百六十五两三钱三分

二十六日收重会来

○对　谦恒益九九七平番银一千两，每百大二两七钱，共大二十七两，九三扣本平足银九百五十五两一钱一分

六月十五日收重会来

○对　谦恒益九九七平番银一千两，每百大二两七钱，共大二十七

两，九三扣本平足银九百五十五两一钱一分//

——（对） 以上共收合砝平足纹银一万七千一百九十一两九钱九七分（加盖"蔚长厚记"方形章四枚）//

五 收会扬票处

十八年冬月十四日收会扬

〇对 姚鉴淳英洋八十元，六九，合本平足银五十五两二钱

二十六日收会扬

〇对 姚崇卿英洋一百二十元，六九，合本平足银八十二两八钱

腊月初一（日）收会扬

〇对 李钧芳英洋二十元，六九，合本平足银一十三两八钱

初七日收会扬

〇对 鹤来堂（丁）英洋九十四元，六九，合本平足银六十四两八钱六分

十九年正月初八日收会扬

〇对 师叔云长钱平足纹银一百八十八两，每百小一两三钱，共小二两四钱四分，合本平一百八十五两五钱六分//

三月十一日收会扬

〇对 张国珠英洋六十元，六九，合本平足银四十一两四钱

四月初九日收会扬

〇对 姚公馆英洋三十元，六九，合本平足银二十两零七钱

十一日收会扬

〇对 姚公馆英洋一百三十五元，六九，合本平足银九十三两一钱五分

二十五日收会扬

〇对 刘效洲英洋一百六十元，六九，合本平足银一百一十两零四钱

八月初二日收会扬

〇对 姚崇卿英洋八十元，六九，合本平足银五十五两二钱//

——（对） 以上共收合砝平足纹银七百二十三两零七分//加盖"蔚长厚记"方形章四枚//

六 得兑费处

十九年十月三十日

——（对） 共收得兑费合砝平足纹银四千五百八十九两三钱//

七 得现利处

十九年十月三十日

——共收得现利合砝平足纹银四千四百零八两四钱三分//

八 得捐余处

十九年十月三十日

——共收得捐余合砝平足纹银三十五两八钱三分//

九 得余平积色处

十九年十月三十日

——共收得余平并上地丁积色合砝平足纹银七百零三两三钱一分//

十 借外浮存处

十九年十月三十日

——（对） 共收借外浮存合砝平足纹银六万五千两//

十一 交会京票处（天津）

十八年冬月二十六日交会津

〇对 复聚恒九九七平化宝银三千两，每百大二两七钱，共大八十一两，合本平三千零八十一两

腊月十八日交会京

〇对 永泰同九九七平足纹银一千两，每百大二两七钱，共大二十七两，合本平一千零二十七两

仝日交会津

〇对 复聚恒九九七平化宝银二千两，每百大二两七钱，共大五十四

两，合本平三千零五十四两

二十六日交会津

〇对　复聚恒九九七平化宝银三千两，每百大二两七钱，共大八十一两，合本平三千零八十一两

仝日交会津

〇对　隆盛长九九七平化宝银二千两，每百大二两七钱，共大五十四两，合本平三千零五十四两//

仝日交会津

〇对　隆盛长九九七平化宝银一千两，每百大二两七钱，共大五十四两，合本平一千零二十七两

十九年正月二十一日交结京

〇对　捎物本平足银三十七两零四分

二月初八日交缴退前收会京

〇对　吴彦复京平松江银二百两，每百小二两七钱，共小七两四钱，九八五扣本平足银一百八十九两七钱一分

初九日交结津

〇对　捎物本平足银五两九钱二分

二十三日交结京

〇对　捎物本平足银四两二钱五分//

三月初三日交会津

〇对　隆记号九九七平化宝银二千两，每百大二两七钱，共大五十四两，合本平三千零五十四两

四月初一日交会津

〇对　复聚恒九九七平化宝银三千两，每百大二两七钱，共大八十一两，合本平三千零八十一两

初七日交会津

〇对　复聚恒九九七平化宝银一千两，每百大二两七钱，共大五十四两，合本平一千零二十七两

十二日交会津

〇对　远兴顺会平化宝银一万两，每百大二两六钱四分，共大二百六

十四两，合本平一万零二百六十四两

十三日交会京

○对　同安利九九七平足纹银一千两，每百大二两七钱，共大五十四两，合本平一千零二十七两∥

十七日交会津

○对　隆记号九九七平化宝银二千两，每百大二两七钱，共大五十四两，合本平三千零五十四两

二十四日交结津

○对　晓源记衣资本平足银五十八两零一分

二十七日交会津

○对　复聚恒九九七平化宝银三千两，每百大二两七钱，共大八十一两，合本平三千零八十一两

二十九日交会京

○对　同安利九九七平足纹银一千两，每百大二两七钱，共大五十四两，合本平一千零二十七两

五月初一日交会津

○对　隆盛长九九七平化宝银二千两，每百大二两七钱，共大五十四两，合本平三千零五十四两∥

十五日交会津

○对　复聚恒九九七平化宝银二千两，每百大二两七钱，共大五十四两，合本平三千零五十四两

二十六日交结津

○对　捎物本平足银一两四钱八分

六月初五日交会津

○对　隆记号九九七平化宝银二千两，每百大二两七钱，共大五十四两，合本平三千零五十四两

十四日交会京

○对　同安利九九七平足纹银一千两，每百大二两七钱，共大五十四两，合本平一千零二十七两

二十八日交会津

○对　复聚恒九九七平化宝银二千两，每百大二两七钱，共大五十四两，合本平三千零五十四两//

七月十八日交会津

○对　隆记号九九七平化宝银二千两，每百大二两七钱，共大五十四两，合本平三千零五十四两

二十八日交会津

○对　隆记号九九七平化宝银二千两，每百大二两七钱，共大五十四两，合本平三丁零五十四两

八月初二日交会津

○对　隆盛长九九七平化宝银一千两，每百大二两七钱，共大五十四两，合本平一千零二十七两

初七日交缴退前收会京

○对　韩大人京足纹银九百两，每百小三两七钱，共小三十三两三钱，合本平八百六十六两七钱

初八日交会津

○对　复聚恒九九七平化宝银三千两，每百大二两七钱，共大八十一两，合本平三千零八十一两//

二十五日交会津

○对　复聚恒九九七平化宝银四千两，每百大二两七钱，共大一百零八两，合本平四千一百零八两

二十七日交会津

○对　复聚恒九九七平化宝银二千两，每百大二两七钱，共大五十四两，合本平三千零五十四两

仝日交会津

○对　隆盛长九九七平化宝银一千两，每百大二两七钱，共大五十四两，合本平一千零二十七两

二十九日交缴退前收会京

○对　张之万大人京平松江银一百两，共小三两七钱，九八五扣本平足银九十四两八钱五分

九月初三日交缴退前收会京

○对　黄子乙九九五平足纹银一百两，共大二两五钱，合本平一百零二两五钱//

十月二十五日交缴退前收会京

○对　姚传永京平足纹银二十两，共小七钱四分，合本平一十九两二钱六分

——（对）　以上共交合砝平足纹银六万一千九百六十六两七钱二分//（加盖"蔚长厚记"方形章四枚）//

十二　交京会票处

十八年冬月二十日交京会来

○对　广恒昌京平足纹银四十八两三钱，共小一两七钱九分，合本平四十六两五钱一分

二十四日交津会来

○对　成厚堂九九七平番银一千两，每百大二两七钱，共大二十七两，九三扣本平足银九百五十五两一钱一分

全日交津会来

○对　成厚堂九九七平番银一千两，每百大二两七钱，共大二十七两，九三扣本平足银九百五十五两一钱一分

腊月二十三日交津会来

○对　洪泰裕九九七平番银三千二百二十八两，每百大二两七钱，共大八十七两一钱六分，九三扣本平足银三千零八十三两一钱

全日交津会来

○对　广隆祥九九七平番银二千五百三十四两零七分，每百大二两七钱，共大六十八两四钱二分，九三扣本平足银二千四百二十两零三钱一分//

十九年二月十五日交京会来

○对　智和名下京平番银六百一十八两，每百小三两七钱，共小二十二两八钱七分，九三扣本平足银五百五十三两四钱七分

二十五日交津会来

○对　广立顺九九七平番银二千一百六十两，每百大二两七钱，共大五十八两三钱二分，九三扣本平足银二千零六十三两零四分

全日交京会来

〇对　智和名下京平番银五百一十五两，每百小三两七钱，共小一十九两零五钱，九三扣本平足银四百六十一两二钱三分

二十六日交津会来

〇对　洪泰裕九九七平番银三千二百四十九两，每百大二两七钱，共大八十七两七钱二分，九三扣本平足银三千一百零三两一钱五分

全日交津会来

〇对　洪泰裕九九七平番银三千二百四十九两，每百大二两七钱，共大八十七两七钱二分，九三扣本平足银三千一百零三两一钱五分//

三月二十三日交津会来

〇对　广立顺九九七平番银二千一百五十两，每百大二两七钱，共大五十八两零五分，九三扣本平足银二千零五十三两零四钱九分

全日交津会来

〇对　尚古堂九九七平番银二千两，每百大二两七钱，共大五十四两，九三扣本平足银一千九百一十两零二钱二分

全日交津会来

〇对　祥记号九九七平番银八百五十四两二钱五分，每百大二两七钱，共大二十三两零六分，九三扣本平足银八百一十五两九钱

四月初四日交津会来

〇对　隆盛长九九七平番银二千一百五十六两，每百大二两七钱，共大五十八两二钱一分，九三扣本平足银二千零五十九两二钱一分

初六日交津会来

〇对　元华裕九九七平番银二百两，每百大二两七钱，共大五两四钱，九三扣本平足银一百九十一两零二分//

十一日交津会来

〇对　元和钮九九七平番银二千一百五十八两，每百大二两七钱，共大五十八两二钱七分，九三扣本平足银二千零六十一两一钱三分

二十六日交津会来

〇对　同昌盛九九七平番银一千两，每百大二两七钱，共大二十七两，九三扣本平足银九百五十五两一钱一分

仝日交津会来

〇对　广立顺九九七平番银一千零十两，每百大二两七钱，共大二十九两一钱六分，九三扣本平足银一千零三十一两五钱二分

五月二十三日交津会来

〇对　尚古堂九九七平番银一千两，每百大二两七钱，共大二十七两，九三扣本平足银九百五十五两一钱一分

六月十五日交津会来

〇对　广立顺九九七平番银二千一百五十两，每百大二两七钱，共大五十八两零五分，九三扣本平足银二千零五十三两零四钱九分//

二十六日交津结来

〇对　裴锦琦本平足银一十四两七钱九分

仝日交京会来

〇对　梁大老爷京平足纹银五百两，每百小三两七钱，共小一十八两五钱，合本平足银四百八十一两五钱

七月初十日交京会来

〇对　裕记号九九七平番银五千两，每百大二两七钱，共大一百三十五两，九三扣本平足银四千七百七十五两五钱五分

二十六日交京会来

〇对　洪泰裕九九七平番银二千一百六十两，每百大二两七钱，共大五十八两三钱二分，九三扣本平足银二千零六十三两零四分

八月十五日交津会来

〇对　洪泰裕九九七平番银三千二百四十两，每百大二两七钱，共大八十七两四钱八分，九三扣本平足银三千零九十四两五钱六分//

九月二十七日交京会来

〇对　长顺斋京市平番银一千零八十五两，每百小一两七钱，共小一十八两四钱四分，九三扣本平足银九百一十一两九钱

十月初十日交津会来

〇对　洪泰裕九九七平番银二千七百零七两五钱，每百大二两七钱，共大七十三两一钱，九三扣本平足银二千五百八十五两九钱六分

十五日交津会来

〇对　洪泰裕九九七平番银一千六百二十四两五钱，每百大二两七钱，共大四十三两八钱六分，九三扣本平足银一千五百五十一两五钱七分

全日交津会来

〇对　洪泰裕九九七平番银一千六百二十两，每百大二两七钱，共大四十三两七钱四分，九三扣本平足银一千五百四十七两二钱八分

二十四日交津会来

〇对　洪泰裕九九七平番银二千七百两，每百大二两七钱，共大七十二两九钱，九三扣本平足银二千五百七十八两八钱//

——（对）　以上共交合砝平足纹银五万零五百一十五两三钱三分//（加盖"蔚长厚记"方形章四枚）//

十三　交会平票处

十八年冬月初一日交结平

〇对　捎物本平足银一两一钱五分

腊月初六日交结平

〇对　捎物本平足银四钱

十九年二月初七日交结平

〇对　许锟记衣资本平足银四十三两三钱三分

三月二十九日交结平

〇对　捎物本平足银二十八两一钱

四月初七日交结平

〇对　捎物本平足银八钱//

六月初三日交结平

〇对　捎物本平足银三十一两六钱六分

七月初四日交结平

〇对　锡良记衣资本平足银七十六两五钱九分

全日交结平

〇对　捎物本平足银三两二钱五分

十月初四日交结平

〇对　捎物本平足银一十三两六钱八分

十九日交结平

〇对　子玉记衣资本平足银一十五两九钱四分//

仝日交结平

〇对　树标记衣资本平足银一十两零八钱六分

仝日交结平

〇对　兆均记衣资本平足银五两九钱六分

仝日交结平

〇对　廷弼记衣资本平足银一十两零二钱五分

——（对）　以上共交合砝平足纹银二百四十一两九钱七分//（加盖"蔚长厚记"方形章四枚）//

十四　交会汉票处

十八年冬月初一日交结汉

〇对　捎物本平足银二十一两七钱

十二日交会汉

〇对　汪源记湘平足纹银一千两，每百小一两五钱，共小一十五两，合本平九百八十五两

仝日交会汉

〇对　汪庆昌湘平足纹银一千两，每百小一两五钱，共小一十五两，合本平九百八十五两

腊月十三日交结汉

〇对　捎物本平足银三两五钱

十九年五月二十六日交结汉

〇对　捎物本平足银一十两零八钱//

□□□□□

〇对　□□□□□

□□□□□

〇对　□□□□□

——（对）　□□□□□□□□□□两零九钱五分//（加盖"蔚长厚记"方形章四枚）//

十五　交汉会票处

十九年五月二十三日交汉会来

〇对　梁日轩会平番银一百两，共大九钱，九三扣本平足银九十三两八钱四分

七月二十六日交汉会来

〇对　泰源庄番平番银七千一百七十两，每百大三两二钱四分，共大二百三十二两二钱一分，九三扣本平足银六千八百八十四两一钱五分

仝日交汉会来

〇对　立大庄番平番银七千一百七十两，每百大三两二钱四分，共大二百三十二两三钱一分，九三扣本平足银六千八百八十四两一钱五分

八月十六日交汉会来

〇对　立大庄番平番银三千五百八十五两，每百大三两二钱四分，共大一百一十六两一钱五分，九三扣本平足银三千四百四十二两零七分

十七日交汉会来

〇对　立记庄番平番银七千一百七十两，每百大三两二钱四分，共大二百三十二两三钱一分，九三扣本平足银六千八百八十四两一钱五分//

二十一日交汉会来

〇对　史振卿九八五平番银一百两，共小一两四钱，九三扣本平足银九十一两七钱

九月初四日交汉会来

〇对　梁济航九九八平番银一千二百两，每百大二两八钱，共大三十三两六钱，九三扣本平足银一千一百四十七两二钱五分

初六日交汉会来

〇对　施伯骧会平番银一百六十二两，每百大二两六钱七分，共大四两三钱二分，九三扣本平足银一百五十四两六钱八分

二十日交汉会来

〇对　施廷柱会平番银六十两，共大一两六钱，九三扣本平足银五十七两二钱九分

二十七日交汉会来

○对　施献璜会平番银六十两，共大一两四钱八分，九三扣本平足银五十七两一钱八分//

——（对）　以上共交砝平足纹银二万五千六百九十六两四钱六分//（加盖"蔚长厚记"方形章四枚）//

十六　交会江票处

十八年冬月初一日交结江

○对　捎物本平足银一十两零八钱六分

腊月初四日交结江

○对　代友做祭悼幛本平足银二两二钱二分

十九年正月二十二日交会江

○对　联建侯九九七平番银二百两，每百大二两七钱，共大五两四钱，九二扣本平足银一百八十八两九钱七分

全日交会江

○对　联建侯九九七平番银一百两，共大二两七钱，九二扣本平足银九十四两四钱八分

二月初七日交结江

○对　周厚甫一百九十两上转桂林贴克费本平足银一两八钱九分//

三月十九日交结江

○对　捎物本平足银四十两零三钱九分

全日交结江

○对　代友做祭幛本平足银二两八钱八分

四月十三日交会江

○对　朱溥臣九九七平番银三千二百两，每百大二两七钱，共大八十六两四钱，九二扣本平足银三千零二十三两四钱九分

五月十五日交结江

○对　捎物本平足银七十七两六钱

二十九日交会江

○对　朱绍霞司马平番银三千八百四十四两，每百大三，共大一百五十三两二钱，九二扣本平足银三千六百四十二两五钱七分//

仝日交会江

○对 朱绍霞九九七平番银一百两，共大二两七钱，九二扣本平足银九十四两四钱八分

六月二十一日交结江

○对 捎物本平足银九两

七月二十一日交结江

○对 捎物本平足银一十二两

二十七日交缴退前收会江

○对 李甫生九三八平番银四十二两一钱七分，九二扣本平足银三十八两八钱

仝日交缴退前收会江

○对 李甫生九九七平足纹银二十两，共大五钱四分，合本平二十两零五钱四分//

九月初五日交结江

○对 捎物本平足银六两

——（对） 以上共交合砝平足纹银七千二百六十六两一钱七分//（加盖"蔚长厚记"方形章四枚）//

十七 交江会票处

十八年冬月二十日交江会来

○对 邓春帆九九七平番银四千两，每百大二两七钱，共大一百零八两，九三扣本平足银三千八百二十两零四钱四分

二十九日交江会来

○对 程基九九七平番银七十二两，共大一两九钱四分，九三扣本平足银六十八两七钱六分

仝日交江会来

○对 邹丹臣九九七平番银三十七两，九三扣本平足银三十四两四钱一分

腊月十九日交江会来

○对 周纯芳九九七平番银二百两，每百大二两七钱，共大五两四

钱，九三扣本平足银一百九十一两零二分

二十一日交江会来

〇对　华墨卿九九七平番银七百两，每百大二两七钱，共大一十八两九钱，九三扣本平足银六百六十八两五钱八分//

二十八日交江会来

〇对　明通九九七平番银七两二钱，共大一钱九分，九三扣本平足银六两八钱七分

全日交江会来

〇对　华寿卿九九七平番银七两二钱，共大一钱九分，九三扣本平足银六两八钱七分

全日交江会来

〇对　联裕斋九九七平番银十两，共大二钱七分，九三扣本平足银九两五钱五分

全日交江会来

〇对　方萱甫九三八平足纹银九十八两五钱，合本平九十八两五钱

十九年二月初六日交江会来

〇对　周厚甫河平番银一百九十两，每百小三钱八分，共小七钱二分，九三扣本平足银一百七十六两零三分//

二十日交江会来

〇对　方政九三八平足纹银一百两，合本平一百两

二十六日交江会来

〇对　邓铣林九九七平番银一千两，每百大二两七钱，共大二十七两，九三扣本平足银九百五十五两一钱一分

三月初八日交江会来

〇对　邓铣林九九七平番银二千两，每百大二两七钱，共大五十四两，九三扣本平足银一千九百一十两零二钱二分

十八日交江会来

〇对　康济堂九九七平番银一百两，共大二两七钱，九三扣本平足银九十五两五钱一分

四月十三日交江会来

〇对 朱溥臣九三八平番银六百两，九三扣本平足银五百五十八两//

十八日交江会来

〇对 伍立孙九三八平番银六百两，九三扣本平足银五百五十八两

二十六日交江会来

〇对 庆仁栈九九七平番银三千两，每百大二两七钱，共大八十一两，九三扣本平足银二千八百六十五两三钱三分

全日交江会来

〇对 邓铣林九九七平番银三千两，每百大二两七钱，共大八十一两，九三扣本平足银二千八百六十五两三钱三分

六月初八日交江会来

〇对 张斗垣九三八平番银二十一两六钱，九三扣本平足银二十两零零九分

二十六日交江会来

〇对 曾实士九三八平番银三百七十两，九三扣本平足银三百四十四两一钱//

八月初一日交江会来

〇对 谢老太太九九七平番银七两二钱，共大一钱九分，九三扣本平足银六两八钱七分

初六日交江会来

〇对 李承藩本平足银一两三钱

二十二日交江会来

〇对 吴蓬舫九九七平番银一百两，共大二两七钱，九三扣本平足银九十五两五钱一分

二十五日交江会来

〇对 庆仁栈九九七平番银一千两，每百大二两七钱，共大二十七两，九三扣本平足银九百五十五两一钱一分

九月初六日交江会来

〇对 朱殿香九九七平番银一千两，每百大二两七钱，共大二十七两，九三扣本平足银九百五十五两一钱一分

十七日交江会来

○对　黄厚卿九三八平番银二十一两六钱，九三扣本平足银二十两零零九分

二十七日交江会来

○对　王钟龄英洋七十元，七钱，合本平足银四十九两

十月二十七日交江会来

○对　裘觉民会平番银七十二两，共小二钱七，九三扣本平足银六十六两七钱一分

——（对）　以上共交合砝平足纹银一万七千五百零二两四钱二分//（加盖"蔚长厚记"方形章四枚）//

十八　交会闽票处

十八年腊月初九日交结厦

○对　捎物本平足银一十一两六钱

二十六日交结厦

○对　捎物本平足银一钱五分

十九年二月二十七日交结闽

○对　捎物本平足银八两六钱

四月初四日交结闽

○对　捎物本平足银四钱五分

五月初一日交结闽

○对　捎物本平足银一十八两零二分//

二十四日交结厦

○对　捎物本平足银六两零八分

八月二十八日交结闽

○对　捎物本平足银一十一两三钱

仝日交结厦

○对　捎物本平足银三钱六分

九月二十二日交结闽

○对　捎物本平足银二十二两七钱

十月十八日交结厦

〇对 捎物本平足银六钱六分//

——（对） 以上共交砝平足纹银七十九两九钱二分//（加盖"蔚长厚记"方形章四枚）//

十九 交闽会票处

十八年冬月二十七日交闽会来

〇对 蓝耀南城新议平番银七十四两五钱，共小三钱七分，九三扣本平足银六十八两九钱四分

腊月十三日交闽会来

〇对 游仰卿九九七平番银一百两，共大二两七钱，九三扣本平足银九十五两五钱一分

二十八日交闽会来

〇对 邓耀堂台新议平番银一百四十两，每百小二钱，共小二钱八分，九三扣本平足银一百二十九两九钱四分

十九年正月二十六日交厦会来

〇对 有源号九九八平番银三千六百两，每百大二两八钱，共大一百两八钱，九三扣本平足银三千四百四十一两七钱四分

三月十七日交闽会来

〇对 易小山公码平化银二十两，共大一钱四分，九三扣本平足银一十八两七钱三分//

二十八日交闽会来

〇对 梁仰之/梁亮卿九九七平番银一百三十二两，每百大二钱七分，共大三两五钱六分，九三扣本平足银一百二十六两零七分

全日交闽会来

〇对 汤海山九九八平番银六十两，共大一两六钱八分，九三扣本平足银五十七两三钱六分

六月初七日交闽会来

〇对 汤海山九九八平番银四百两，每百大二钱八分，共大一十一两二钱，九三扣本平足银三百八十二两四钱二分

十九日交闽会来

〇对 易筱山公码平化银二十二两，共大一钱五分，九三扣本平足银二十两零六钱

二十九日交闽会来

〇对 姚绍书二七库平番银二百两，每百大二两二钱，共大四两四钱，九三扣本平足银一百九十两零零九分//

七月二十二日交闽会来

〇对 游仰卿九九七平番银一百六十两，每百大二两七钱，共大四两三钱二分，九三扣本平足银一百五十二两八钱二分

仝日交闽会来

〇对 唐芸甫公码平化银一十一两，共大八分，九三扣本平足银一十两零三钱

八月初六日交闽会来

〇对 厚坤庄番平番银七千一百七十两，每百大三两二钱四分，共大二百三十二两三钱一分，九三扣本平足银六千八百八十四两一钱五分

仝日交闽会来

〇对 福馨斋九九八平番银五十两，共大一两四钱，九三扣本平足银四十七两八钱

十六日交厦会来

〇对 唐连志二七库平番银八十两，共大一两七钱六分，九三扣本平足银七十六两零四分//

九月十二日交闽会来

〇对 梁仰之/梁亮卿九九七平番银六百两，每百大二钱七分，共大一十六两二钱，九三扣本平足银五百七十三两零七分

十七日交闽会来

〇对 邱梓华九九八平番银一千两，每百大二钱八分，共大二十八两，九三扣本平足银九百五十六两零四分

二十二日交厦会来

〇对 易筱山二七库平番银四十两，共大八钱八分，九三扣本平足银三十八两零二分

二十四日交闽会来

〇对　通源庄九九八平番银一万四千四百两，每百大二钱八分，共大四百零三两二分，九三扣本平足银一万三千七百六十六两九钱八分

十月初三日交闽会来

〇对　蓝耀南城新议平番银一百三十七两二钱五分，每百小五钱，共小七钱九分，九三扣本平足银一百二十七两//

初四日交闽会来

〇对　梁仰之九九七平番银五十两，共大一两三钱五分，九三扣本平足银四十七两七钱五分

二十五日交闽会来

〇对　通源庄九九八平番银七千二百两，每百大二钱八分，共大二百二钱六分，九三扣本平足银六千八百八十三两四钱九分

——（对）　以上共交合砝平足银三万四千零九十四两八钱六分//（加盖"蔚长厚记"方形章四枚）//

二十　交会申票处

十八年冬月初一日交结申

〇对　捎物本平足银二十六两四钱

二十日交会申

〇对　丽隆号申公砝规银一万四千四百，每百大三钱六分，共大五十一两八钱四分，九三一五扣本平足银一万三千四百六十一两八钱九分

仝日交会申

〇对　裕泰号申公砝规银一万四千四百，每百大三钱六分，共大五十一两八钱四分，九三一五扣本平足银一万三千四百六十一两八钱九分

二十六日交会申

〇对　丽隆号申公砝规银一万四千四百，每百大三钱六分，共大五十一两八钱四分，九三一五扣本平足银一万三千四百六十一两八钱九分

腊月初八日交结申

〇对　香港交洋行二万元上贴番票水本平足银三十七两零一分//

十九年正月二十一日交结申

〇对　捎物本平足银一百七十七两七钱五分

二十八日交结申

○对　香港交洋行二万元上贴番票水本平足银九十一两七钱八分

二月初七日交结申

○对　香港洋行五万元上贴番票水本平足银二百零七两二钱四分

初九日交结申

○对　捎物本平足银一两二钱五分

三月初八日交会申

○对　曜记号申公砝规银一万四千四百两，每百大三钱六分，共大五十一两八钱四分，九三一五扣本平足银一万三千四百六十一两八钱九分//

初九日交结申

○对　香港交洋行三万元上贴番票水本平足银一百二十二两一钱三分

二十九日交结申

○对　捎物本平足银七两七钱

四月二十日交结申

○对　现标九九七平纹银一万三千五百，每百两大二钱七，共大三百六十四两五钱，合本平一万三千八百六十四两五钱

二十八日交会申

○对　宝祥号申公砝规银七千二百两，每百大三钱六分，共大二十五两九钱二分，九三一五扣本平足银六千七百三十两零九钱四分

五月十五日交结申

○对　捎物本平足银一十一两八钱//

仝日交发申

○对　现标番银三万两，九二扣本平足银二万七千六百两

六月初一日交会申

○对　宝祥号申公砝规银二千两，每百大三钱六分，共大七两二钱，九三一五扣本平足银一千八百六十九两七钱一分

初五日交会申

○对　梁瑞记申公砝规银一千两，每百大三钱六分，共大三两六钱，九三一五扣本平足银九百三十四两八钱五分

十二日交会申

〇对　永兴号申公砝规银七千二百两，每百大三钱六分，共大二十五两九钱二分，九三一五扣本平足银六千七百三十两零九钱四分

十四日交会申

〇对　宝祥号申公砝规银三千两，每百大三钱六分，共大一十两八钱，九三一五扣本平足银二千八百零四两五钱六分//

十八日交会申

〇对　曜记号申公砝规银二万两，每百大三钱六分，共大七十二两，九三一五扣本平足银一万八千六百九十七两零七分

仝日交会申

〇对　申公砝规银一万两，每百大三钱六分，共大三十六两，九三一五扣本平足银九千三百四十八两五钱三分

二十八日交结申

〇对　香港交洋行等五万五千元上贴番票水本平足银一百零一两七钱七分

九月初五日交结申

〇对　捎物本平足银五两七钱六分

二十七日交结申

〇对　捎物本平足银四两八钱//

十月初十日交会申

〇对　利百川申公砝规银三千两，每百大三钱六分，共大一十两八钱，九三一五扣本平足银二千八百零四两五钱六分

——（对）　以上共交合砝平足纹银一十四万六千零二十八两六钱一分//加盖"蔚长厚记"方形章四枚//

二十一　交申会票处

十八年冬月二十九日交申会来

〇对　源丰润番平番银一万四千三百四十两，每百大三钱二分四，共大四百六十四两六钱二分，九二扣本平足银一万三千六百二十两零二钱五分

腊月二十一日交申会来

○对　广州将军大人京平足纹银五十四两，共小二两，合本平五十二两

二十四日交申会来

○对　林祝萱京平足纹银六两，共小二钱二分，合本平五两七钱八分

十九年正月十五日交申会来

○对　谢嵩立英洋三十元，六九，合本平足银二十两零七钱

二十六日交申会来

○对　汇丰银行番平番银一万四千三百四十两，每百大三钱二分四，共大四百六十四两六钱二分，九二扣本平足银一万三千六百二十两零二钱五分//

二十八日交申会来

○对　有利银行番平番银二万一千五百一十两，每百大三钱二分四，共大七百四十六两九钱二分，九二扣本平足银二万零四百三十两零三钱七分

全日交申会来

○对　李功甫九九八平番银二百两，每百大二两八钱，共大五两六钱，九二扣本平足银一百八十九两一钱五分

二月初七日交申会来

○对　汇丰银行番平番银一万四千三百四十两，每百大三钱二分四，共大四百六十四两六钱二分，九二扣本平足银一万三千六百二十两零二钱五分

○对　三月初三日交申会来

○对　李盛圃九九八平番银一十四两八钱，共大四钱，九二扣本平足银一十三两九钱八分

初八日交申会来

○对　汇丰银行番平番银二万一千五百一十两，每百大三钱二分四，共大七百四十六两九钱二分，九二扣本平足银二万零四百三十两零三钱七分//

六月二十四日交申会来

○对　汇丰银行番平番银七千一百七十两，每百大三钱二分四，共大二百三十一二两三钱一分，九二扣本平足银六千八百一十两零一钱二分

二十六日交申会来

○对　源丰润番平番银一万零七十五两五钱，每百大三钱二分四，共大三百四十八两四钱六分，九二扣本平足银一万零二百一十五两一钱八分

仝日交申会来

○对　明德号番平番银七千一百七十两，每百大三钱二分四，共大二百三十一二两三钱一分，九二扣本平足银六千八百一十两零一钱二分

仝日交申会来

○对　麦加利番平番银七千一百七十两，每百大二钱二分四，共大二百三十一二两三钱一分，九二扣本平足银六千八百一十两零一钱二分

仝日交申会来

○对　源丰润番平番银七千一百七十两，每百大三钱二分四，共大二百三十一二两三钱一分，九二扣本平足银六千八百一十两零一钱二分//

仝日交申会来

○对　钱福记九九七平番银五百两，每百大二两七钱，共大一十三两五钱，九二扣本平足银四百七十二两四钱二分

七月二十六日交申会来

○对　汇丰银行番平番银七千一百七十两，每百大三钱二分四，共大二百三十一二两三钱一分，九二扣本平足银六千八百一十两零一钱二分

仝日交申会来

○对　瑞吉银店番平番银七千一百七十两，每百大三钱二分四，共大二百三十一二两三钱一分，九二扣本平足银六千八百一十两零一钱二分

仝日交申会来

○对　梁星五九九七平番银一千两，每百大二两七钱，共大二十七两，九二扣本平足银九百四十四两八钱四分

八月初七日交申会来

○对　瑞吉银店番平番银七千一百七十两，每百大三钱二分四，共大二百三十一二两三钱一分，九二扣本平足银六千八百一十两零一钱二分//

仝日交申会来

○对　瑞记号番平番银三千九百四十三两五钱，每百大三钱二分四，共大一百二十七两七钱七分，九二扣本平足银三千七百四十五两五钱七分

初十日交申会来

〇对　广永兴番平番银七千一百七十两，每百大三钱二分四，共大二百三十一二两三钱一分，九二扣本平足银六千八百一十两零一钱二分

十六日交申会来

〇对　九九八平番银三千两，每百大二两八钱，共大八十四两，九二扣本平足银二千八百三十七两二钱八分

十九日交申会来

〇对　梁星五九九七平番银一千两，每百大二两七钱，共大二十七两，九二扣本平足银九百四十四两八钱四分

二十日交申会来

〇对　炳昌号九九八平番银二千两，每百大二两八钱，共大五十六两，九二扣本平足银一千八百九十一两五钱二分//

全日交申会来

〇对　源泰号九九八平番银一千两，每百大二两八钱，共大二十八两，九二扣本平足银九百四十五两七钱六分

十月初八日交申结来

〇对　信福记英洋八十元，六八，合本平足银五十四两四钱

——（对）　以上共交合砝平足纹银一十五万八千五百三十五两八钱七分//加盖"蔚长厚记"方形章四枚//

二十二　交会重票处

十八年冬月初一日交结重

〇对　捎物本平足银一两九钱二分

十九年正月二十一日交结重

〇对　捎物本平足银四两一钱

四月二十六日交结重

〇对　捎物本平足银三两二钱

八月二十五日交结重

〇对　捎物本平足银六两四钱

十月十一日交结重

○对　捎物本平足银四两九钱

——（对）　以上共交砝平足纹银二十两零五钱二分∥加盖"蔚长厚记"方形章四枚∥

二十三　交会沙票处

十九年正月二十一日交结沙

○对　捎物本平足银六钱

三月二十六日交结沙

○对　捎物本平足银五钱

七月初七日交结沙

○对　捎物本平足银二两五钱

八月二十五日交结沙

○对　捎物本平足银七两五钱

——（对）　以上共交合砝平足纹银一十一两一钱∥加盖"蔚长厚记"方形章四枚∥

二十四　交会常票处

十九年五月二十八日交会常

○对　李广发常平番银一千五百两，每百大五钱，共大七两五钱，九三扣本平足银一千四百零一两九钱七分

六月初五日交会常

○对　李广发常平番银六百两，每百大五钱，共大三两，九三扣本平足银五百六十两零七钱九分

——（对）　以上共交合砝平足纹银一千九百六十二两七钱六分∥加盖"蔚长厚记"方形章四枚∥

二十五　交常会票处

十九年正月十八日交常会来

○对　张治源常平番银二百两，每百大五钱，共大一两，九三扣本平足银一百八十六两九钱三分

三月二十三日交常会来

○对　李广发常平番银五百两，每百大五钱，共大二两五钱，九三扣本平足银四百六十七两三钱二分

收阅，十六日交常会来

○对　李广发常平番银五百两，每百大五钱，共大二两五钱，九三扣本平足银四百六十七两三钱二分

二十六日交常会来

○对　刘公和常平番银七百五十两，每百大五钱，共大三两七钱五分，九三扣本平足银七百两零零九钱九分

九月二十七日交常会来

○对　永发号常平番银一百两，共大五钱，九三扣本平足银九十三两四钱六分

全日交常会来

○对　何忠信常平番银四十两，共大二钱，九三扣本平足银三十七两三钱九分

——（对）　以上共交合砝平足纹银一千九百五十三两四钱一分//加盖"蔚长厚记"方形章四枚//

二十六　交会扬票处

十九年二月二十六日交结扬

○对　捎物本平足银三十两零二钱三分

十月十一日交结扬

○对　捎物本平足银九两八钱六分

——（对）　以上共交合砝平足纹银四十两零零九分//加盖"蔚长厚记"方形章四枚//

二十七　交扬会票处

十八年冬月二十九日交扬会来

○对　顾柱石扬漕平番银四百两，每百大三钱，共大一两二钱，九三扣本平足银三百七十三两一钱二分

十九年九月二十七日交扬会来

〇对　石自修扬漕平足纹银三百两，每百大三钱，共大九钱，合本平足银三百两零零九钱

——（对）　以上共交合硃平足纹银六百七十四两零二分//加盖"蔚长厚记"方形章四枚//

二十八　出赔平赔色处

十九年十月三十口

——（对）　共出申结来发现标赔平发洋赔色合硃平足纹银一百零五两六钱//

二十九　出贴克费处

十九年十月三十日

——（对）　共出申结来发现标赔平发洋赔色合硃平足纹银一百零五两六钱//

三十　出赔平赔色处

十九年十月三十日

——（对）　共出申结来转安徽票项贴克费合硃平足纹银一十一两七钱九分//

三十一　出发现标水脚保险处

十九年十月三十日

——（对）　共出发现标水脚保险合硃平足纹银一百六十九两五钱九分//

三十二　出交申额外贴色处

十九年十月三十日

——（对）　共出广交会申六万上额外贴色合硃平足纹银六百八十六两五钱六分//

三十三　出贴番票水处

十九年十月三十日

——（对）　共出厦收广、香港交贴番票票水合砝平足纹银二十二两九钱四分//

三十四　出助捐灾赈处

十九年十月三十日

——（对）　共出顺直、江苏两处赈捐合砝平足纹银一百一十一两二钱四分//

三十五　出付现利处

十九年十月三十日

——（对）　共出付各名下现利合砝平足纹银七千六百三十三两六钱四分//

三十六　出伙友往来盘费处

十九年十月三十日

——（对）　共出伙友往来盘费合砝平足纹银二百零四两零八分//

三十七　出付房租处

十九年十月三十日

——（对）　共出付通年房租合砝平足纹银二百零五两//

三十八　出付雇人工资处

十九年十月三十日

——（对）　共出付通年雇人工资合砝平足纹银一百六十八两//

三十九　出过节开账送礼处

十九年十月三十日

——（对） 共出过节开账并送各署礼物门包等合砝平足纹银五百二十六两四钱二分//

四十　出福食杂使处

十九年十月三十日

——（对） 共出通年福食杂使等合砝平足纹银一千三百七十三两三钱二分//

四十一　出还借外浮存处

十九年十月三十日

——（对） 共出还借外浮存合砝平足纹银四万九千两//

（本账册完）//

作者通信地址：孟伟，山西省太原市山西大学历史文化学院，邮编：030006；晏雪莲，山西省太原市山西大学历史文化学院，邮编：030006。

责任编辑：金峰

《广州大典》未收桂文灿著述两种考略*

冯先思**

中山大学中国古文献研究所，广东广州，510275

摘　要： 复旦大学图书馆藏八卷本《潜心堂集》，源于桂氏家藏稿本，乃王欣夫从桂坫处传抄而来，所收内容较一卷本《潜心堂集》多出数十篇文章。南京图书馆藏五卷本《春秋列国图》，刻于咸丰七年，较为稀见，是桂文灿著述中唯一一部历史地图集。以上两书《广州大典》皆未收录。中山大学图书馆藏《桂皓庭集》书前护封中，有两叶内容与《左传》地理相关，疑为桂文灿已佚之作《春秋列国疆域考》仅存的片断。

关键词： 桂文灿；《潜心堂集》；《春秋列国图》

《广州大典》系统搜集整理广州文献典籍，收录文献 4064 种，勒为 520 册。文献底本以广东省立中山图书馆、中山大学图书馆两家馆藏为主，计提供底本三千余种，另外还广泛征集了国内外公私藏家数十家，可谓广征善本，乃成皇皇巨著。

笔者承乏整理清代广东学者桂文灿文集，于《广州大典》多所取资。《广州大典》收入桂氏稿钞本十八种，刻本十一种，囊括了现存桂文灿著述的绝大部分。近来笔者又调查各地馆藏，发现两种未及收入《广州大典》，分别为复旦大学图书馆藏《潜心堂集》八卷，南京图书馆藏《春秋

---

* 基金项目：本文系 2016 年度《广州大典》与广州历史文化研究专项课题"桂文灿集编纂与研究"（批准号：2016GZY03）阶段性成果。

** 冯先思（1983~　），男，汉族，河南安阳人，中山大学中国古文献研究所副研究员，文学博士。

列国图》五卷。此外，在搜辑文献过程中，笔者辑得桂文灿佚文数篇，亦一并录出。

一 《潜心堂集》八卷本考略

1. 八卷本《潜心堂集》的来源

桂文灿《南海桂氏经学丛书》书前目录有《潜心堂集》十二卷，实际收入义章仅仅几篇，计十八叶。该本卷端题"潜心堂集卷□"，卷数尚为墨丁，数目待定。板心卷数、叶码处亦为墨丁。每一篇文章自为起讫，唯于篇末板框左上方镌一书耳，内题篇名缩写两字及叶码数字。可见这一刻本尚未刻成，未为定本。《广州大典》《清人诗文集汇编》等所收的《潜心堂集》即据此本，题为一卷。

复旦大学图书馆藏有桂文灿《潜心堂集》八卷［索书号：(3113)，见图 1］，分装四册。复旦大学图书馆检索系统著录此书为王欣夫学礼斋钞本，此钞本见王欣夫《蛾术轩箧存善本书录》（简称《书录》）著录。王欣夫为复旦大学教授，生前藏书甚精，后来大部分归复旦大学图书馆所有。王欣夫在其《书录》中说"此文集亦南屏先生自香港钞寄者也"。南屏先生即桂坫，乃桂文灿次子。桂坫（1867～1958），字南屏，光绪十七年辛卯（1891）举人，光绪二十年甲午（1894）恩科进士，改翰林院庶吉士。光绪二十八年（1902）九月，署国史馆总纂。官至浙江候补道，署严州府知府。① 1915 年任广东通志馆总纂。著《晋砖宋瓦室类稿》《科学韵语》《说文简易释例》等书。1938 年，广州沦陷，桂坫避居香港。1941 年 12 月，香港亦为日寇所据，桂坫所藏桂文灿手稿多付劫灰，幸有部分过录本流传于世。1944 年王欣夫致郭则沄信云："香港之变，桂氏手稿均烬，幸弟先抄得数种，以《群经补证》为最精。"② 王欣夫所传抄的数种桂氏著述中就包括《潜心堂集》，见于王欣夫《学礼斋日记》记载。1940 年 10

---

① 见《桂廷銮朱卷》，《广州大典》第 208 册，第三十一辑史部传记类。又见秦国经主编《中国第一历史档案馆藏清代官员履历档案全编》第七册，华东师范大学出版社，1997，第 377～378 页。

② 转引自马佳立、柳向春《王大隆致郭则沄函笺释》，《文献》2012 年第 4 期。

月 9 日云："晴。重阳佳节，寂处寡欢，世事玄黄，杞忧不已。学南转来香港桂南屏（坫）函，皓亭先生之嗣也，附《南海桂氏经学丛书》目，并言如有可采，当钞出寄来，即作覆，乞钞《经学博采录》、《潜心堂集》二种，并赠以《丛编》单本五种。"① 王欣夫所得《潜心堂集》即今复旦大学图书馆所藏八卷本。

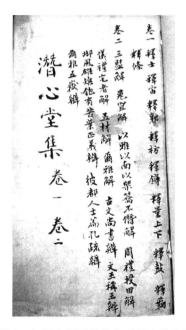

图 1 复旦大学图书馆藏《潜心堂集》

复旦藏本的封面各有大字题签"潜心堂集"并卷数，系出自桂坫亲笔。封面上详细列举每卷篇目，乃王欣夫亲笔。第一册为素纸钞本，每半叶十一行，行十八字不等。其余三册为红格钞本，每半叶六行，行十八字。板心下方题"省城三多轩制"。省城即广州，三多轩创办于清道光咸丰年间，经营范围包括文具、纸张、装裱，乃广州有名的老字号，店址早先在高第街，广州解放后迁北京路、文德路，至今仍存。② 这四册字体相同，当为同一人所抄。可见《潜心堂集》八卷或非王欣夫学礼斋抄录，而

---

① 以上王欣夫《学礼斋日记》皆转引自柳向春、王晓骊《南海桂文灿及其〈经学博采录〉》，《国家图书馆馆刊》2010 年第 2 期，第 65～98 页。
② 陈建华主编《广州市文物普查汇编·越秀区卷》，广州出版社，2008，第 298～299 页。

是时在香港的桂坫抄录，并寄赠时在上海的王欣夫。

2.《桂晧庭集》与八卷本《潜心堂集》之关系

《广州大典》第99册收入中山大学图书馆藏桂文灿稿钞本六种，总题"桂文灿丛稿"，内有《桂晧庭集》一卷，封面题"桂晧庭集一"，① 即八卷本《潜心堂集》前两卷。

封面有桂文灿题记一则，下端已残，其文曰："近人为古文者，每疑经解□□□□宋罗□□□……列'经解'一卷，《蔡中郎集》已有《月令问答》等□……而后指不胜屈。近之谓经解非古文者，未尝□……不能为经解耳。拙集约分八卷，前四卷皆……经之文，非违俗也，所以尊经也。文灿自识。"封面之后有《周礼今释》两叶，以及与《左传》有关的著述两个半叶；卷末有《周礼今释》两个半叶，一个整叶，皆为钞本。

《桂晧庭集》收入文章二十二篇，正好相当于八卷本《潜心堂集》的前两卷。这一钞本每半叶八行，行二十二字不等。每篇文章自为起讫，排列顺序与八卷本《潜心堂集》卷一、卷二相同，只是没有标注卷次。

《桂晧庭集》全书钞写整饬，间有墨笔校改之处，校改约分为三类。

第一，规范全书行文用字，如"寔"字大多改为"實"字（见《释量》《周礼授田解》等篇）。

第二，改正钞写讹误，如《释士》篇"古未有其方，不堪任事"，墨笔改"方"为"才"。《释郭》篇"郭非外裹于城"，墨笔改"裹"为"裹"。《释祊》篇"又相外而各别也"，墨笔改"外"为"引"。《释鼓》篇"小尔疋右四谓之"，墨笔改"右"为"石"。《三监解》篇"故祇言禄及、管、蔡"，墨笔改"及"为"父"。案禄父为人名，所改甚是。《周礼授田解》篇"亦不为载师乾旋之"，墨笔改"乾"为"斡"。案"乾旋"不辞，当作"斡旋"。有删去衍文者，如《释祊》篇"齐人氏召南"，墨笔点去"人"字。《古文尚书辨》"寔其苟显默之"，墨笔改为"實甚苟显黜"。案"其、甚""默、黜"皆形近而讹。

第三，更改文章措辞，如《释士》篇"能言距杨墨者为圣人之流也"，墨笔改"流"为"徒"。《释镈》篇"镈即镛乃为大钟"，墨笔删

---

① "晧"即"皓"字异体。

去“即镛乃”三字。同篇“田段说为可从，许君以鐏为淳于之属，何也。曰”，墨笔改为“窃谓”。同篇“则是‘淳于之属’四字当为许君释铎字之文”，墨笔改“当为”为“盖”。《释条》篇“按如此云则赋文之所云似不足据”，墨笔改为“据此是《上林赋》不足据”。同篇“当据孙炎《尔雅注》说以为”，墨笔改为“当据《尔雅》孙注以为”。《三监解》篇“《毛诗谱》皆据以为说，近天台齐氏次风”，墨笔改为“《毛诗谱》皆从之，近齐氏次风”。同篇“王氏之言，不可从也”，墨笔改为“失之已”。同篇“诚无可疑”，墨笔改为“是也”。同篇“王氏伯申乃谓蔡与霍不得并言，言蔡则不得言霍，言霍则不得言蔡”，墨笔改为“王氏乃谓蔡霍不得并言”。

这种文章措辞的修改，已经暗含代作者立言之意，有非作者不能为之者。这些校笔若非出自桂文灿亲笔，也当源据桂氏定稿而作。考虑到封面有桂文灿亲笔题记，这些校笔很可能出自桂文灿之手。而八卷本《潜心堂集》中词句无一例外，都和校改之后的文本面貌相同，可见八卷本《潜心堂集》源出《桂皓庭集》。

《南海桂氏经学丛书》所收录的一卷本《潜心堂集》收录文章九篇十八叶，仅相当于八卷本《潜心堂集》第八卷后半部分。值得注意的是，第八卷和其他七卷不同，这一卷分为两部分，每部分卷前皆题“潜心堂集卷之八”。只是第二部分的卷端所题书名、卷次、作者为墨笔删去。第二部分所收文章即一卷本《潜心堂集》九篇，篇目次序亦同。前后两部分各按照文体排序，由此看来，这一卷似乎尚未编定。

3. 八卷本《潜心堂集》的内容

八卷本《潜心堂集》前四卷为经说，后四卷为杂文。第一卷所收十篇文章，皆据经书解说字义。第二卷收文十二篇，皆辨证疏释经书之文。第三卷收文二十篇，多与三礼名物制度相关。第四卷收文九篇，皆有关三礼名物或历史地理。第五卷收文七篇，乃由奏章、条陈改编而成。《海防议》四篇改编自同治二年（1863）桂文灿所上《海防事宜》奏折，内容大体相同，互有详略。《海防事宜》为中山大学图书馆藏《桂文灿丛稿》中的一部分，已经收入《广州大典》第99册。自桂文灿同治二年所上《条陈》十四条，《潜心堂集》乃择其议论切于时弊者三条，分为《周礼论》《洋货加税议》《官铸银钱议》三篇。后两篇主张以建设经济制度的方式，运用金融手段来应对海外贸易中的逆差，可谓谋深虑远。第六卷收入书序十六篇，皆桂氏自著，其中《张学录遗书》《度支辑略》《子思子集解》《重辑江氏论语集》《朱子述郑录》《四海记》《先茔图志》等七书今已不传，唯赖其自序得窥其于古经解之学、宋学、舆地等领域的学术宗旨。第七卷收入书跋十六篇，皆有关经学、算学、金石学者。第八卷多与其人交游关涉，计收录二十二篇，"藉觇南北学风人才之盛，可作谈掌故之资"。①

王欣夫称"皓亭经术渊深"，"集中所载论辨考证，多有功经谊。清代汉学诸家所为，皆注、疏、应试之经学而已。真经学，或须转让与宋儒之治身心者。皓亭剖析甚明，犹其师陈兰甫不薄程、朱，汉、宋兼采之也"。② 桂文灿也对其文集收入经解文章，恐滋物议，故略为辩白，故其于书前题记云："近人为古文者，每疑经解□□□□宋罗□□□……列经解一卷，《蔡中郎集》已有《月令问答》等□……而后指不胜屈。近之谓经解非古文者，未尝□……不能为经解耳。拙集约分八卷，前四卷皆……经之文，非违俗也，所以尊经也。文灿自识。"虽然这一段题记残缺过甚，但是仍然可以大致看出，桂文灿主要想表达经解文章收入文集的看法。文集中收录经解文章，一来是古已有之之事，非其自我作古，自创新格；二来，也可见他于其经解文章略为自负，所以才写出这则题记。

这类经解文章有不少是他在学海堂读书时候的课试作品，《学海堂三集》收入桂文灿文五篇，分别为《诗笺礼注异义考》《释士》《周礼授田解》《裼袭考》《皇侃论语义疏跋》，《学海堂四集》收了三篇，分别为《牺尊象尊考》《禹贡字义说》《书经典释文叙录后》。其中《诗笺礼注异义考》一卷收入《桂氏经学丛书》，《皇侃论语义疏跋》《禹贡字义说》不见于《潜心堂集》，当为桂文灿佚文。

除了这八篇文章，《潜心堂集》中还有一些也是学海堂课试之作。因为《学海堂三集》《四集》所收录诸生文章，有一些与桂氏文集所收同一题目（见表1）。

---

① 王欣夫：《蛾术轩箧存善本书录》，上海古籍出版社，2002，第1489页。
② 王欣夫：《蛾术轩箧存善本书录》，上海古籍出版社，2002，第1488～1489页。

表1 《学海堂集》对与桂文灿文章同题诸生文章的收录情况

	潜心堂集	学海堂集	
卷一	《释士》	吴文起《释士》	《学海堂三集》卷一
卷一	《释祊》	侯度《释祊》、黄以宏《释祊》	《学海堂三集》卷一
卷二	《以雅以南以籥不僭解》	徐灏《以雅以南以籥不僭解》	《学海堂三集》卷三
卷二	《仪礼宅者解》	潘继李《仪礼宅者解》	《学海堂三集》卷四
卷二	《五材解》	周寅清《考工记五材解》	《学海堂三集》卷四
卷三	《褟袭考》	侯度《褟袭考》、崔栋《褟袭考》	《学海堂三集》卷六
卷三	《深衣裳考》	周以贞《深衣考》、邹伯奇《深衣考》	《学海堂三集》卷八
卷四	《元辰说》	梁廷显《元辰说》、潘继李《元辰说》	《学海堂三集》卷十一
卷四	《谷梁善于经说》	刘昌龄《谷梁善于经说》	《学海堂三集》卷十一
佚文	《皇侃论语义疏跋》	邹伯奇、章凤翰、潘继李三人各有《皇侃论语义疏跋》一篇	《学海堂三集》卷十二
佚文	《禹贡字义说》	赵齐婴《禹贡字义说》	《学海堂四集》卷二

此外与桂文灿同时在学海堂读书的朋辈文集中，也有同题目文章，大概也是当时课试之作。如周寅清《典三賸稿》卷一有《诗兔置解》，与《潜心堂集》卷二《兔置解》即同题之作。周寅清，一名以清，字秩卿，号典三，广州人，道光二十四年（1844）进士。历任城武（今成武县）、宁海、高密、临淄知县。少时曾肄业学海堂。① 《典三賸稿》卷端题词云："阮仪征夫子督粤，创建学海堂，清尝肄业其间。越十载，课艺积成卷帙，……乙巳重加衰集，益以后十年拟作，存若干首。暇辄删削，以付梓人。"② 张舜徽《清人文集别录》卷十八评周寅清《典三賸稿》云："寅清于经史小学，用功不深。故集中虽多考证之文，而陈义肤泛，鲜有佳者。且十之八九，皆早岁读书学海堂时之课艺，其时犹在稚弱，读书不多，致思未密，宜言之未能入理耳。"③ 《潜心堂集》卷四有《亥有二首六身解》一文，陈澧（《东塾集》卷二）也有同题之作。此题又见于诂经精舍同治七年

---

① 《粤诗人汇传》第三册卷九，岭南美术出版社，2009，第1680页。
② 周寅清：《典三賸稿》，《清代诗文集汇编》第六〇五册影印清咸丰七年崇礼堂刻本，上海古籍出版社，2011，第343页。
③ 张舜徽：《清人文集别录》，中华书局，1963，第492页。

（1868）三月朔刻经训类题目，[①] 可见这是诂经精舍、学海堂[②]课试常见的题目。由此可推知，桂文灿《兔罝解》《亥有二首六身解》亦当为读书学海堂时之作。

《学海堂三集》中有一些文字题目与《潜心堂集》中篇目类似，或许也是读书学海堂时所作。如邹伯奇《文王称王辨》（《学海堂三集》卷十一）与《潜心堂集》卷二《文王称文辨》篇目各有侧重。黄以宏、何乃赓、潘继李三人各有《韦弁裳色考》一篇（《学海堂三集》卷七），与《潜心堂集》卷三《韦弁裳芾考》所讨论话题相近。陈澧《黑水入南海解》（《学海堂三集》卷三），与《潜心堂集》卷三《黑水赤水考》所述观点近似。陈澧亦有《黑水考》（《东塾集》卷一）一文，可见陈、桂师徒二人的学术观点的演进。

此外，《潜心堂集》中有些篇目虽不见于《学海堂集》，也可能是课艺之作，比如卷一诸文皆为释字篇什，《学海堂集》前四集中大多以这类释字文章开篇，这无疑与学海堂创立之初就开始的学术传统相关。此外，考证经书名物、词句，阅读子、史诸书跋文，皆为当时课艺常见文体。《潜心堂集》中此类文章，未尝就没有桂文灿肄业学海堂时之作。桂文灿卷前题记所谓"尊经"之举，实乃裒集肄业学海堂中课艺，编入文集。

二 《春秋列国图》考略

1. 《春秋列国图》的著录

桂文灿之子桂坛所撰《先子皓庭府君行述》录存桂氏著述五十种，其中有《春秋列国疆域考》一卷、《春秋列国疆域图》一卷。叶昌炽（1849～1931）曾代时任广东学政钱塘汪鸣銮撰《桂氏遗书序》，故叶氏曾将所见桂文灿著作翻阅一过，同治十三年（1874）四月十五日日记云："午后大雨，读南海桂氏文灿遗著，凡十种，曰《易大义补》、曰《毛诗释地》、曰《春秋列国疆域考》、曰《孟子赵注考证》、曰《孝经集证》、曰《群经补

---

① 宋巧燕：《诂经精舍与学海堂两书院的文学教育研究》，齐鲁书社，2012，第 419 页。
② 两学堂皆曾受到阮元治学思想影响。

证》、曰《经学提要》、曰《说文部首句读》、曰《经学博采录》、曰《潜心堂集》，桂为陈兰甫弟子，故其学谨严而少心得。"① 可见《春秋列国疆域考》《春秋列国疆域图》两书确有传本。

2.《春秋列国图》的内容

南京图书馆藏《春秋列国图》五卷（见图2、图3），卷前有桂文灿自序。每卷五叶，每叶一图，计二十五图，实一薄册。卷端钤印三方，分别为："嘉兴钱/晋甫藏/书画章（白方）""江苏省立/第一图书/馆藏书（朱方）""南京/图书/馆藏（朱方）"。钱晋甫（1851～1912），名康荣，为清代学者钱泰吉之孙。② 由桂文灿自叙可知，此书刊于清咸丰七年（1857）。桂氏自序《潜心堂集》失载，亦为桂文灿佚文。全文如下：

> 读春秋者不可无图。昔杜元凯尝依官司空图画春秋盟会图，其言曰，以据今天下郡国县邑之名，山川道涂之实，爰及四表，自人迹所逮，舟车所通，皆图而备之。然后以春秋诸国邑盟会地名各所在附列之，名曰"古今书春秋盟会图"。别集疏一卷，附之《释例》，博而备矣。窃尝规仿其意，据今地图以画春秋列国图，直省郡县山川，皆据阳湖董氏地图为本，春秋国名各于所在附列之。凡南北经度，东西纬度，每度二百里，当地面每格方一百里之二。及省城从回，府城从口，直隶州从回，散州城从口。直隶厅城从◎，散厅城从◇，县城从○，县丞巡检所驻土城从●，悉仍其旧。春秋国名加口于外，以别今地。开方计里，则列国疆域广狭，相距远近，皆了如指掌，而当日之会盟、行役，可以想象而得之。据以读经，庶无疑惑矣。惟地理之学，不能无误，窃考广东郡县水道，董图舛错略为更正。（佛冈厅城当在滃水之东，董图在滃水之西。丰顺县城当在揭阳县城西北，董图在揭阳县城之东。长乐县之北琴江、南琴江乃青溪河之上源，董图以揭阳县玉滘溪上源之南溪及上沙水当之，误也）余或有误，海内博雅

---

① 转引自柳向春、王晓骊《南海桂文灿及其〈经学博采录〉》，《国家图书馆馆刊》2010年第2期。

② 钱泰吉（1791～1863），号警石，嘉兴人，有《曝书杂记》《甘泉乡人稿》等书传世。

君子，庶匡其不逮焉。咸丰七年十月，南海桂文灿。

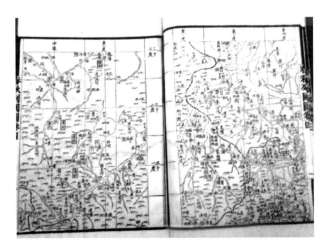

图 2　南京图书馆藏《春秋列国图》

图 3　《春秋列国图》书影（南京图书馆藏，藏书号：GJ/94489）

据桂文灿自序，知此图乃改编"阳湖董氏地图"而成，将古今地名标注在同一图中，其图反映的是清代地理面貌。同时在地图中标注经纬度数，亦前修所不及。

所谓"阳湖董氏地图"即董祐诚所编《皇清地理图》（见图 4）。董祐诚（1791~1823）初名曾臣，字方立，号兰石，江苏阳湖（今常州）人。嘉庆二十三年（1818）举人。善为汉魏六朝之文，长于律历、数理、舆地、名物之学。撰有《董方立文甲集》二卷、《乙集》二卷、《三统术衍补》一卷、《割圆连比例术图解》三卷、《水经注图说残稿》四卷等。生平事迹见《畴人传汇编》。①

董祐诚在内府得见康熙、雍正、乾隆间绘制的地图《皇舆全览图》《乾隆内府舆图》，于是摹钞下来，以之为蓝本刊刻传世。图中既有经纬度数，又有计里画方的网格，反映了清代中期中西方绘图方法的交融与会通。绘制范围东起库页岛，西到葱岭，北到黑龙江，南达南海。这一地图反映了道光时期的政区情况，是桂文灿见到的舆地图中最新颖的一种，于是便成为《春秋列国图》的蓝本。② 董图问世之后，备受士人青睐。李兆洛即取以为蓝本，制《皇朝一统舆地全图》。陈澧好友胡锡燕③曾重刻董图，改以大幅为方册式样。后来胡氏回湘，书版也随之携去，仅留广州百部，不久即为陈澧亲友索阅净尽。同治十年（1871），广州又重刻胡氏翻刻本。④ 陈澧弟子赵齐婴编《皇清地理图韵编》，即以胡刻董图为底本。

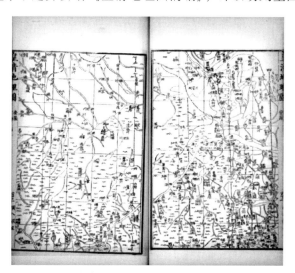

图4 皇清地理图

资料来源：书格网站。

---

① 《畴人传汇编》卷五十一，广陵书社，2008，第627页。
② 席会东：《中国古代地图文化史》，中国地图出版社，2013，第118~120页。
③ 胡锡燕，字蓟门，又字伯蓟。其父胡湘曾任广州南海知县，与陈澧、徐灏相友善。
④ 陈澧：《重刻董方立地图跋》，见《陈澧集外文》卷三，《陈澧集》第一册，上海古籍出版社，2008，第393页。

3.《春秋列国图》的学术背景

陈澧早年读书学海堂，自然受到阮元所倡导的学术观念影响。阮元在《学海堂集序》中说："或习经传，寻义疏于宋齐；或解文字，考故训于仓雅；或析道理，守晦庵之正传；或讨史志，求深宁之家法；或且规矩汉晋，精熟萧选，师法唐宋，各得诗笔。虽性之所近，业有殊工，而力有可兼，事宜并擅。"① 这不仅仅是阮元对广东士子的期望，也是学海堂士子奉为圭臬的治学轨则，故而写入《学海堂志》中。② 阮元建立学海堂，正是为了将浙江诂经精舍的书院体制引入广东。具体到日常学习的考核，则"每岁分为四课，由学长出经解、文笔、古今诗题，限日截卷，评定甲乙，分别散给膏火"。③ 即每年分四次考核学生"经解、文笔、古今诗题"三项内容，"至于经解、辞赋两者间的孰轻孰重，显然以经解为先，辞赋应融贯经解而出之"，尤重经解一项。④

陈澧早年也从经解入手，但是后来他对经解的看法有所转变，他认为学习经解只是手段，而非目的。他曾在菊坡精舍告诫同学诸生说："精舍以学问为重，不是为取超等，治经者更不是要作经解。如仆今日有虚名，人皆谓之有经学，然仆自中年以后，不作经解久矣。可见治经不在乎作经解也。初学借作经解以为治经之路，借取超等以为学问进益之征耳。"⑤

学海堂士子为了应对乾嘉以来学术自身发展的内在需求，以及科举与学问之间的紧张关系、外国的经济军事等方面的威胁等现实需求，这种物质、精神的交困，现实、理想的撞击，对士子产生莫大的影响，陈澧试图转变学海堂创立以来形成的学风，来应对大家面临的新问题。这种学术取向的转变，体现在陈澧所提倡的四科之学。⑥ 他认为："凡为士人，必于四科之学择其一科而为之，将来乃成人材，而四科之学，皆必求

---

① 《学海堂集》初集，《广州大典》第 512 册影印清道光五年启秀山房刻本，广州出版社，2015，第 468 页。
② 参见《学海堂志》"课业"条，《广州大典》第 230 册，广州出版社，2015，第 656 页。
③ 参见《学海堂志》"文檄"条，《广州大典》第 230 册，广州出版社，2015，第 643 页。
④ 参见於梅舫《学海堂与汉宋学之浙粤递嬗》，社会科学文献出版社，2016，第 70 页。
⑤ 陈澧：《与菊坡精舍门人论学》，见《陈澧集外文》卷五，《陈澧集》第一册，上海古籍出版社，2008，第 317～318 页。
⑥ 参见於梅舫《学海堂与汉宋学之浙粤递嬗》，社会科学文献出版社，2016，第 176～195 页。

之于经史。"① 所谓四科即《论语》中的"德行、言语、文学、政事"。具
体到著述，他撰写《学思录》（后改为《东塾读书记》），"本志于发挥义
理之学，而又担心学者走向不读书不考据之偏"。② 于是提倡乐学、舆地
学、算学、礼学，并撰著《声律通考》《琴律谱》（乐学），《三统术详说》
《弧三角平视法》（算学），《汉书地理志水道图说》《水经注西南诸水考》
（舆地学）以为示范。在他和桂文灿的通信中也说，"世俗之所谓经学、小
学，今尚有人，但少实学。若吾弟专于礼，仆专于乐，特夫专于天算，子
韶专于地理，庶几此等实学不至遂绝。后起之士有所咨问。若诸同人皆各
专一艺尤佳"。③ 陈澧于礼学没有专著，但其《东塾读书记》于三礼所占比
例多于其他经书，亦可见其于礼学有所侧重。

桂文灿的舆地之学，以经书中的历史地理为主要研究对象，④ 即源于
其师陈澧对地理之学的倡导。

4. 《春秋列国疆域考》佚文

桂文灿著述已刻者不过八九种，失传者二十余种，今传者多为钞本。
叶昌炽曾读《春秋列国疆域考》，已见前述。今公私书目，尚未见著录，
或已佚失。中山大学图书馆藏《桂皓庭集》一册，书前有写本散叶，其中
有三四叶乃桂文灿《周礼今释》。另有两个半叶，其行款、字体都与《周
礼今释》散叶相近，其内容与《左传》地理相关，或即《春秋列国疆域
考》佚文。

该散叶下端已有残缺，文句不能连属，以"……"标示。其文字漫漶
不可辨认者，以□代之。今依原钞行款录文如下：

第一个半叶

于豫章而潜师于巢。冬□军楚师于豫章，败之，遂围……

① 《与菊坡精舍门人论学》，见《陈澧集外文》卷五，《陈澧集》第一册，上海古籍出版社，
2008，第 316 页。
② 参见於梅舫《学海堂与汉宋学之淛粤递嬗》，社会科学文献出版社，2016，第 176~195 页。
③ 陈澧：《与桂皓庭书第十》，见《陈澧集外文》卷五，《陈澧集》第一册，上海古籍出版
社，2008，第 430 页。
④ 桂文灿的历史地理著述现存三种，其他两种分别为《禹贡川泽考》《毛诗释地》。

□者□为今安徽安庆府桐城县，巢为今庐州府巢县，

鸠在今庐州府舒城县，并在今寿州东南二百余……

吴次于寿州，吴以正兵御之，而复分奇兵于……

于寿州，遂取巢也。定四年《传》，冬，蔡侯、吴子、唐侯伐楚，

舍……

于淮汭，自豫章与楚夹汉者，吴人伐楚，先乘舟溯淮西……

淮汭舍舟登陆，自寿州启行，□师深入千里，至汉水……

与楚夹汉也。夹汉云者，犹僖三十三年《传》云与晋……

第二个半叶

……僖三十三年《传》……①

僖五年，楚人灭之。今河南光州西南有弦城，在寿州西□百里。今安徽凤阳、庐州二府，本属楚，后入吴，故与楚文丘皆在。是吴师围弦，盖吴师深入楚境数百里以袭楚也，楚师救弦，及豫章而吴师还者。寿州为□东疆域冲要之区，可水可陆，楚人备吴之大军，每驻于此。此则楚人恶吴之侵扰，疾师绕出敌前，欲断吴师之归，吴人先知而还也。定二年《传》：桐叛楚，吴子使舒鸠氏诱楚人曰"以师临我，我伐桐，为我使之无忌"。秋，楚囊瓦伐吴师于豫章，吴人□□

附录：桂文灿佚文四篇

1. 桂文灿《潜心堂集》跋语

近人为古文者，每疑经解□□□□宋罗□□□……列"经解"一卷，《蔡中郎集》已有《月令问答》等□……而后指不胜屈。近之谓经解非古文者，未尝□……不能为经解耳。拙集约分八卷，前四卷皆……经之文，非违俗也，所以尊经也。文灿自识。

2. 皇侃论语义疏跋

皇氏此疏经文之异，与诸书征引合者，多足以补正今本。采录之说与

---

① 此六字为一个半叶，于下文不连。

汉魏旧解殊者,多足以发明经义。治《论语》者得而研求之,胜仅读邢氏《正义》者远矣。然而千虑之失,亦所不免。如《学而》篇"学则不固",孔安国曰"固,蔽也。一曰,言人不能敦重,既无威严,学又不能坚固,识其义理",按此注固有二义,一为坚蔽之义。《曲礼》"辍朝而顾君子,谓之固",郑注"固谓不达于礼",不达于礼,是谓蔽塞不通。此固为蔽之义也。"一曰"者,何平叔别引一说,"不固谓为学不坚固,由于不重",与孔说异。皇氏专释后一说,其释蔽字之义,则曰"蔽,犹当也。言人既不能敦重,虽学亦不能当道理",既误会蔽字之义,又不合坚固之义,而以蔽固之解与以说相混,非也。又《雍也》篇"子见南子,子路不说。夫子矢之,曰:'予所否者,天厌之,天厌之。'"考《史记·孔子世家》,夫子矢之曰"予所不者,天厌之,天厌之",否字作"不",盖古《论语》如是。郑君释否为不,与《史记》合。凡古人誓言多云"所不",如《左氏传》"重耳曰'所不与舅氏同心者,有如白水'",庆封曰"所不与崔庆者"之类可证,予所不者,此记者之辞。臧氏玉林谓"当日必更有誓辞,特不详耳"是也。皇氏言"我见南子,若有不善之事,则天当厌塞我道也",孔子而见南子,有何不善之事?子路虽轻率,亦断不以此疑孔子。而孔子因之,而矢誓也。皇说误已。又《乡党》篇"居不容",唐石经"容"作"客",《释文》"出居不客"云"苦百反。本或作容,羊凶反。孔安国曰,为室家之敬,难久也",按孔意盖谓家中之人,难久以宾客相待也。《大戴礼·卫将军文子》篇"在贫如客",《后汉书·周燮传》注引谢承书云:"燮家居清处,非法不言。兄弟父子,室家相待如宾",《说文》"愙,敬也。从心,客声",皆此义也。皇氏云"居不容"者,谓家中常居也。家主和怡,燕居先温温,故不为容,自处者也。夫古礼居处各有容仪,人皆不废,况圣人乎。皇说失孔意,并失经意矣。又《阳货》篇"孺悲欲见孔子,孔子辞以疾,将命者出户,取瑟而歌,使之闻之",何平叔曰:"孔子不欲见,故辞以疾,为其将命者不知,已故歌,令将命者悟,所以令孺悲思也。"考古者相见之礼,必因介绍始见。辞于将命者曰"某愿见,无由达,某子以命,命某见",主人三辞而出见之,是此将命者为介绍,故何曰"其将命者",则非孺悲所使之人明已。皇氏以将命者为孺悲所使之人,谓孺悲使人召孔子,欲与孔子相见。考《礼·杂记》,孺悲

尝学士丧礼于孔子，欲见孔子，岂敢召孔子邪，皇说失之。凡若此类事当详考耳。（《学海堂三集》卷十三）

3. 禹贡字义说

《禹贡》文法精密，字字皆有义例，读者不可不知也。即其例以求其义，而水道地形亦因是而明已。如连类相称曰及，"治梁及岐"，"海岱及淮维徐州"，"荆及衡维荆州"是也。曰修曰略曰乂，皆治也。"既修太原"，"嵎夷既略"，"淮沂其乂"，"及云土梦作乂"是也。底绩，致功也。"覃怀底绩"，"和夷底绩"，"原隰底绩"是也。艺，种也，言可种艺也。"蒙羽其艺"，"岷嶓既艺"是也。从，从其道也。"恒衡既从"，"漆沮既从"是也。作，为也。"大陆既作"，"云土梦作乂"是也。壅塞而通利之曰道（本郑君说）。"九河既道"，"潍淄其道"，荆州两周两云"沱潜既道"是也。导与道同。"导菏泽"，"导汧及岐"，"导嶓冢"，"导弱水黑水"，"导河积石嶓冢"，"导漾岷山"，"导江"，"导沇水"，"导淮自桐柏"，"导渭自鸟鼠同穴"，"导洛自熊耳"是也。旅亦导也。"蔡蒙旅平"，"荆岐既旅"，"九山刊旅"是也。旧说以为祭名，非也。二水势均相入谓之会，"会于渭汭"，"东迤北会于汇"，"又东北会于汶"，"东会于伊"是也。会同，会合也，"潍沮会同"，"四海会同"是也。同亦合也，"沣水攸同"，"同为逆河"，"九州攸同"是也。浮，泛也。"浮于济漯"，"浮于汶"，"浮于江沱潜汉"，"浮于积石"，"浮于淮泗"是也。因水入水曰达，"达于菏"（今误作河），"达于济"，"达于淮泗"是也。大水纳小水曰过，导山导江并言过，"九江东过"，"洛汭北过"，"泽水过三澨"，"又东过漆沮"是也。九河曰播，九江不曰播，以上下言过例之，当从郑注，以为山溪所出，其水众多，不当如班志，以为寻阳九江分九派也。若当如班说，经党亦曰播为九江也。播，犹散也（本郑君说）。"又北播为九河"是也。小水入大水曰入，"三江既入"，"入于海也"，"伊洛瀍涧既入于河"，"弱水入于流沙"，"黑河入于南海"，导山、导河、导汉、导江，并言入于海，导汉又言南入于江，导沇、导渭并言入于河，导沇又言又东北入于海，导淮言东入于海，导洛言又东北入于河是也。贡道舍车而舟行，亦曰入。冀州言入于河，梁州言入于渭是也。逾，越也。"逾于洛"，"逾于沔"，"逾于河"是也。正绝流曰乱，"乱于河"是也。顺水而行曰沿（本郑君说），

"沿于江海"是也。今之淮安府海州之地，禹时其为江之委乎，水所停止，深者曰猪（本马融说），"大野既猪"，"彭蠡既猪"，"荥波既猪"是也。朝宗，诸侯见天子之名也。江水、汉水合流赴海，犹诸侯同心尊天子曰朝宗（本郑君说），"江汉朝宗于海"是也，犹灉沮、四海并言会同也，皆以大礼拟地形也。殷，犹多也（本郑君说）。"九江孔殷"是也。障泽曰陂，"被孟猪"，"九泽既陂"是也。被与陂古字同声，相通也。《水经注》引阚骃《十三州记》曰"被孟猪"，不言入而言被者，明不常入也，水盛方乃覆被矣。后儒多从其说，所谓望文生训也。一小水，一大水，异源分流，而小水入大水曰属，言小者属于大野。或曰"属，注也"，"泾属渭汭"是也。底，致也。"东原底平"，"震泽底定"是也。叙，顺也。"三苗丕叙"，"西戎即叙"是也。水源流异名曰流，"东流为汉"，"东流为济"是也。汇，回也。水回则成泽矣。"东汇泽为彭蠡"，"东迤北会于汇"是也。迤，邪行也。"东迤北会于汇"是也。郑注云："东迤者为南江，则非彭蠡矣。"若果为彭蠡，可言汇，不可言迤也。分流复合曰别，"东别为沱"是也。溢，水荡溢也。"溢为荥"是也。凡言至者有三，九州言至，皆纪其道路也。"既修太原，至于岳阳"，"覃怀底绩，至于衡漳"，"逾于洛，至于南河"，"终南惇物，至于鸟鼠"，"原隰底绩，至于猪野"，"浮于积石，至于龙门"是也。导山言至，乃递及他山之词。"导汧及岐，至于荆山"，"至于太岳"，"至于王屋"，"至于碣石"，"至于太华"，"至于陪尾"，"导嶓冢，至于荆山"，"内方至于大别"，"至于衡山"，"至于敷浅原"是也。导水言至，则纪水所经之山及地也。"至于合黎"，"至于三危"，"导河积石，至于龙门"，"南至于华阴"，"东至于底柱"，"又东至于孟津"，"东过洛汭，至于大伾"，"北过洚水，至于大陆"，"过三澨，至于大别"，"导江又东至于澧"，"过九江至于东陵"是也。导江之澧，马融以为水名，郑君读澧为醴，以为陵名，以导水诸言至皆无言水例之，郑说是也。言至有三义，犹言入有二义，一为小水入大水曰入，一为舍车而舟亦曰入（并见山）。先明乎此，以求地形，庶不为异说所惑矣。（《学海堂四集》卷二）

4. 桂氏家谱自序

　　吾桂氏今繁衍于江西之贵溪，江南安徽之贵池、石埭，浙江之慈溪。

然详考诸书所言，受姓之始，又各不同。谓后汉太尉《陈球碑》有城阳炅横，汉末被诛，有四子。一子守坟墓，姓炅。一子避难居徐州，姓昋。一子居幽州，姓桂。一子居华阳，姓炔。此四字皆九画者。《广韵》及《元和姓纂》《隶释》鼠璞也①，谓桂贞为秦博士，始皇坑儒，改姓昋，其孙溢避地朱虚为炅。第四子居齐，改为炔。今江东名桂姓者，《集韵》引《炅氏谱》，《通志》及《六书故》引《桂氏族谱》也。宋濂溪学士《桂氏家乘序》又云，桂氏本姬姓，鲁公族季孙后也。相传周末有季桢者，与其弟桂挟策以干诸侯。桢为秦博士，被害，桂惧祸及，遂诡姓遁身。因即其名，取字异而声同者，各令四子为姓，示不忘厥初也。子孙仍居幽燕。五代之乱，刘仁恭据幽州，兵运祸结。乃扶携南渡，使散居广信、上饶、九江、兴国、池阳、豫章、成都诸郡云。

文灿考居广信贵溪始祖讳子卿者，仕南唐为静边总辖使。至宋加检校国子祭酒，兼殿中侍御史。有功于世，乡人庙而祠之。其后人擢科第，跻显仕者凡数十人。祭酒之孙讳可升，迁慈溪，亦多以科第入官，今支系尤盛。明初讳德称者，以明经为太子正字，升晋王傅，受知两宫，事具明史，令望隆蔚焉。南海一族，实出慈溪，至文灿而四世，盖百余年，子姓数十人。嘉庆壬戌，先大父泾县公曾纂家谱一帙，藏之将六十载。今夏堂侄埙，乃以重纂之役相勖，且以采访自任。埙，迁粤始祖先曾王父奉直公之适元孙也，殷然以修谱为重，盖已达夫敬宗收族之道，是可嘉矣。文灿敢不勉乎。重纂既成，谨考群书而序之。（《广东文征》）

5. 春秋列国图考自叙

（已见上文，略）

编者按：《广州大典》一期文献的收录时间下限为 1911 年，版本数量也仅限两种。受此编例所限，尚有不少价值较高的文献没能收录进去。在文献调查和征集的过程中，漏查、漏收现象也在所难免，版本的选择和版

---

① 原书有按语云：此处上下文不贯，疑抄稿有脱漏。又炅、昋、炔、桂四字均非九画，疑九字为八字之误，桂字为季字之误。先思案，疑抄稿有脱漏者是，四字折笔若算两画，则皆亦皆九画，古今计算方式不同。

本价值的判断也存在见仁见智的问题。为了推进学界对《广州大典》和广州历史文化的研究，并进一步完善《广州大典》的编纂，《广州大典研究》（集刊）决定设立《广州大典》补遗栏目，热诚欢迎专家学者赐稿。

作者通信地址：广东省广州市海珠区中山大学中国古文献研究所，邮编：510275。

责任编辑：陈子

澳门与抗日战争研究广州地区中文史料疏论[*]

冯　翠[**]

南京大学历史学院，江苏南京，210046

摘　要：澳门由于在二战时的“中立”地位，未被日军占领，成为我国抗战史上特殊的一例。史料是重构历史和进行研究的基础，必须予以重视。广州地区各公共图书馆、档案馆、博物馆、高校图书馆等机构所藏有关澳门与抗日战争的史料甚为丰富，类型包括档案、史集、报刊、回忆录、纪念册等。文章拟在梳理各馆馆藏文献分布的基础上，分析各种文献的史料价值和研究前景，以利于学界进行史料的整理、归集、出版和研究等各项工作，推动近代澳门史研究和抗战史研究的深化。

关键词：澳门；抗战；广州；史料

一

在没有史料便无以成言的史学研究领域，史料是还原或重构历史事实的基础，系统地归集与整理史料，是史学研究的第一步。目前已出版的抗战时期澳门史料集主要有傅玉兰主编的《抗战时期的澳门》，澳门文化局

* 基金项目：本文为2013年澳门特别行政区文化局项目“澳门抗日战争研究广州地区中文资料初编”研究计划成果之一（批准号：88/DEIP/2013）。

** 冯翠（1985～　），女，湖南湘乡人，南京大学历史学院博士后，历史学博士；南京大屠杀史与国际和平研究院研究员。

主编的《抗战时期的澳门资料》，黄慰慈主编的《濠江风云儿女——澳门四界救灾会抗日救国事迹》，蔡佩玲主编的《口述史料——抗日战争时期的澳门》等。较之以往出版的澳门史料集刊，有关抗战时期澳门的史料归集与出版则甚显不足。由于在二战时的"中立"地位，以及未被日军占领，澳门成为我国抗战史上特殊的一例，对其相关史料的刊布、档案资料的归集诚应予以重视。

澳门抗日战争时期的史料，就目前所知，分布于我国港澳、内地、台湾两岸三地，以及葡萄牙、日本、英国、美国、法国、澳大利亚、荷兰等国家，涉及中文、葡文、英文、日文、法文等多种语言文字，包括档案、史集、报刊、回忆录、口述史料、展览、纪念册等，这是现存史料分布地域、载体形式呈现的特点，亦是研究这一历史问题的学者所面临的挑战。诚然，两岸三地馆藏中文史料是研究这一时期澳门史的核心史料，其中尤以澳门与内地所存史料为数不赀。就内地而言，除北京图书馆藏日本驻澳门总领事馆档案与中国第二历史档案馆藏澳门专档外，则主要以广州地区各馆所存相关史料为重。广州地区现存有关澳门与抗日战争研究的各种史料是研究抗日战争时期澳门社会状况、华人群体、中葡关系、慈善救济以及抗战赈难、各种势力在澳活动的主要史料之一。

二

广州地区现存澳门与抗日战争研究有关史料主要散布在广东省档案馆、广州市国家档案馆、广东省立中山图书馆、广州图书馆以及中山大学、暨南大学等高校的图书馆，包括档案、史集、报章、期刊、报告书、纪念册等，本文大抵从以下几个方面对广州地区所藏澳门与抗日战争的相关史料进行介绍。

（一）档案及史集

广州地区各馆并未有抗战时期澳门的专门档案，相关档案散布于其他档案内，主要有：（1）广东省档案馆藏《汪伪类专档》与广州市国家档案馆藏《汪伪专档》包含的体现澳门与战时广东汪伪政权政治、经济、外交等各方面关系的史料；（2）广东省档案馆藏广东省建设厅、广东省高等法院等档案内含有的战后国民政府引渡逃匿澳门汉奸战犯案，另有澳门伪产案以及澳门华商高可宁、傅德荫、毕侣俭、钟子光等被告"经济汉奸"案等卷宗以及战后粤省收回澳门运动相关史料；（3）广州市国家档案馆除藏有大量汪伪档案外，还存有战时日本驻澳门特务机关密侦队长黄公傑（亦称"黄公杰"）卷宗，以及澳门中国青年救护团、澳门中华总商会、澳门四邑同乡会等社团少数散卷。除以上所举，广东省档案馆藏粤海关、拱北海关档案，以及该馆所出版的《广东澳门档案史料选编》《广东革命历史文献汇编》等史集亦有大量反映战时澳门情况的史料，可资学界采用。

（二）报章与期刊

广州地区馆藏民国时期报刊主要集中于广东省立中山图书馆，该馆特藏室藏有十分丰富的抗战时期有关澳门的报纸与期刊。首先，就报纸而言，该馆不但存有抗战时期澳门本地发行的《华侨报》《世界日报》《世界晚报》《西南日报》等华文报纸，而且这一时期广东省内广州、中山、韶关、江门、梅县等各地国民政府、汪伪政权所发行的几十份报纸已完成数字化，如《中山日报》（国民政府/汪伪政权）、《民国日报》、《广州日报》、《民族日报》、《国华报》、《越华报》、《现象报》等，此外还存有这一时期香港的《华商报》《正报》《大光报》等报纸。其次，该馆还存有相当数量的抗战时期澳门的各类刊物，如澳门经济总局发行的《澳门年鉴》，澳门培正中学、中德中学等学校的校刊，廖平子的《淹留·诗刊》，澳门中华公教进行会的《中华公教进行会澳门区指导会刊》，镜湖医院的《镜湖医药》等，以及广州、香港等地发行的载有战时澳门文章的刊物，这些报章与刊物为研究抗战时期澳门社会及粤港澳三地关系提供了丰富的资料。

（三）报告书与纪念册

广东省立中山图书馆特藏室还存有相当数量的抗战时期澳门中华总商会、同善堂、镜湖医院、赈济兵灾慈善会、澳门四界救灾会回国服务团、华侨报社、培英中学、岭分中学以及中国国民党驻港澳总支部、广东人民抗日游击队珠江纵队等的历年工作报告书和各种类型的纪念册，如镜湖医院慈善会主编的《澳门镜湖医院慈善会八年来工作概况》《镜湖医院概况：1941—1946》及其创办的纪念册是研究澳门战时医疗卫生、难民救济等的关键资料；中共肇庆地委党史办公室主编的《澳门四界救灾会回国服务团大事记资料汇编》《抗战初期的澳门四界救灾会回国服务团》《澳门四界救灾会回国服务团专题史料征集编写工作报告》等则详细辑录了战时澳门四界救灾会回国服务团在广东各区开展的各项抗日工作。这些对于研究澳门当时各法人、学校在战时的情况与抗战工作，国民党及共产党在澳门的行动及影响是十分难得的历史资料。

（四）其他零散资料

广州市图书馆以及中山大学、暨南大学等高校图书馆都设有华人华侨或港澳台专门资料室，亦存有一些关于抗战时期澳门的资料，只是相对零散，如中山大学因与校史相关，存有战时救济澳门华侨学生的相关资料。中共广东省委党史研究委员会办公室及各相关地委、市委政协亦曾出版与抗战时期澳门相关的广东抗日游击队珠江纵队史料，如《珠江纵队史料》《广东人民抗日游击队珠江纵队大事年表（初稿)》《广东人民抗日游击队珠江纵队文件选编》等。

当年亲历战事的某些重要人物，在有生之年亦给我们留下探寻历史的线索，如广东柯麟医学教育基金会整理出版的柯麟先生传记、纪念册等；欧初的《孙中山故乡抗日斗争二三事》《前山高处指南环——关于澳门的往事杂忆》，林锋的《澳门四界救灾会抗日救亡片段》等回忆性文章。柯麟先生抗战时是澳门镜湖医院院长兼镜湖护士助产学校校长，后来任广州中山医学院院长。欧初先生战时曾担任"横门前线支前指挥部"总务部长、广东人民抗日游击第一支队长、先后参与建立了中山人民抗日游击中队、中山人民抗日游击大队、中山人民抗日义勇大队、珠江纵队第一支队等，中华人民共和国成立后，其历任中共中央华南分局办公厅副主任、广东省政府秘书长、党组副书记、广州市委书记、广州市人大常委会主任、广东省委顾问委员会常务委员等职。林锋先生是澳门人，战时曾参加澳门回乡服务团，担任中共澳门特别支部二委会书记、珠江纵队独立第三队队长等职，后任暨南大学党委副书记。他们曾是抗战时期中共在澳门开展工作的重要人物,其本身便是抗战时期澳门历史研究的对象之一。

概言之,广州地区现存澳门与抗日战争研究的相关资料,远非以上所举为限,很多重要的外交档案仍待进一步的开放;由于血缘与地域上的联系,散寄民间的史料仍待有心人去搜集整理;许多当年的老前辈仍然健在,他们是历史的承载者,也是后世了解历史的媒介,抢救和保存口述史料对研究这一时期澳门历史至为重要。

三

广州地区现存澳门与抗日战争研究的各类中文资料相对丰富,其研究价值主要体现在三个方面:(1)保存相对完整的汪伪档案及相关资料是研究战时汪伪政权在澳活动及与澳葡政府关系以及研究日葡关系、日在澳势力及活动不可或缺的重要文献;(2)广东省立中山图书馆特藏室存抗战时期澳门的报纸、期刊及各类书籍,可谓目前所知的存量甚丰的馆地之一,尤以其馆藏的澳门报纸独具特色,是在澳门本地各馆都稀有的纸质原版;(3)就其现存中文资料总量而言,广州地区可以说是目前内地、澳门与抗日战争研究方面中文资料最为全面,内容涵盖最广的,涉及战争政治、经济交流、外交活动、文化教育、医疗卫生、社会救济等诸多方面。总之,广州地区现存各相关史料是致力于澳门与抗日战争研究的学者驻足、涉猎中文研究资料的重要目标。

我国抗日战争时期,澳门由于相关历史与现实政治原因未被日军占领,成为远东的"中立区"、难民的庇护所,亦是各方政治势力的角斗场,这一特殊的历史使澳门与抗日战争的研究成为中外许多历史研究者着迷的选题之一。这一领域目前尚未形成成熟而系统的研究,与史料的难得以及基础研究的薄弱有关,然史料的分散与难得往往会妨碍基础研究的进一步深入,诚需致力于这一领域研究的各地学者分工合作,从最基础的史料归集、整理、出版开始,为将来的研究提供尽可能全面而多样的研究资料。

作者通信地址:南京市栖霞区仙林大道 163 号南京大学历史学院,邮政编码:210023。邮箱:fengcui1945@163.com

责任编辑:蒋方

成 果 应 用

邓廷铿史事述论[*]

张中鹏^{**}

广东工业大学政法学院，广东广州，510090

摘　要： 伦敦蒙难事件是孙中山早年革命生涯的重要转捩点，同为广东籍的邓廷铿作为诱捕计划的主要执行者，自此以丑角形象出现于孙中山伦敦蒙难的史事叙述和政治宣传中。但除此之外，学术界对其知之甚少。事实上，邓廷铿应是广州番禺人。虽然其只是清末民初史上的小人物、小角色，但凭借精通外语和翻译，因缘际会参与了不少重要政事和涉外活动，从而展示了处于权力边缘的读书人在近代变局下的某种生存之道。

关键词： 邓廷铿；清末民初；翻译群体；中外交涉

在近代史上，邓廷铿以粤籍同乡之名诱捕在伦敦避难的孙中山而被人所知。广州乙未举事失败后，孙中山于1896年10月流亡英国伦敦，时为清王朝驻外翻译的邓廷铿利用广东同乡的身份，将孙诓骗囚禁在清政府驻英公使馆。在康德黎（James Cantline）和伦敦舆论界的全力营救与声援下，孙中山终获释出禁，后来以中国革命家形象而名声大噪，伦敦蒙难事件成为孙中山早年革命生涯的重要转捩点。① 作为诱捕计划的主要执行者，此后邓廷铿以丑角形象频频出现于孙中山的史事叙述和革命宣

---

* 基金项目：教育部人文社会科学基金研究项目"近代澳门华人文化认同变迁研究"（批准号：15YJC77048）。
** 张中鹏（1983～　），男，汉族，河南信阳人，广东工业大学政法学院讲师，历史学博士。
① 参见黄宇和《孙逸仙伦敦蒙难真相：从未披露的史实》，上海书店，2004；桑兵主编《孙中山史事编年》第1卷，中华书局，2017，第121～139页。

传中。[①] 前贤对于伦敦蒙难史事已有颇为详尽深入之研究，然而关于邓廷铿其人的生平事迹，学术界由于史料有限和视角偏差之故缺乏足够的认知，导致目前相关历史记载和史事叙述之间相互抵牾，只留下他处于革命对立面的刻板且又模糊的印象。本文拟以档案、日记、报刊文献为基础，对邓廷铿生平的若干片段予以稽考，权且作为伦敦蒙难史事以及孙中山生平与思想研究的一则细节补充和一点追索。除此之外，本文拟以普通读书人个体经历为视角，通过对邓廷铿参与清季民初涉外政务、商事以及地方事务的观察，从而透视出处于权力边缘的读书人尤其是翻译群体在近代变局下的"际遇"和某种生存之道。

一　籍贯问题

邓廷铿，号琴斋。关于邓廷铿的具体生卒年份，虽在目力所及的文献中未见有说服力之记载，但其广东籍则确凿无疑。吴宗濂《随轺笔记》略云"四等翻译官邓琴斋刺史廷铿，粤产也"，[②]《伦敦蒙难记》亦如此记述。不过，邓廷铿究竟系广东具体何方人氏仍存分歧与疑问，大致有两种说法：一是广东三水，二是广东香山。

学术界一般认为其乃广东三水县（今佛山市三水区）人。此说源于冯自由《革命逸史》之《孙总理被囚伦敦使馆之清吏笔记》后附的按语，[③] 可惜作者未能详列史料依据。

也有人称邓廷铿为广东香山人。如据陈少白在《兴中会革命史要》中记载，邓廷铿对孙中山自称广东香山人，[④] 孙中山亦香山人，鉴于邓当时本意在于诓骗孙中山进入清公使馆，故此说亦不可信。

---

① 如 Yat-Sen Sun，*Kidnapped in London*，Memphis：General Books LLC，2009，p. 26；孙中山《伦敦蒙难记：我被伦敦中国公使馆拘押和释放的经历》，戴桢、庚燕卿译，中国社会科学出版社，2014；冯自由《革命逸史》第 2 集《孙总理被囚伦敦使馆之清吏笔记》，中华书局，1981；王杰、张金超主编《田桐集》之《邓廷铿》，华中师范大学出版社，2011；自在《孙总理伦敦被难史之一页》，《申报》（上海）1931 年 10 月 12 日。
② 参见吴宗濂《随轺笔记》，岳麓书社，2016，第 224 页。
③ 冯自由：《革命逸史》第 2 集，中华书局，1981，第 21 页。
④ 陈少白：《兴中会革命史要》，《陈少白自述》，人民日报出版社，2011，第 35 页。

而征诸《英国铁路章程》《英语会话初编》等目前有关邓廷铿的已刊著述，均署名"番禺邓廷铿"。[1] 这一说法比较可信。不过，不同历史时期"番禺"的指称对象大不相同。在清代文献中，多指广东省城广州府的附郭县——番禺县，有时文人好古嗜奇，援引古史以番禺代指省城广州。[2] 晚清广州府辖 14 县（含南海、番禺、顺德、香山、东莞、新会、清远、花县、新安、龙门、增城、从化、新宁、三水），[3] 这也意味着邓廷铿在署名中自称籍贯番禺，可以指清代的省城广州（含前文所及之南海县、番禺县），也可以具体到附郭县番禺。依据后辈的回忆，"邓世居小东门外五福里（后改五常里）"。[4] 查《广州城坊志》《番禺县志》等地方文献，小东门即清代广州新城永安门，其邻近皆隶属番禺县管辖。[5] 1914 年大理寺民事判决上字馆第五十号中言："被上告人邓琴斋，广东番禺县人，住五福里九号"，[6] 此处居住五福里的被告人亦当为邓廷铿。据此可以断定，邓廷铿并非广东三水人，亦非广东香山人，应为省城广州附郭县番禺人。

二　职任与交往

（一）陪同出使欧美

清光绪十一年（1885）六月，广东南海人张荫桓经李鸿章保荐，奉命

---

① 《时务报》以分期方式连续刊载《伦敦铁路公司章程》3、4 条，参见邓廷铿、杨葆寅译《伦敦铁路公司章程》《时务报》（上海）第 2～12 册，1896，台北：文海出版有限公司，1987。

② 吴宏岐：《〈东西洋考〉所见的"番禺"地名释文商榷——兼说明清时期以"番禺"代指广州之情况》，李勇先主编《历史地理学的继承与创新暨中国西部边疆安全与历代治理研究——2014 年中国地理学会历史地理专业委员会学术研讨会论文集》，四川大学出版社，2014，第 57～59 页。

③ 戴肇辰等修、史澄等纂光绪《广州府志》卷 9《舆地略一》，台北：成文出版社，1966。

④ 沈琼楼：《清末民初广州报业杂忆》，中国人民政治协商会议广东省委员会编《广东文史资料》第 17 辑，1964。

⑤ 黄佛颐：《广州城坊志》，暨南大学出版社，1994，第 6 页。

⑥ 《大理寺民事判决三年上字第五十号判决》，第 109 页。按，"通告"："邓吴氏与邓倬云等因家产涉讼，不服。广东高等审判厅第二审判决声明上告一案，宣告判决。"参见中国第二历史档案馆整理编辑《政府公报》第 23 册《通告》，中华民国三年二月十一日第六百三十四号，上海书店，1988，第 333 页。

充任驻美国公使，兼任驻日斯巴尼亚（今西班牙）、秘鲁公使，次年二月启程赴美。1886 年 3 月 24 日《申报》胪列使团随员之姓名、籍贯、官职，[①] 包括：延龄（旗人）、彭光誉（浙江）、瑞沅（旗人）、何飞鸾（广东南海）、易学灏（广东南海）、刘玉麟（广东香山）、姚家俊（广东）、梁廷赞（广东）、钱广涛（江苏）、张桐华（广东南海）、张泰（旗人）、许珏（江苏）、程希山（浙江）、梁诚（广东番禺）、彭承谟（湖南）、莫镇藩（广东番禺）、江鉴（四川）、绪龄（旗人）、李之琪（广东南海）、顾士款（江苏）、邓廷铿（广东）共 21 人。张荫桓在其日记中记录"同行者"26 员、"跟役"16 人，这些同行者比《申报》所列名单多"候选从九张佐兴""总署供事李春官、张丕勋""差弁陈吉胜、马宏源"5 人。[②] 在 17 名已知籍贯的随员中，广东籍 10 人，江苏籍 3 人，浙江籍 2 人，四川籍和湖南籍各 1 人，另有未知旗属的 4 名旗人。对于邓氏，《申报》记曰"邓廷铿，广东人，学生"，[③]《张荫桓日记》载邓廷铿"号琴斋"，"候选从九"。[④] 按照 1876 年总理衙门出使经费章程，驻外使团人员涵括公使、领事、参赞、翻译、随员、医官、武弁、供事、学生九种。[⑤] 学生月薪百两，承担部分使馆工作。有学者将驻外使馆学生按其功能大致分为翻译学生和一般学生两类。[⑥] 翻译学生多来自同文馆，而目前可见的邓廷铿早期经历，源自广东三水职业革命家邓警亚的记述，按照邓警亚的说法，"邓毕业于香港皇仁书院，以捐纳得任使馆译员"。[⑦] 清后期捐职"文职京官自郎中以下，至刑部司狱，兵马司吏目，外官自道府以下，至从九未入流，武职自参将、游击以下，至千把总"，[⑧] 如此邓廷铿应通过捐纳获取外官文职从九身份和候

① 《中西辑睦》，《申报》（上海）1886 年 3 月 24 日。
② 任青、马忠文整理《张荫桓日记·三洲日记》，上海书店，2004，第 4 页。笔者比较了《张荫桓日记》和《申报》共同列举的 21 名随员，个别姓名略有差异。
③ 《中西辑睦》，《申报》（上海）1886 年 3 月 24 日。
④ 任青、马忠文整理《张荫桓日记·三洲日记》，第 4 页。
⑤ 《总理衙门条陈出使外洋事宜疏》，《申报》（上海）1879 年 1 月 2 日。
⑥ 参见李文杰《中国近代外交官群体的形成（1861—1911）》，上海三联书店，2017，第 363 页。
⑦ 邓警亚：《孙中山之恕人度量》，广东省文史研究馆编《粤海挥麈录》，中华书局，2005，第 73 页。
⑧ 许大龄：《清代捐纳制度》，燕京大学哈佛燕京学社，1950，第 73 ~ 74 页。

选官员资格，并成功加入驻外使团。不过，晚清驻外人员由公使自行招募、奏带，具有较强的私人特性。虽然未见张荫桓招募邓廷铿的原始资料，可以想见乡谊之情和语言翻译之才，是其光绪十一年（1885）追随张荫桓出使国外中殊为关键的因素。研究表明，驻外使馆学生晋升空间窄小，"翻译学生因具备职业优势，可能得到长久地任职于外交界的机会，沿着学生、随员、翻译官、参赞的途径上升，甚至最终出任驻外公使。不过，如此幸运的翻译学生，在整个外交人员群体中，比例非常小"。①

在张荫桓后来的驻外日记中，我们犹可撷拾邓廷铿海外活动的碎片。如清光绪十二年（1886）四月十六日："延希九派往日都代办使事，绪芝山、徐立斋、邓琴斋偕往鸟约附船。"② 光绪十二年七月二十一日："古巴招工之初，华人被诱卖而至，不耐寮主苛虐，愤而扑杀，坐是获罪，分押各省监。……余嘱希九照会外部释却其五，仍虑中有隐瞒，特令邓琴斋亲往查看，修打省尚有十八名，格兰那达二名，其一已释，其一痪毙。"③ 光绪十三年五月十八日："外部谟烈约今日六点钟会晤，遂偕希九、子刚、琴斋同往。"④ 鉴于此，我们可大致勾勒邓廷铿早年经历，曾入香港皇仁书院，以捐纳取得从九身份和候选官员资格，后以翻译学生身份进入驻欧美使团，至孙中山伦敦蒙难之际已晋升至使馆翻译。

（二）参与清季国外博览会

1904 年 3 月，清王朝遣派以贝子溥伦为正督监，四品卿衔候选道黄开甲和东海关税务司美国人柯尔乐为副监督，由来自 25 个省份和地区的 47 家中外公司和个人组成的参展团队，携带一万余件展品，出席美国圣刘易斯博览会。⑤ 同年 8 月 15 日返回上海，历时五月余。

---

① 参见李文杰《中国近代外交官群体的形成（1861—1911）》，上海三联书店，2017，第 365 ~ 367 页。
② 任青、马忠文整理《张荫桓日记·三洲日记》，第 21 页。
③ 任青、马忠文整理《张荫桓日记·三洲日记》，第 21 页。
④ 任青、马忠文整理《张荫桓日记·三洲日记》，第 183 页。
⑤ 参见居蜜编《1904 年美国圣路易斯万国博览会中国参展图录》，上海古籍出版社，2010；王正华《呈现"中国"：晚清参与 1904 年美国圣路易万国博览会之研究》，马敏主编《博览会与近代中国》，华中师范大学出版社，2010。

早在光绪二十九年（1903）十月，溥伦致咨文外务部，通报候补道邓廷铿联合户部主事广东顺德人梁用弧"生长粤东，本省商情较为熟悉，现招集粤商创立广业公司，约鸠资二十万元，办货到场会赛"，随赴会商人75 名，展品征集范围包括"翡翠、玉石、象牙、古玩、木器、丝茶、绣货及各式物件"。① 自此可知，邓廷铿的身份已由候选从九晋升为候补道，而在补缺谋差困难重重的情形下，出席美国圣刘易斯博览会不啻谋取差委的绝佳机会。由于赴外参加博览会，向属西方人控制的海关承揽，虽然此次赴美参加博览会引起清王朝的重视，但仍不免显现人员鱼龙混杂、行事灵活取巧之弊端。在邓廷铿主持下，广业公司仓促成立，所办货物繁多，原定十一月内报关，不得不延期展限至十二月底才报关查验放行。② 及至1903 年 12 月 29 日，《申报》报道："粤中绅商奉总办伦贝子饬办货物入会互赛，遂设立广业公司，筹集资本洋银二十万元，推在籍户部主事梁主政用弧、试用道邓观察廷铿、内阁中书苏内翰兆元、广西知府梁太守联芳、广西知州陶刺史敦勉经理一切事宜，刻已办就珍珠、翡翠、茶、丝、绣货、瓷器、银器、竹、木、瓦诸器。其中，以木器、绣货二者最为工巧。……皆所值不訾云。"与溥伦咨文简单比较，显然缺少玉石、象牙、古玩等物，故1904 年 1 月《申报》又云："广东广业公司总理人邓琴斋观察将于日内由京回粤，采办坚□木器以及绣货、骨董之类，携赴美国博览会陈列其中。"③

对于此次赴美参加博览会，国内舆论界反应激烈，民间参与的热情与部分展品的成绩，亦赢得普遍赞誉。然而，官方表现却并不如人意，媒体甚至以为今次博览会无论与会之物还是与会之人和事，"真有令人目眦欲裂者"。④ 更典型的是，邓廷铿凭借筹备者的身份，私自携带 15 名华人偷渡美国，不想被美国海关查获，递解回国，为时人所不齿。⑤

---

① 《溥伦为粤商创立广业公司赴赛会事致外务部咨呈》（光绪二十九年十月），参见汪岳波《晚清赴美参加圣路易斯博览会史料》，《历史档案》1987 年第 4 期，第 27 页。
② 《溥伦为广业公司请展缓报关放行及给照事致外务部咨呈》（光绪二十九年十一月），参见汪岳波《晚清赴美参加圣路易斯博览会史料》，《历史档案》1987 年第 4 期，第 27 页。
③ 《派员赴会》，《申报》（上海）1904 年 1 月 4 日。
④ 《记散鲁伊斯博览会中国入赛情形》，《东方杂志》1905 年第 2 卷第 9 期。
⑤ 《赴美赛会某员日记》，《中外日报》（上海）1904 年 9 月 5 日、9 月 9 日。

三 地方精英

晚清至民国初期，国家权力下移，地方社会权力结构处于不断变动和调整中，绅、商及新知识群体作为重要的社会力量，其权力在地方事务中逐渐扩张，而精通外语和翻译的新知识人也借此发挥己长，以求仕进。因此，除了参与国家对外交流事务外，考察清季民初史料，颇能捡拾多处邓廷铿在地方社会活动的片段。

1903 年两广总督岑春煊履任不久，设立两广学务处，吴道镕被聘任广东高等学堂总理，延请邓廷铿"在该堂作英文教习"。[①] 今天仍存由邓廷铿编辑的《英语会话初编》（原名《英语分门问答》），封面题"此书奉学务处□，作学堂课本"，被用作在两广地区培养外语人才、进行外语教育的教材。

1905 年 10 月 17 日，为了应对抵制美货运动，因应社会恐慌和贸易动荡，省港美商主席金马伦、省城拒约会主席潘景文及中外各商董、报馆访员百余人，在沙面会晤商讨"禁工拒约之期"。金马伦向中国商会提出八条问题，由邓廷铿翻译为中文。[②]《申报》于 1905 年 11 月 22 日的《纪美商邀请华商会议详情广东》中披露，与会人"美商主席三达公司大班金马伦，另议员名保啰士，又面粉公司大班、美华英公司大班，尚有三四位名不详；华商主席潘景文，译员谢屺原、崔咏秋、罗少翱、周东初，译员邓琴斋、张润生"。

在 1907 年至 1908 年的国会请愿中，《申报》于 1908 年 9 月 8 日的《广东请愿书尚未呈递北京》中报道："广东国会请愿书签名者，共一万一千余人，举定邓廷铿、张端为捧呈代表。惟来京稍迟，缮写完竣之时，适值颁布议院之昭，故该省请愿书至今未曾向都察院呈递。书中领衔者为前出使德国大臣杨晟、出使美国大臣梁诚、考察商务大臣张振勋。"从 1908 年 3

---

① 沈琼楼：《清末民初广州报业杂忆》，中国人民政治协商会议广东省委员会编《广东文史资料》第 17 辑，第 233 页。
② 《中美商会会晤之详情》，《广东日报》（香港）1905 年 10 月 19 日。

月，雷光宇向都察院呈递请愿书，河南、安徽、江苏、吉林、湖南、直隶、山东、北京、山西、浙江等省之后纷纷上书，都察院全部未予代奏。

1913 年至 1916 年，桂系军阀龙济光统治广东，在此期间邓廷铿出任广东省城警察厅督察长。在地方档案文献中可见，二次革命失败后，广东政府照会葡萄牙官方，要求后者协助缉捕陈赓虞、陈席儒、邓铿等革命党人。1913 年 10 月 17 日，陈赓虞在由澳门返回广东香山途中，于前山被营军和当地局绅叶择知"指陈为胡汉民、陈炯明党羽"，并"被勒写二万元借单"。① 在澳门历史档案馆，今天仍存一份无署名时间的中国电报局来报抄发存根："广州前山转澳门警察司飞鉴，今日派邓廷铿带叶择知案证赴澳候审先闻，邓瑶光。"1913 年 8 月，香山人陈景华被杀后，邓瑶光接任广东警察厅长，次年夏改任广东省警务处长，此封电报时间应在1913 年至 1914 年。据档案文献反映，叶择知涉嫌"串诈"，激起"港澳全体商人注视"，1914 年 10 月邓瑶光致函澳门政府先行拘案押候。1915 年 12 月，盗匪曹乐起（即曹大）抢劫香山三灶乡谭石麟等家，后隐匿于澳门。在澳逃亡期间，被当地华人领袖卢宗缙发现，及时报告广东省城警察厅。广东省城警察厅照会澳门警署予以扣留，且委派督察长邓廷铿携事主到澳门质证明确，交解提回广东审办。② 至 1916 年 6 月 6 日，广东省城警察厅长凌鸿年致函澳门警察厅长，"查曹乐起即曹大一犯，承贵澳政府讯明定案，允为交解，深纫睦谊。兹派提犯委员邓廷铿，携同驻广州代办贵国总领事英国总领事官介绍书前来，到时即希将该犯提交邓委员解省审办为荷"。③

结　语

历史地看，广东番禺人邓廷铿只是清末民初的小人物、小角色，因缘际会下在历史上留下不光彩的一笔。基于此，在关于邓廷铿政治品格的叙

---

① 《陈赓虞被军官勒索案》，《申报》（上海）1914 年 10 月 27 日。
② 档案号：A0891 - AH - AC - P - 5168，澳门历史档案馆藏。
③ 档案号：A0891 - AH - AC - P - 5170，澳门历史档案馆藏。

述方面，孙中山在《伦敦蒙难记》中称其为阴谋家（the intriguer）。[①] 邓警亚在叙述孙中山伦敦蒙难时，指出"其误中奸计至困于清驻伦敦使馆一事，则由汉奸邓琴斋所致"。[②] 据邓警亚记载："辛亥革命后，中山自欧回国，经香港时，留港同志谓邓琴斋犹在此地，拟请将其处死。中山谓琴斋过去行为虽不可赦，然亦受当时公使龚照瑗主使，尚非出自本心，且此案揭露之后，英国朝野反感，腾播全球，在我本人虽略受折磨，而于本党则有利无害，权衡得失，可置勿论。若重修旧怨，潜行报复，不独妨碍港方治安，且玷及吾党声誉，对革命前途不利。琴斋遂得无恙。"[③] 按照冯自由、田桐的记述，辛亥革命后，邓廷铿亦前往南京拜会孙中山，某副官欲治邓以汉奸罪，孙中山不以为忤，反而宽诚相待，派员护送其出总统府，以免遭到身边知情人的攻击，以此表彰孙中山的宽仁大度。[④] 而从普通读书人个体经历的视角，邓廷铿又凭借其精通外语和翻译的优势，因缘际会下参与了清季民初涉外政务、商事以及地方事务，充分折射出处于权力边缘的读书人尤其是翻译群体在近代变局下的际遇和某种生存之道。譬如，邓廷铿译有《英国铁路章程》《英国印花税例摘要》等。[⑤] 文学史研究者从翻译伦理视角，将邓廷铿列入以严复为代表的晚清仆人模式的翻译家群体中。[⑥] 时任翰林院编修的徐兆玮在光绪三十一年（1905）的日记中记载曾经阅读邓廷铿译《英国印花税例摘要》。[⑦] 这对于同一时期国人新知引进和观念转型，不得不说在客观上起到一定程度的接引、传播和推进作用。民初《申报》主编杨荫杭常以五代比拟北洋政局，[⑧] 五代式的政局是否必然诞生冯道式的人物？邓廷铿即是一例。这种脸谱化的人物，首先需要史实重建，而更为深入的评价，仍需要对更多原始史料进行

---

① Yat-Sen Sun, *Kidnapped in London*, p. 26.

② 邓警亚：《孙中山之恕人度量》，广东省文史研究馆编《粤海挥麈录》，中华书局，2005，第 73 页。

③ 邓警亚：《孙中山之恕人度量》，广东省文史研究馆编《粤海挥麈录》，第 73 页。

④ 冯自由：《革命逸史》第 2 集，中华书局，1981，第 21 页。

⑤ 《英国印花税章程》，邓廷铿译，吴兴陆氏十万卷楼，1898。

⑥ 涂兵兰：《清末译者的翻译伦理研究（1898—1911）》，湖南人民出版社，2013，第 142 页。

⑦ 徐兆玮：《九燕邸日记》，黄山书社，2013，第 512、518 页。

⑧ 参见罗志田《五代式的民国：一个忧国知识分子对北伐前数年政治格局的即时观察》，《近代史研究》（北京）1999 年第 4 期。

深入发掘和探析。

作者通信地址：广东省广州市东风东路 729 号广东工业大学政法学院，邮政编码：510090。邮箱：zzpwh1983@163.com。

责任编辑：蒋方

点校本《岭南画征略》讹误指正（续）[*]

孔令彬^{**}

韩山师范学院文学院，广东潮州，521041

摘　要：民国时期汪兆镛编纂的《岭南画征略》是岭南地区绘画艺术研究的重要参考文献，1988 年广东人民出版社《岭南文库》推出由周锡䪖主持的点校本。点校本的出版，无疑在推进广东绘画艺术研究方面发挥了不小的作用。但经阅读和使用，发现其存在诸多点校方面的问题，归纳起来主要有六个方面：一是错字、讹字现象；二是衍字、脱字现象；三是标点断句问题；四是繁简转换问题；五是编辑问题；六是原著本身存在的知识错误问题。这些讹误的存在不仅会误导读者及研究者，也一定程度上降低了该书的使用价值。文章是在《点校本〈岭南画征略〉讹误指正》一文发表后，笔者重新校勘点校本《岭南画征略》的续文，两文都是作者旨在重新校注整理出版《岭南画征略》的前期成果。

关键词：《岭南画征略》；点校本；辩误

民国时期汪兆镛编纂的《岭南画征略》是岭南地区绘画艺术研究的重要参考文献。笔者近年来在开展岭南画派早期渊源研究时，曾对广东人民出版社《岭南文库》所收的周锡䪖点校本《岭南画征略》做了初步校对汇录，后于 2016 年发表《点校本〈岭南画征略〉讹误指正》一文。

---

* 本文为广东省哲学社会科学"十二五"规划 2015 年度学科共建项目"《岭南画征略》校注与岭南画派早期渊源研究"（批准号：GD15XYS13）阶段性成果。

** 孔令彬，男，汉族，河南通许人，文学博士，韩山师范学院文学院副院长、教授，中国艺术研究院高级访问学者。

最近一段时间以来，笔者又将点校本《岭南画征略》一书重新仔细校勘一过，又发现了许多讹误，因此草成此篇续文。笔者的目标是将此书做详细的校注整理后重新出版，以使此书能更好地泽被后人。本文不再将点校本中的讹误分门别类，而是按其在书中出现的顺序将所发现的问题一一罗列。2016 年发表之文因篇幅所限，笔者将存在繁简转换问题的具体例子删去，本文将这类问题一并指出。另外需要说明的是，本文所用《岭南画征略》版本为 2011 年《岭南文库》再版，文中不再标注。

叙　例

2 页，"翁覃谿"之"谿"为"溪"。《寒松阁谭艺琐录》之"谭"为"谈"。

卷　一

2 页，颜宗条："闽有邓七作乱，率师讨之。""邓七"实为"邓茂七"之误，据万历《粤大记》《广东通志》《明史》改。

4 页，陈献章条："陈白沙飞白竹直幅，（画）竹三竿，空钩不设色。"少一"画"字。《陈白沙先生祠堂记》："至英宗复辟，辅之者几如行篡（焉）。于是君臣、父子、兄弟之伦不可复明，遂成一攘夺之天下。呜呼！此先生之所以不出也。宪宗则序宜立者也，（故）先生复出焉。……（此处少两行文字）非止避徐有贞、石亨也。人伦明而（后）道学正，故先生为大儒。李君其以示新会之人，且俾先生之子孙，咸喻于此义，亦教训正俗之要也。"此段引文问题较多，有脱字、颠倒、省略、标点讹误等多种现象，今据《大云山房文稿二集》版本更正。另，"《大云山房稿文二集》"应为"《大云山房文稿二集》"。

5 页，李孔修条："李宪使中、王少参崇教经纪其丧，尚书霍韬葬之西樵山下云路村。"原文有误，据霍韬所撰墓志，王少参应为"黄少参"之误。又引用文献《广州乡贤传》应排在《广东文献三集》前，点校有误。

6 页，李孔修条："子长（之）骨力傲岸，风格（嵚）岑。"脱一

"之"字，"嵌"未繁简转换。

7页，林良条："设骨图成多折枝"，"设"为"没"之误；"士女江南画不如"，"画"为"尽"之误。

8页，林良条："一鹭戌削寒耸肩"，"戌"为"戍"之误；"中有双鹭钦翅眠"，"钦"为"敛"之误。

9页，林良条："绢素古惨淡，黑若雨竟夭。""夭"为"天"之误。

10页，林郊条："林郊，字子远。""远"为"达"之误。原文错误，阮元《广东通志》之前的地方志中的《林郊传》皆为"达"字，今据康熙《南海县志》卷十三改。

11页，陈瑞条："至京师，授直仁智殿锦衣卫镇抚。""直"为"值"之误。

17页，张萱条："修文庙、董公隄，建义仓"之"隄"为"堤"。

18页，张萱条："有鬻先庐者，损金赎还。""损"为"捐"之误。"有自序，惟见《汇雅》及《闻见录》。"原文抄错，当为"惟见自序，原书已佚。"

20页，张萱条："一日板，二日刻，三日结。"此处三个"日"皆为"曰"之误。

23页，梁孜条："梁孜，字恩伯，自号罗浮山人。""恩"为"思"之误。

24页，李之世条："李之世，字长度。""度"为"庆"之误。"《剩水山房漫稿》、《雪航草》"。中间脱少了"《南归稿》"。

卷 二

26页，梁元柱条："迁陕西参议，未赴卒，年四十八。""陕西"为"广西"之误。原文错误，据咸丰《顺德县志》改。

27页，黎遂球条："《周易爻物当名易史》、《诗风史刺》凡百余卷"，此处断句标点错误，当为"《周易爻物当名》、《易史》、《诗风》、《史刺》凡百余卷"。

36页，朱厓条："厓"为"崖"。

47 页，高俨条："番禺梁节盒提刑"之"盒"为"庵"。

55 页，何澄亨条："字岩谿"之"谿"为"溪"。

卷 三

56 页，梁佩兰条："于东官得之，盖明季屈、陈，梁三君皆集于东官尹澜柱家，故遗墨多流传云。"此句有三处错误："官"为"莞"之误；"屈、陈，梁三君"标点错误，应为"屈、陈、梁三君"；"明季"当为"清初"，此处原文错误。

58 页，吴韦条："后人搜录，得《金茅堂集》若干卷。"原文知识错误，"后人"应为"同人"之误；"《金茅堂集》"为"《金茅山堂集》"之误。据康熙《南海县志》中的小传改。

62 页，陈世堂条："藩使王安国慕其名"，"使"为"司"之误。"始信人间一赘瘤"，"间"为"生"之误。据同治《番禺县志》卷四十九改。又"仁和杭堇浦编修……"此段应为小号字楷体，编辑排版错误。

62 页，梁岱条："有《曲江园诗稿》。"原文错误，据乾隆《新会县志》卷十二《艺文志》，诗稿为梁岱父亲梁素的著作。

63 页，刘子纯条："凡山水、花卉、翎毛绘于他人。""人"为"手"之误。原文错误，据阮《通志》改。

63 页，王菼臣条："丈夫不办调羹手，亦当朝探梅花，夕梦美人，以消遣雅怀。"原文有误，据乾隆《增城县志》卷十五《艺文志》所录："丈夫既不辨调羹手，亦当朝探庾岭，夕梦美人，以消遣处士雅怀。"

65 页，胡懋猷条："胡懋猷，字经南，一字上邨。""邨"繁简转换为"村"。

65 页，甘天宠条："乾隆三十五年贡生"应为"乾隆三十五年岁贡生"，脱一"岁"字。

67 页，刘清条："遍游三江。两浙巡道某，慕其名，延入署"，标点错误，应为"遍游三江、两浙。巡道某慕其名，延入署"。

67 页，黄璧条："潮阳人"，原文有误，据乾隆《潮州府志》卷三十，为海阳人。

67 页，韩校条：韩荣光《题金湖修褉图》引用诗歌不完整，中间少了两处，一处少六句，一处少八句，却未见省略号。原诗可参见民国《博罗县志》。

68 页，陈汪条："《百鸽图》"应为"《百鸽图》"，此条共有两处同样的错误。

卷　四

74 页，赵希璜条："自跋云：'度断石尚有埋没者。'""度"前少一"窃"字。

74 页，张锦芳条："冯敏昌谓，吾粤自曲江而后，风雅中微，前明作者稍起而振之，至药房出，而汪洋驰骛，牢笼百态，直可接武曲江。"原文标点错误，"冯敏昌谓：'吾粤自曲江而后，风雅中微，前明作者稍起而振之，至药房出，而汪洋驰骛，牢笼百态，直可接武曲江。'"

77 页，张如芝条："竹荪公别藏其画四册，其中十一帧者尤妙。"衍多"一"字。

78 页，张如芝条："荷香池馆是销夏，池为墨戏花为家。""是"为"足"之误。

80 页，张兰秋条："松菊重过旧经存"，"经"为"径"之误。

82 页，黄玉衡条："与张南山、谭康侯、黄香石、林辛山、吴秋航、黄香铁诗合刻之，名粤东七子。"标点有误，应为："与张南山、谭康侯、黄香石、林辛山、吴秋航、黄香铁诗合刻之，名'粤东七子'"。

83 页，温汝遂条："时方承平，收藏家订日期，具酒榼，于珠江各出所有，互为品评，殿者供其费。"标点有误，应为："时方承平，收藏家订日期具酒榼于珠江，各出所有，互为品评，殿者供其费。"

83 页，温汝遂条："得其阴晴风雨整齐正变之神，尤着意籧篨，以己意造为新法，洗出甲坼抽含之势。"原文标点、文字有误，据咸丰《顺德县志》应为："得其阴晴风雨、整斜正变之神，尤着意籧篨，以己意造为新法，洗出甲、坼、抽、含诸势。"

83 页，温汝遂条："著有《梦痕录》六卷、续一卷。"据咸丰《顺德县志》应为"续录二卷"。"（《县志》《龙山乡志》《剑光楼笔记》《剪淞阁随笔》)"，比原文多出"《龙山乡志》"。

85页，颜时普条："乾隆五十三年举人。"原文错误，据查其为乾隆五十四年（1789）己酉科举人。

85页，刘世馨条："《粤屑》四卷。"原文错误，据查《粤屑》共八卷，有道光十年（1830）刻本。

86页，陈怀条："高丽使至，每就见之。"原文错误，据咸丰、民国《顺德县志》："尝壮游侗倜馆，边帅陈诚庵署高棉，使至，每请见之。"

87页，李萤书条："号籔谿"之"谿"为"溪"。

87页，李萤书条："著有《松居诗草》"，原文错误，据光绪《香山县志》卷二十一，其著录为《晓松堂诗钞》四卷、文钞一卷、词钞一卷。

卷 五

89页，黎简条："取艳于玉谿"之"谿"为"溪"。

94页，黎简条："叶花谿廷勋友石斋"之"谿"为"溪"。

95页，黎简条："梁节盦提刑"之"盦"为"庵"。

101页，严伦条："貌得烟渔意态闲"，"渔"为"雨"之误。

101页，梁湘衡条："衡"，《顺德县志》作"蘅"字。

102页，吴璧条："性孝友，尝举振于其乡。""振"为"赈"之误。

102页，何梦熊条："字梦谿"之"谿"为"溪"。此页还有两处未转换。

卷 六

104页，谢兰生条："惠素食回篋，多则不受。""回"为"四"之误。

104页，谢兰生条："《艺谭录》"之"谭"为"谈"。

107页，谢兰生条："近人多以石谿画比石涛，谓之二石。其实迥别。石谿岂能及石涛之深究元微。""谿"繁简转换为"溪"字。

108页，谢兰生条："然二公沉思老格，即不似倪迂，而（自有）一种深厚意味，不得以异趣少之。"脱"自有"二字。

110 页，谢兰生条："潘正亨癖爱二樵书画，辟黎斋以藏其遗墨。"标点有误，应为："潘正亨癖爱二樵书画，辟'黎斋'以藏其遗墨。"

110 页，谢兰生条："又曰晋办神姿，唐讲间架，宋元以来尚逋峭之趣，然以趣胜者，即有所成，只证声闻辟支果耳；不成，终身遂流魔道，不可振救。初学执笔，折中袪弊，其颜平原、欧阳渤海间乎！"此段中"办"为"辨"之误。另外标点问题很多。应为："又曰：'晋辨神姿，唐讲间架，宋元以来尚逋峭之趣。然以趣胜者，即有所成，只证声闻辟支果耳；不成，终身遂流魔道，不可振救。初学执笔，折中袪弊，其颜平原、欧阳渤海间乎！'"

114 页，黄大干条："号临谿"之"谿"为"溪"。

114 页，黄沃棠条："荫亭胸次浩浩荡荡，以酒得天，诗画有奇气，（《听松庐诗话》）"，此段排版有误，字体应为小号字楷体。

115 页，吕翔条："刻陆放翁诗'境'字颜其门。"此句标点错误，应为："刻陆放翁'诗境'字颜其门。""画时辄取校其大小远近之度，以为绳尺。"此句标点、字皆有误。应为："画时，辄取较其大小远近之度，以为绳尺。"

117 页，崔弼条："《波罗外记》"，"记"为"纪"之误。

118 页，梁九图条："工诗，江都符保森辑入《国朝雅音集》。"此处原文知识错误，查"保"为"葆"之误；《国朝雅音集》为《国朝正雅集》之误。"思肖不画土，高风无以俦。承平根自着（人），烟墨外何求。""以"为"与"之误；"着"为"著"之误。

119 页，叶梦龙条："翁覃谿"之"谿"为"溪"。

卷 七

123 页，吴荣光条："《翦淞阁随笔》"之"翦"为"剪"。

123 页，吴荣光条："叶衍兰有《题吴荷屋摹高房山画仇仁近山村园》诗"，"园"为"图"之误。

125 页，龙元任条：自题诗标点为一首诗，实际为两首五绝，标点错误。

126 页，陈在谦条："为君吮豪写秋色，寄我云烟江上心。""豪"为"毫"之误。

131 页，周序鸾条："字梦朔"，"朔"为"翔"之误，原文错误。"《梅花书室诗钞序》"中的"室"为"屋"之误。

卷 八

140 页，熊景星条："使当时著笔不过如今，今日视之必模粘同烟雾矣。""粘"为"黏"之误。

144 页，韩荣光条："陕西总督左宗棠"，应为"陕甘总督"之误。

145 页，韩荣光条："番禺陈棠谿礼曹（其锟）"之"谿"为"溪"。

145~146 页，徐荣条："后与陈硕甫、钱警石、汪孟慈、姚海伯、张享甫"，其中"海"为"梅"之误，"享"为"亨"之误。"篆籀行技草字圈"，"技"为"枝"之误。

146 页，徐荣条："龚定盦"之"盦"为"庵"。

146 页，徐荣条："陈璞《题徐铁孙先生画梅》"，多一"徐"字。"天荒地老诲扬尘"，"诲"为"海"之误。"李慈铭《题铁孙先生画梅》"，应为"《题铁孙观察梅花册》"。

147 页，蔡锦泉条："为督学大兴白熔所器重。""熔"为"镕"之误；《听松山馆集》"松"为"桐"之误，原文错误；《龙兴蔡氏谱》"兴"为"江"之误。

148 页，梁廷枏条："《国史馆中苑传稿》"，"中"为"文"之误。

148 页，仪克中条："延方闻土修广东志"，"土"为"士"之误。"属损骑从诣邸寓，艺谈不倦。""艺谈不倦"应为"谈艺不倦"。

150 页，黄子高条："年二十八，补县学生。"查同治《番禺县志》黄子高为"年二十，补县学生"。"都统亦湘慕其名"，"亦"为"奕"之误。

150 页，黄子高条："一字石谿"之"谿"为"溪"。"《石谿文集》"为"《石溪文集》"。

151 页，黄子高条："《小祇陀盦集外诗》"，之"盦"为"庵"。

152 页，陈璞条："巡抚嵩焘聘延参议军事"，脱一"郭"字，应为"巡抚郭嵩焘聘延参议军事"。

154 页，陈璞条："盛伯羲祭酒昱并载，到同听秋声馆论书画"，此处断句错误，应为"盛伯羲祭酒昱，并载到同听秋声馆论书画"。

155 页，李能定条："《随山馆旅谭》"之"谭"为"谈"。

157 页，石衡条："《小祇陀盦集外诗》"，之"盦"为"庵"。"《梁节盦嘱题石宝田所画牡丹》"之"盦"为"庵"。

158 页，伍学藻条："颜其寓斋曰'七十二芙蓉池馆'"，原文错误，"七十二芙蓉池馆"应为"十二芙蓉池馆"。其诗集为《十二芙蓉池馆吟草》。

158 页，梁国琦条："今藏潘氏梧桐院"，脱一"庭"字，应为"今藏潘氏梧桐庭院"。

158 页，冯瑞光条："《节盦集》"之"盦"为"庵"。

卷　九

159 页，冯誉骥条："累擢吏部左侍郎"，原文错误，查《光绪朝东华录》，应为"刑部左侍郎"。

159 页，鲍俊条："晚岁主讲凤山丰湖书院"，此句标点有误，应为"晚岁主讲凤山、丰湖书院"。

159 页，鲍俊条："自号石谿生"之"谿"为"溪"。

160 页，佘启祥条："兹据阮《通志·选举订表》正之。""订"字顺序颠倒，当为"兹据阮《通志·选举表》订正之"。

161 页，黎如玮条："《小祇陀盦集外诗》"之"盦"为"庵"。

164 页，叶衍兰条："《秋梦盦词》"之"盦"为"庵"。

166 页，崔晋良条："岁盦编修"之"岁"为"岁"，"盦"为"庵"。

167 页，许荣条："《小祇陀盦集外诗》"之"盦"为"庵"。

167 页，曾德翰条："《琼碧楼诗钞》"，"琼"为"鲸"之误。

170 页，邓肇元条："《随山馆旅谭》"之"谭"为"谈"。

170 页，关家然条："画山水笔意超逸"，据咸丰《顺德县志》"笔意"当为"笔墨"之误。

170 页，黄槐森条："字植庭，香山人。同治二年进士"，原文错误，据光绪《香山县志》："字作銮，号植庭，香山人。同治元年进士"。

172 页，龙迪猷条："咸丰十一年举人。顺德诸生。"原文错误。应删去"顺德诸生"四字。本条后来有修改添加，忘记删掉此四字。

172 页，龙天保条、关蔚熙条的引用文献皆为"同上"，但上一条引用文献在修改时又添加了两部书，这两部书应该与后面两条无关。故这里的"同上"应该具体显示出引用文献《有所思斋随笔》。

卷 十

174 页，邓大林条："《艺谭录》"之"谭"为"谈"。

176 页，郑绩条："寓粤秀山麓，辟园曰梦香"，标点有误，应为："寓粤秀山麓，辟园曰'梦香'"。

176 页，居巢条："先叔父谷盦先生"之"盦"为"庵"。

177 页，居廉条："自号隔山老人，巢弟。"原文知识错误，居廉为居巢从弟。故应为："自号隔山老人，巢从弟。"

178 页，何翀条："居烟侨乡"，"侨"为"桥"之误。"咸丰间，广州将军奕湘重其画，宾礼之。"原文知识有误，奕湘任广州将军时间为道光二十三年至二十五年（1843～1845），故此处"咸丰间"应改为"道光间"。

179 页，罗岸先条："陈氏碧梧盦藏所作册"脱一"小"字，应为"陈氏碧梧庵藏所作小册"；又"盦"应为"庵"。

179 页，何瑗玉条："何瑗玉，字蓬盦"之"盦"为"庵"。

180 页，潘荣柏条："《劬学盦笔记》"之"盦"为"庵"。

180 页，冼斌条："道光二十三年举人，二十七年进士"，原文知识错误，应为"道光十七年举人，二十一年进士"。

180 页，伍延鎏条："因自号梅盦"之"盦"为"庵"。

181 页，伍德彝条："《忏盦笔记》"之"盦"为"庵"。

183 页，江逢辰条："《密盦诗文集》"之"盦"为"庵"。

184 页，梁于渭条："告归寓于南海县学宫孝弟祠，卖画自给。"知识错误。应为："告归寓于南海县学宫节孝祠，卖画自给。"

185 页，李启隆条："《忏盦笔记》"之"盦"为"庵"。

186 页，李宗颢条："为《萧堪读碑记》二卷"，原文错误，"堪"为"庵"之误。

卷十一

188 页，今碗条："今碗"当为"今盌"，"盌"不是"碗"的繁体字，二者意思虽然有相同之处，但此处人名不可简化。

189 页，光鹭条："块然大师""块"的简体字为"块"，此条有三处未转换简化。

190 页，深度条："秋山一选当茅茨"，"选"应为"叠"。

191 页，深度条："墨沈淋漓"，"沈"当为"渖"。

192 页，大汕条：增补的曾青藜所写《石濂上人诗序》与《六松堂文集》卷十二所收原文文字差别较大。

193 页，大汕条：陈其年《喜迁莺》词有多处错误；"为余小像，作《天女散花图词》以谢之"，此处标点错误，应为"为余小像，作《天女散花图》，词以谢之"；"万选雪倾银溅"，"选"为"叠"之误；"看足苍梧梁苑"，"梧"为"枫"之误；"层微皴淡抹"，"层"为"尽"之误。

193 页，自渡条："南海黄裔劢学盦藏"中"盦"为"庵"。

193 页，弥本条："字淡盦"之"盦"为"庵"。此条共计出现六次。

194 页，德堃条：有三处"堃"应简化为"坤"；"均有德堃自描佛像人物"，"自"应为"白"之误。

196 页，淡然条："风衣钵继难能"，开头少一"宗"字；"似昌黎非佞佛"，开头少一"我"字。

196 页，智力条："《图绘宝鉴》、《续纂光孝寺志》"，标点错误，应为"《图绘宝鉴续纂》、《光孝寺志》"。

196 页，智度条："创为蟹爪、竦鳌拥剑厥状惟肖"，标点错误，应为"创为蟹爪、竦鳌、拥剑，厥状惟肖"；"岁移锡花埭鹭峰寺"，开头少一"中"字。

198 页，越尘条："嘉庆七年"，原文知识错误，应为"嘉庆十七年"。

卷十二

202 页，吴尚熹条下少一段内容："梁鼎芬有题吴小荷《娟镜楼图》词（《癸霜阁词稿》）。"该句应以小一号的楷体编排，插入传主介绍之后的另起一行处。

202 页，潘瑶卿条："同邑浦生孝廉（鸿光）为作传。"少一"孟"字，"同邑孟浦生孝廉（鸿光）为作传"。"桂星垣、陈棠谿皆有题辞"之"谿"为"溪"。

202 页，潘丽娴条："《饮水词稿》"，"水"为"冰"之误。

202 页，陈媛条："感恩妒宠嗟别离"，"恩"为"思"之误。

203 页，陈闰嬢条："嬢"为"娘"。

203 页，邱掌珠条："邱"应为"丘"。"著有《绿窗吟草》一卷"，按前文著者已有《绿窗庭课吟卷》，此处显为多余，乃修改初稿时遗留痕迹，应删去。

204 页，居庆条："《自题画绯桃便画》"，"画"为"面"之误。据今人韦承红考证，居庆非居巢之女，而是居巢的哥哥居恒之女。"《留盦诗存》"之"盦"为"庵"。

204 页，居瑛条："陈良三悼之以诗"，"三"为"玉"之误。据今人韦承红考证，居瑛非居庆女弟，而是居巢之女。"陈氏碧梧盦藏"之"盦"为"庵"。

206 页，无我条："《南海百咏续篇》"，"篇"为"编"之误。

206 页，张乔条："锦帆那得挂江皋"，"得"为"惜"之误；"一迭关山倍可怜"，"迭"为"叠"之误。

208 页，张乔条："尺幅莫成九畹寒"，"莫"为"真"之误。

208 页，郑卉条："越女年来多善事"，"事"为"书"之误。"兼娴临本作丹青"，应为"兼临画本作丹青"，原文错误，据《屈大均全集》改。

补 遗

209 页，陈谟条："《钵盦笔记》"之"盦"为"庵"。

209 页，陈三管条："千山和尚年十八时，每息世习"，"息"为"患"之误。

210 页，林滋德条："一百三篇我亦能"，原文错，"能"为"吟"之误。

210 页，梁九章条："九图从兄"，原文知识错误，据地方志载实际是"九图长兄"。

212 页，何庚生条："南海人"，知识错误，查地方志实为"郁南人"。

212 页，黄璟条："《含嘉堂诗集》"，原文错误，"堂"为"室"之误。

212 页，陈维湘条："吴氏鉴"，"氏"为"士"之误；"《含嘉堂诗集》"，原文错误，"堂"为"室"之误。

续 录

224 页，陈琎条："学海渊源富才艺"，"艺"为"气"之误；"小桥东畔隔人世"，"人世"为"尘鞅"之误（见《罗亨信集》）。

224 页，吴旦条："招张中卿、张伟卿暨旦，与弟晨偕。"标点错误，应为："招张中卿、张伟卿，暨旦，与弟晨偕。"

226 页，梁继善条："尝就教职三载，迁牧石平"，"平"为"屏"之误。原文错误。

227 页，叶挺英条："叶侯画佛五千四百八，砚池日日莲花发。""百"为"十"之误；"日日"为"日夜"之误。原文错误。

229 页，范熙祥条："劲拔近陈伯阳"，"伯"为"白"之误。原文错。

230 页，邓堂条："《题门人邓天木所画瓶兰》"，"兰"为"莲"之误。原文错。

230 页，任清涟条："先示女萝频。""频"为"人"之误。原文错误。

231 页，钟震源条："钟震源"，民国《东莞县志》作"钟源震"。

232 页，王巨任条："工书画诗赋及青鸟术。""鸟"为"乌"之误。

233 页，温汝能条："其所游也，则吾谷人侍讲"，"吾"为"吴"之误。

234 页，翟宗祐条："翟宗祐"，"祐"为"祜"之误。原文错误，据民国《东莞县志》卷六十八改正。

235 页，陈虹条："与室人邱掌珠均以丹青名。""邱"为"丘"。

236 页，梁礼觐条："字澹缘"，"澹"为"淡"。

237 页，谢念功条："命竹泉、左垣两兄暨曜各参小松一株。""泉"为"亭"之误。原文错误。

238 页，黎朝佐条："字佐缨，号小邺。""佐"为"佩"之误。原文错误，据张其淦编《东莞诗录》卷五十六改。

239 页，明炳麟条："号云椒，南海人。""云"为"灵"之误。原文错误，据《九江乡志》卷十四改。

239 页，梁燕条："著《爱园诗钞》。""爱"为"曼"之误。原文错误，据《榄溪画人小传》改正。

241 页，冯玉衡条："松楸无恙一坏存，有子赢膝踏胡网"，"坏"为"抔"之误；"赢"为"嬴"之误。

241 页，桂文燿条："桂文燿"之"燿"为"耀"。

243 页，苏仁山条："字长椿，号必获。"原文知识错误。"椿"为"春"之误；"必获"乃其弟之号。

250 页，刘光谦条："《剪淞阁笔记》"应为"《剪淞阁随笔》"之误，原文错误。

253 页，谭崇徽条："梧桐院落图秋蝉"，"图"为"县"之误，原文错误。

253 页，潘飞声条："番禺人，恕子。"原文知识错误，潘飞声乃潘恕之孙。"《题兰史江湖载酒图》"少一字，应为"《题潘兰史江湖载酒图》"；"磨淬万鲸牙"，"淬"为"捽"之误；"胸藏百图书"，"图"为"国"之误；"果逼鳌极坼"，"逼"为"遘"之误。

254 页，李文显条："尤工人物、界画、花卉、鸟兽、虫鱼，糜不能之。"标点错误。应为："尤工人物界画，花卉、鸟兽、虫鱼，糜不能之。"

255 页，姚礼修条："花卉仿陈伯阳"，"伯"为"白"之误。

256 页，函义条："今伍氏《粤十三家集》重刻本改为宋体字，且义字误为父矣。"标点错误，应为："今伍氏《粤十三家集》重刻本改为宋体字，且'义'字误为'父'矣。"

256 页，智严条："与迹删、成鹭相遇于丹霞山中。"标点有误，应为："与迹删成鹭相遇于丹霞山中。"迹删与成鹭为一人。"涤我狼尾亳。""亳"为"毫"之误。

258 页，吴娟娟条："字糜仙"，"糜"为"麋"之误。原文错误。据《粤诗人汇传》中小传改。

结　语

周锡馥先生点校本《岭南画征略》一书无疑是研究岭南历代绘画艺术的重要参考文献，其一再重印，即证明了它的史料价值。但我们也应注意到其作为点校本所存在的大量错讹现象。笔者之所以不惮其烦，对之一一校正，乃希望将来此书再版之日，点校者们能够重新认真校对修订，以使这部重要文献更加完善，并发挥它应有的使用价值。

作者通信地址：广东省潮州市韩山师范学院文学院，邮编：521041。

责任编辑：赵晓涛

社会与文化

海云诗僧"似诗"理论与中国
诗禅理论的发展[*]

陈恩维^{**}

广东外语外贸大学中文学院，广东广州，510420

摘　要：尽管自宋明以来诗禅合一的文化趋向越来越明晰，但其基本理论困惑并没有得到有效解决。明清之际，岭南诗坛出现了一个以天然禅师函昰及其弟子澹归今释为核心的中国有史以来最大的海云诗僧集团，与其在诗学理论上的"自寻出路"不无关系。他们提出了"似诗"论，承认了僧诗作为诗歌的普遍性，又注意到了其"依情达性"的独特性。在实践和方法论上则打通曹洞宗行功方法与诗歌兴寄手法，自寻出路，因而有效解决了僧人作诗与"不立文字"宗旨的矛盾。不仅为诗僧的诗歌创作打开了大门，而且使其诗学得以在一定程度上摆脱传统儒家诗学的樊篱，从而将我国诗禅理论推到了一个新的高度。

关键词："似诗"；海云诗僧；诗禅理论

自佛教东传以来，诗与禅即结下不解之缘，宋代开始形成了"文字禅"。^① 然而，文字禅的合法性一直颇有争议。反对者认为文字禅与禅宗

---

*　基金项目：本文为国家社科基金重大项目"岭南诗歌文献与诗派研究"（批准号：15ZDB076）阶段性成果，原刊发于《中国文学研究》2016 年第 1 期，本次发表之标题及内容均有修订。

**　作者简介：陈恩维（1975～　），男，汉族，湖南汨罗人，文学博士、博士后。现为广东外语外贸大学中文学院教授，广东省普通高校千百十人才工程省级培养对象。已发表《模拟与汉魏六朝文学嬗变》《梁廷枏评传》《岭南诗宗孙蕡》专著 3 部，论文 80 余篇。

①　顾海建：《论宋代文字禅的形成》，《中华文化论坛》2004 年第 2 期。

"不立文字"的宗旨背道而驰。如《兴禅护国论》卷中云："所谓佛法者，无法可说，是名佛法。今谓禅者，即其相也。……若人言佛、禅有文字言语者，实是谤佛谤法谤僧，是故祖师不立文字，直指人心，见性成佛，所谓禅门也。"① 支持文字禅的僧人，则试图论证文字禅的合法性，认为将"不立文字"曲解为不用文字，无异于佛门之"哑羊"，是"拘执于一隅"的片面理解。② 对于"不立文字"和"文字禅"的不同理解，导致了历代诗僧对于诗禅关系的理解有诗为外事、诗禅并举、诗禅合一三种。③ 同时，历代批评家对诗禅关系的研究不遗余力，但对僧诗似乎颇不以为然，或批评僧诗无超然自得之气，或批评他们格律凡俗，认为僧诗有一股"僧气"。如宋人叶梦得曾批评说："近世僧学诗者极多，皆无超然自得之气，往往反拾掇摹效士大夫所残弃。又自作一种僧体，格律尤凡俗，世谓之酸馅气。"④

缘此，尽管宋明以来诗禅合一的文化走向越来越明晰，但是诸如"僧诗创作与禅家'不立文字'宗旨之间的冲突如何解决？僧诗可不可以言情？该如何言情？僧诗该如何自成风格、自寻出路？"等基本理论问题，长期以来并没有得到有效回答。正因为如此，清代以前诗僧虽代不乏人，但由于理论困惑没有解决，故其创作大多还是出于个人爱好，人数众多的诗僧集团并不多见。明清之际，岭南大地出现了一个以曹洞宗第三十四代高僧天然禅师函昰（1608～1685）为领袖，以天然"今"字辈弟子为骨干的诗僧集团，延绵数代，留下别集百余种，这"可能是中国有史以来最大的诗僧集团"。⑤ 这个诗僧集团何以能放手写诗，并且代代相传？笔者认为，这主要是因为他们中的"旗帜性的诗人"天然函昰与澹归今释（1614～1680）在理论上着重解决了僧人可不可以写诗、应该写什么样的诗及如何

---

① 〔日〕荣西：《兴禅护国论》卷中，《大正新修大藏经》，大正一切经刊行会，大正十三年至昭和九年铅印本。
② （北宋）睦庵：《祖庭事苑》卷五，《卍新纂续藏经》第 113 册，台北：新文丰出版公司，1984 年影印本。
③ 萧丽华、吴静宜：《从不立文字到不离文字——唐代僧诗中的文字观》，《中国禅学》2003 年第 2 期。
④ （宋）叶梦得：《石林诗话》，光绪观古堂本。
⑤ 覃召文：《岭南禅文化》，广东人民出版社，1996，第 141 页。

写出独特的僧诗三个根本性问题，从而不仅释放了诗僧的诗歌创造力，而且发展和丰富了中国禅诗理论。[①]

一 "似诗"与"僧诗气"正名

"似诗"论由天然禅师函昰揭橥。首先，他从诗禅的本质入手，认为诗禅一体。他说：

> 吾道贵悟明心地耳。古云离文字相，离心缘相，使其获自本心，尽天下人目为不通文、不达理，亦复何愧？……自归匡岳，乃有山籁，由其天有所甚乐，故其籁有所自鸣也。天乐贫，故其籁以贫鸣；天乐拙，故其籁以拙鸣，贫与拙皆山性也，性既山，其籁亦山，是山籁所由发钦！[②]

天然禅师指出，"离文字相"的目的是"获自本心"。只要能获自本心，哪怕是被天下人看作不通文达理，那也无须惭愧。写诗同样是天性所乐，也是"获自本心"，二者并不矛盾。前代诗僧往往把诗看成证禅的工具，而天然则认为诗禅在本质上是沟通的，这构成了其"似诗"论不同于一般文字禅的认识基础。函昰曾手编己作为一集，题作《似诗》。他解释道：

> 似诗者，何谓也？道人无诗，偈即是诗，故亦曰诗。然偈不是偈，诗又不是诗，故但曰似。[③]

佛偈在形式上略似于诗，它们通常以四句韵辞为一偈，有的合于诗律，有的不合诗律。合乎诗律的偈，往往是禅师有心颂道的作品，有理语

---

① 钟东：《清初丹霞山别传寺诗僧简述》，《岭南文史》2004 年第 1 期。
② （清）天然和尚：《瞎堂诗集》，李福标、仇江点校，中山大学出版社，2006，第 89 页。
③ （清）天然和尚：《瞎堂诗集》卷首，李福标、仇江点校，第 12 页。

亦有诗趣；不合乎诗律的偈，则往往只是借诗歌形式开悟示法，多理语而少诗趣。函昰所谓"偈即是诗"，是指合于诗律且诗味禅趣同臻佳境的诗偈。函昰《示雪盛禅人》"嘉尔解人意，忘我笔墨俚。忻然惠一言，似诗而实偈"，① 说的就是这种情况。

那么，僧人为什么要创作介于诗偈之间的"似诗"的作品？天然禅师的弟子吼子认为，借助诗的形象性和抒情性，能使玄奥的佛理与人之常情沟通，能使读者在潜移默化中悟得佛理。但是，函昰认为吼子的看法还有未尽之处。他指出，其作品除了因"悲欢离合与人同情，草木鸟兽与人同境"而接近诗外，还有"不是诗"的一面："余之不是诗，是以乐与天下，而以尤乐待一人。"② 这里的"乐"，即"自在我"的佛性之乐。"自在我"具有常、乐、我、净四德，证见此性即得大自在。函昰认为，僧人之诗除了具有一般诗歌切近人情的特点之外，可见证自我之佛性之乐，亦能帮天下人证得"自在我"之乐，因而"似诗而实偈"。这样一来，诗僧写诗，不仅不违背"离文字相"，而且本身就是修禅和证佛了。相较前代诗僧和俗家文人多从语言文字的工具性和诗与禅在思维方式上的一致性强调诗禅沟通，"似诗"论从诗与禅的本质沟通方面有效地解决了"不立文字"与僧人文学创作的矛盾，故而大大发展了诗禅理论，也解放了诗僧的创造力。

天然、澹归的"似诗"论，明确了僧诗的独特性，也有效提高了僧诗的地位。澹归《见山诗集序》云：

> 诗家之论僧诗，不可有僧气，恶其蔬笋。不可有僧气，忽有官人气，亦自不类。恶其蔬笋而好其酒肉，又不类矣。僧之诗，妙在不熟，有时似熟，正得香初花半。妙在不整，有时似整，依然疏影横枝。妙在不足，有时似足，不妙云外，封泉内涌，复以不恒见胜耳。古德云似即是，是即不是，此作诗三昧也。诗人之诗，未尝不是而常不妙。盖必有超然于意言之表，无心而独得者。夫无心而独得，岂可

---

① （清）天然和尚：《瞎堂诗集》，李福标、仇江点校，第 15 页。
② （清）天然和尚：《瞎堂诗集》卷首，李福标、仇江点校，第 11 页。

恒得哉。余与见山之诗适相遇于天机。呜呼，道人吟咏直寄兴耳，听俗士之去取劣。①

这里所说的"诗家之论僧诗"，即指本文前引叶梦得对僧体"酸馅气"的批评。僧家素食，常食酸馅，因以"酸馅气"讥称僧人诗文的特有腔调和习气。历代诗僧作品，或者摹效士大夫而没有自身特色，或者僧人腔调明显而诗不像诗。叶氏的批评切中了诗僧之作的弊病，故后世诗僧虽多，但鲜有直面回应这种批评者。与此相应，前代各类诗歌总集和选本中，僧诗地位一直低于文人才士之诗，甚至在女子和道士之诗之后。澹归《闽中赵莼客以梵雅一册见贻，先得我心，题此却赠》云："同还云月异溪山，才见僧诗便合删。已落贵人才子后，可堪闺秀羽流间。"其自注："选诗者置僧诗于羽流之后、闺秀之前，盖别无顿放处。"颇有不平而又无可奈何的意思。有了"似诗"论，澹归终于找到了回应世俗诗人批评的理论武器。针对叶氏对僧诗"僧气"的批评，澹归针锋相对地提出了对世俗诗人"官人气"的批评作为回应。不仅如此，他还以"似诗"为批评标准，一定程度上肯定了诗僧之作的"僧气"。如其《书文可师与曹秋岳送别酬唱诗后》指出：

僧诗有僧气，即不成诗。诗僧无僧气，亦不成僧。师超然无营，一钵袋子来粤东，穷山水之盛，得句辄投，不复措意。既不能目为诗僧，亦不能目为僧诗，宜其为秋老劲敌也。②

其《姚雪庵诗叙》亦曰：

若雪庵，真火宅莲华也。其为诗却有僧气，走生不走熟，走清不走浊，走自己不走他人。宿习静慧，从蒲团上捏聚者一时，从笔墨下放开，有透有不透，透处是禅，不透处是诗。使世之诗人观之，亦谓

① （清）澹归和尚：《徧行堂集》第4册，段晓华点校，广东旅游出版社，2008，第78页。
② （清）澹归和尚：《徧行堂集》第1册，段晓华点校，第459页。

有似有不似，似处是诗，不似处却是禅。①

澹归的上述说法，强调僧诗之妙在于似与不似之间，其实是以"似诗"为标准。如此一来，僧诗由"似诗"而来的僧人气，不仅无可指摘，反而是其突出的特征了。这种回应无疑突出了僧诗的独特性。

总之，经天然揭橥、澹归张帜的"似诗"论，明确了禅诗与寻常之诗和一般佛偈的根本区别，在理论上有效解决了"文字禅"与"不立文字"宗旨的矛盾冲突，也回答了诗僧可不可以写诗、写什么样的诗两大关键问题，因而被海云弟子奉为创作与批评的不二法门。如今毸特意为天然禅师《似诗自序》加按语云："老人生平吟咏之意已尽于是，读者玩索之，不唯老人之诗可悟，即老人之人亦可得。"② 澹归也说："因见宗门知识有文集者，惟明教契嵩、觉范慧洪，此外寂寂。师友相许，谓此集颇足为后学资粮，当照藏经板刊布，使丛林中得以流通，如嵩公《镡津集》、洪公《石门文字禅》。"③ 上述海云诗僧的共识，造就了海云系诗僧诗歌风格鲜明且诗僧辈出的繁荣景象。

二 "依情达性"与僧诗抒情

"似诗"论解决了禅家可不可以写诗、写什么样的诗歌两大问题，那么该如何写出"似诗"作品呢？

天然禅师开示的法门是"始乎情而终乎道"。何谓"道"？天然禅师云："心不自心，因契道以名心；道不自道，因无心以名道。"④ 所谓"道"，即常住真心或妙明真心。妙明真心一切众生本有，是宇宙的本体，因为无相，则不生灭，故称真，也可称为"性"。澹归《晏迪先炼师六秩寿序》云："绵绵若存，则存其心之本无也。心之生，谓之性。"《坚素堂

---

① （清）澹归和尚：《徧行堂集》第 1 册，段晓华点校，第 177 页。
② （清）天然和尚：《瞎堂诗集》卷首，李福标、仇江点校，第 12 页。
③ （清）澹归和尚：《徧行堂集》第 2 册，段晓华点校，第 225 页。
④ 今辩：《庐山天然禅师语录》，《嘉兴大藏经》第 38 册，台北：新文丰出版公司，1987 年影印本，第 192 页、第 127 页。

诗集序》亦云："讴歌答响，悉与其心声相应。一切法无不出于心者，一为行，一为言。"①儒家向来有"言为心声"的说法，但是他们话语系统中的"心"，是指外在环境刺激引发的思想感情和心理状态，并不具有本体性。"言为心声"，不过是说一个人的言语反映了他的思想和感情，并不具有终极意义。而海云诗僧话语系统中的"心""道""性"三位一体，具有本体性，是一切"法"的来源。他们所谓的"终乎道"以及"心声相应"，是说"道"（心、性）是诗歌本身的性质，诗歌植根于道，最终也归反于道，以见证道（心、性）为目的，因而具有本体性和终极意义。

何谓"情"？《庐山天然禅师语录》卷二：

> 乃至山河大地，日月星辰，飞潜动植。情与无情，尽法界性，包裹无余。……春灯绚烂，社鼓喧哗。莫道不当情，者个当情尤甚。②

在天然禅师函是看来，大自然的山山水水、飞禽走兽，都是有心有情之物，人世间的社会万象，包括世俗生活的种种，也是含"情"、当情的。显然，天然禅师所说的"情"，是一种万物有情的泛情论。儒家文艺美学中也有泛情论，但侧重对人性和人的生命意识的张扬、对作者的主体意识和主体情感的肯定以及重视情趣的审美观念。③ 而天然禅师的泛情论认为，情是万事万物的幻象，道才是本质，这是海云诗僧诗学理论与儒家诗学的根本区别所在。

关于道、情、文三者的关系，其《吴中三子诗序》云："道也者，情之至而归焉者也。情也者，道之反而寄焉者也。诗也者，始乎情而终乎道者也。"在天然看来，性是情的根本，情是性的产物，万物皆有情，是因为万物皆有性。文，可以达情，可以及性，依情达性而文生，则文可以自见其性情。正因为如此，大然的诗歌创作及其对诗歌的批评，往往超越具体情感，而以能否"依情达性"为标准。他评价吴中三子诗云：

---

① （清）澹归和尚：《徧行堂集》第 4 册，段晓华点校，第 34 页、第 48 页。
② 今辩：《庐山天然禅师语录》，《嘉兴大藏经》第 38 册，第 137 页。
③ 王永宽：《中国古代文艺美学的泛情论倾向》，《东南大学学报》2003 年第 3 期。

> 夫曹之清古，许之艳异，龚之壮丽，以诗而论，各擅其长。而细而味，皆不能无慷慨淋漓之致。予世外人，终不知其所感何事，所伤何心。然大抵文人慧业，未免有情。情积乎中，言发乎外。其忽动也如雷，其浸淫也如雨。雷轰雨淫，无所从来；雷收雨歇，去无所至。以问三公，初不知其何以至此。乃言尽情竭，日星朗然，面面相觑，如在镜中。将为故知遇乎？将为水乳合乎？竟亦不知其何以止此也。故曰：诗也者，始乎情而终乎道者也。

吴中三子的诗歌，世之诗人关注的是"所感何事，所伤何心"，但天然禅师关注的却是"言尽情竭"之后的"道"。而像屈原《离骚》一类作品，虽然"为辞悲伤忧愤，俯仰古今，号泣鬼神"，但是"于反情合道之理无闻焉，此贤人君子所为太息也"。① 这种观点，是典型的禅家诗学，也与传统儒家诗学迥然有别。

与天然有所不同的是，澹归所说的"情"，更多是指由个人特殊经历和时代治乱引发的情感。其《廖梦麒诗序》云：

> 史莫盛于司马迁，诗莫盛于杜甫。迁有奇祸，甫有奇穷。所游历皆半天下，以其不平之气，与名山大川相为激荡。譬诸瀛海，风涛吞吐，或凝为怪石，或散为神灯。鱼龙昼斗，魑魅夜啸，素旗玄甲，鼓歌乐舞。千态万状，不容测度。必非止水细流之所能变现也。人心之奇，未始有尽。不研不深，不郁不透。不虚不广，不化不灵。文与史小道，豪杰之济一时。圣贤之开万世，事异而理同。廖子之出路，在绝地中则受其不能堪，而辞其无可避也。②

诗人所经历的时世之动乱，个人之坎坷，在雄奇险峻的名山大川的感发下，形成一股不可抑制的创作冲动，发而为诗，形成一种雄奇豪放的风格。其《陈彦达诗序》所云"情不极其郁勃，则诗不奇；境不极危且险，

---

① 今辩：《庐山天然禅师语录》，《嘉兴大藏经》第 38 册，第 192 页。
② （清）澹归和尚：《徧行堂集》第 4 册，段晓华点校，第 53～54 页。

则情不郁勃。诗推盛唐，以老杜为冠。唐诗盛而唐世乱，老杜当其厄。涉危险之境，蕴郁勃之情，以发其奇"，① 这与儒家诗论中的"不平则鸣""诗穷而后工"说颇有接近之处。

但是，澹归又以禅家"以心平境"说修正了上述观点。其《施端臣诗序》云："胸中无块垒，不能工于诗。胸中块垒不消，即出世亦不能自立。然则僧与诗人正相反也。"一般来说，世俗诗人抒情是本分，而诗僧执着于情则是不空的表现。那么，该如何看待僧诗抒情呢？澹归认为应以真实抒情来消除胸中块垒，以真实抒情来求得心的安乐。澹归《剩人和尚秋吽八章跋》云："阮籍胸中块垒，故须酒浇之。《秋吽》八章，则以长歌当哭消之也。"② 澹归认为剩人和尚长歌当哭，正好是消除胸中块垒以求出世自立的方式，这实际是一种自我救赎行为。其《不平平说赠傅子奇》曰：

> 以不齐齐不齐，齐乃不齐；以不平平不平，不平乃平，此达人所为。视如幻，行如梦，听如响。趋如阳焰，揽如空华。涉境忘心，而无复系情于一物者欤。③

这样一来，僧诗发不平之鸣，乃是"以不平平不平"的自我救赎，是忘情，是不系情于物，而不同于儒家所谓"不平之鸣"。澹归所说，其实也并不局限于僧诗。其《李潜夫诗序》云：

> 此诗出，则穷而后工又得一证据矣。虽然，潜夫不穷，以潜夫为穷，故未能忘情于达者之见也。夫所谓达者，岂非得吾心之所安哉？尽天下皆心，未尝有所谓境也。心不达则富贵亦忧，达则贫贱亦乐，此犹有以心平境者存。④

澹归强调的"达"，即心安，即忘情。人生的不平，社会的动乱，是

---

① （清）澹归和尚：《徧行堂集》第 4 册，段晓华点校，第 79 页。
② （清）澹归和尚：《徧行堂集》第 4 册，段晓华点校，第 65 页、第 211 页。
③ （清）澹归和尚：《徧行堂集》第 4 册，段晓华点校，第 2～3 页。
④ （清）澹归和尚：《徧行堂集》第 1 册，段晓华点校，第 180 页。

一时的情与境，达者可以凭借心来超越，即所谓"以心平境"。"达"既可以是对"穷"的超越与升华，也可以是对"穷"的顺应。忘情也是一种"达"，真实地表现感情也是"达"。他进一步指出："乐岂有间于哀哉？当哭而不哭，则不安；当笑而不笑，亦不安。笑与哭不同，其同归于安一也。感慨者穷之言，穷之长言，穷之嗟叹，穷之手之舞之，足之蹈之也。是故穷为潜夫之安，感慨为穷之乐，皆潜夫之词之达处也。"① 诗歌真实表现自己的喜怒哀乐，可以使诗人获得内心之通达、安乐，正是"自见其性情"的表现，这与天然禅师"始乎情而终乎道"之说相一致。

天然的"依情达性"论和澹归"以心平境"的说法，在本质上其实是一致的，即"始乎情而终乎道"。"依情达性"论和"以心平境"的说法，一方面强调情感的表达，为僧诗言情扫清了道路，保持了僧诗作为诗的普遍性；另一方面，则又超越了儒家"诗缘情"和"不平则鸣""诗穷而后工"的说法，凸显了僧诗的独特性。

三　"以悟为则"与僧诗入道法门

禅宗向来是禅教并重，其诗学也是如此。那么，该如何实践上述理论以指导诗歌创作实践呢？天然开示了"以悟为则"的法门，而澹归指示了"自寻出路"的路径。

首先，澹归今释将曹洞宗行功方法与诗歌兴寄手法加以打通。其《遣兴诗小引》云：

> 人人有一卷诗，甘蔗生无一卷诗。甘蔗生无一卷诗，且道是诗不是诗。噫！人人是诗，甘蔗生不是诗。人人诗是，甘蔗生诗不是。不是诗，诗不是。沙里易淘金，水中难择乳。乃为之赞曰：佛法世法，同生同杀。会得醍醐，不会毒药。肚里没丝毫，口头仅泼撒。虽然写个八字，并无一撇一捺。咄！②

---

① （清）澹归和尚：《徧行堂集》第 1 册，段晓华点校，第 181 页。
② （清）澹归和尚：《徧行堂集》第 1 册，段晓华点校，第 195 页。

"甘蔗生"是澹归之号。《遣兴诗》明明是诗，澹归却说"不是诗"，可谓"是又不是"，这显然与天然的"似诗"论一脉相承。他还从曹洞宗禅学修炼方式与诗歌创作的沟通方面，论证了诗僧之作"似诗"的必然性。其云：

> 济家用刚，洞家用柔。用柔之妙，蕴藉于吞吐之半，不尽不犯，出而为诗，与风人之微旨得水乳合，有不期然而然者。诗非道所贵，然道所散见也。譬之已是凤鸾，举体错见五色六章，求北山鸥不洁之翼，了不可得。①

曹洞宗偏正回互的"五位法门"行功绵密，含蓄蕴藉，与诗歌创作的兴寄手法不期然冥通暗合，禅法之中本有诗法，故禅家虽意不在诗，而诗自在禅中，这是曹洞宗禅偈"似诗"的原因，也是岭南曹洞宗诗家辈出的根源所在。

天然禅师《复二严藏主》曰："入道法门不可枚举。……所以古人有见桃花而悟，有闻斋板声而悟，有闻举古而悟，读经而悟。要之有义无义，总没交涉。都是自己疑团忽破，触处打翻。不同思议凑泊，故曰悟。"② 入道法门，其实也是作诗法门。天然认为，诗歌创作应该尝试各种诗歌题材体裁，既应该从日月山川、草木虫鱼、世态人情等各类题材中"自见其性情"，又要从各种体裁中"拟议以成其变化"。天然禅师少年即从事科举，对古诗歌颇有研究。其《瞎堂诗集》卷一录其古歌谣、风雅体、骚体，卷二为乐府，卷三至卷六为五七言古体。其《解砚铭》篇末自注："卫武'抑扬威仪'之篇，即商周盘盂诸铭之意。而盘盂铭辞，实三百篇声调之自出。竟陵、石仓选诗，并收诸铭，盖不欲登枝而忘其本也。兹集铭入风雅体中，亦犹行古之道耳。"《白云谣》序云："歌谣未尝始于《白云》，体格不必出于五言。吾何为而有是哉？传曰：拟议以成其变化。

---

① （清）澹归和尚：《徧行堂集》第 1 册，段晓华点校，第 193 页。
② 今辩：《庐山天然禅师语录》，《嘉兴大藏经》第 38 册，第 178 页。

读者得吾之变化，以会其拟议，则几矣。"《古诗十九首》序云："古人寄咏，不越君臣朋友，或悲迟暮，或伤捐弃，多托闺人，此作诗之体也。予拟亦因是。"① 这里涉及古代诗歌的体裁、体格与题材。它们或是学习古体，或沿用古题，或是通篇模拟，其目的无非悟得"入道法门"。至于近体，天然禅师主要学习了李白、王维、杜甫诸人，但是强调要在字句法脉之外，别成字句法脉，这也是"悟入"。其《侯若孩诗序》云：

> 夫诗得之天者十一，得之人者十九。然天定胜人。山僧尝谓李太白于诗中圣，盖自字句法脉之外，别成字句，别成法脉，使人知其妙而不知其所以妙，即太白亦不自知其所以妙。全乎天而不用天也。能用天者如王摩诘云"兴来每独往，胜事空自知"，只此二句，可以起悟。然亦但能言此，但可言此。甚则"行到水穷处，坐看云起时"，如是止矣。故又曰"偶然值林叟，谈笑无还期"，谓当作何语耶？大抵太白不知其所以然，摩诘知之而亦不能明言其所以然。②

天然认为，李白、王维之妙在于"天"，在字句法脉之外，而要知其所以妙，必须经由"悟"而得"天"。作诗如此，读诗也是如此。天然禅师《傅大士法身颂》曰："云近蓬莱常五色，雪残鸡鹆亦多时。为君举似锄头偈，莫当唐人两句诗。"③ 所谓"锄头偈"是指全无理路，将人一切妄想截断，忽然悟得。如果没有悟，则此诗不过寻常唐诗，而有了悟的介入，则此诗便是"始乎情而终乎道"的禅诗了。故天然禅师《归宗山籁》组诗中有诗云："世间贵文字，吾道慎支离。以此薄辞藻，想看空墨池。凿沟疏水路，先雨葺茅茨。莫笑禅枯淡，清宵试一思。"④ 这里所说的"一思"，即悟。显然天然禅师的诗学观是以悟为教的。

澹归则追求"自寻出路"。其《与乐说大师》云："大抵作文，章法、

---

① （清）天然和尚：《瞎堂诗集》，李福标、仇江点校，第 1 页、第 9 页。
② 今辩：《庐山天然禅师语录》，《嘉兴大藏经》第 38 册，第 192 页。
③ 今辩：《庐山天然禅师语录》，《嘉兴大藏经》第 38 册，第 169 页。
④ （清）天然和尚：《瞎堂诗集》，李福标、仇江点校，第 90 页。

句法、字法，俱宜变换，始能开人眼，细观古人剪裁炉锤之妙便知。"① 古人作文有章法、句法、字法诸法，但是最重要的"法"却是"变化"。其《诗话偶钞序》云：

> "吾本乘兴而去，兴尽而返，何必见戴？"此千古诗文妙境也。诗文之妙，得于偶然。古之人偶然而起，偶然而止，后遂奉之为格。今之人必如是起，必如是止。古岂著之为令哉？②

所谓诗格（即诗的体例与格式），不过是古人妙手偶得，而后人却奉为律令，这显然是一种"执"。他认为，一个有创造力的诗人面对古人之作，要自寻出路。其《徧行堂集缘起》说：

> 读古人书，见古人如此作、如彼作，便须自寻出路。若才拈笔，便思古人某作如此、当如此作；某作如彼、当如彼作，作作皆效古人，将自置何地？或又谓此作似古人某作，彼作又似古人某作，作作皆似古人，将置我何地？予不师于古人，言我所欲言耳，或有似古人，或有不似古人，古人不得以此局我；即以交于今人，亦言我所欲言耳，或有似今人，或有不似今人，今人又可以此局我？③

"自寻出路"最重要的一点就是，要说"自家意思"。

在"自寻出路"思想指导下，澹归力斥模拟之非。如《徐圃臣历书序》云："移古人之成言，就一己之曲见。颖秃砚刓，耳聋舌敝，各矜其胜。而天象无私，卒莫可掩。"《李赤茂集序》云："悲夫世之人，何勦说雷同之多也。每见一篇，人争曰：此似某人某作，以优孟待人，而人以为重；每作一篇，己亦曰：应仿某人某作，以优孟自待，而己以为重。"④ 澹归在实践上也不断突破所谓"格"，不断自寻出路。其《遍行堂集缘起》

---

① （清）澹归和尚：《徧行堂集》第 2 册，段晓华点校，第 126 页。
② （清）澹归和尚：《徧行堂集》第 1 册，段晓华点校，第 203 页。
③ （清）澹归和尚：《徧行堂集》卷首，第 1 册，段晓华点校，第 9 页。
④ （清）澹归和尚：《徧行堂集》第 4 册，段晓华点校，第 44 页、第 60 页。

云："予作诗多用洪武正韵，或以出韵为疑，予笑曰：唐人图科第，不敢出韵；吾若出韵，只失却一名诗僧耳。秃头沙门，故自无恙，且勿担忧。"又云："诗不入格，昔人所讥。不知最初以何为格。孝山云：师（澹归）诗非诗家流，然诗中少不得有此一种。"① 其《与陆筠修方伯》云："如今人只管商量《左》《国》如何若何，《史》《汉》如何若何，唐宋八大家如何若何，将古人衣冠，作自己面目，亦大不俊气矣。文之妙者，只似说话，此笔端有舌之注脚也，但没有几个得到此田地。"诗人突破了格，反倒成就了自我之格，这正是自寻出路的结果。沈皞日《徧行堂续集叙》赞曰："其于文则上而《左》《史》、两《汉》，下而韩柳欧苏辛柳，不多让焉。未尝有求似古人之迹，未尝无纯似古人之神……不必分其为始，分其为终，不必分其为儒为僧，而直以《遍行堂集》视之而已。"② 指出了其创作的独特性正源于"自寻出路"。

该如何"自寻出路"呢？澹归认为，写诗之根本不在格律，而应重视作者之才识，其根本则在大般若智慧。其《答沈尚庐文学》云："承示二诗佳甚。时露本地风光，知兄宿慧不小矣。诗人写景有入微处，便得禅意。禅人见地有独脱处，又得诗机，但不可与讲求格律者言耳。"③ 诗之情词、事理，皆决定于作者之才识，而才识又决定于大般若智慧。其《陆芳洲集序》曰：

> 古今贤达无不从大般若中来，所云：定能生慧，则其入手，慧复生定，亦其得力也。慧则明，定则断。明则无理不彻，断则有惑皆遣，惑遣则群疑悉剖，谓之智锋。理彻则一照无余，谓之静鉴。明亦成勇，断亦成智，于以行其无缘之慈，同体之悲，谓之至仁。盖用世、出世之本全握于此，不独立言。④

大般若智慧不是普通的智慧，是指能够了解道、悟道、修证、了脱生

① （清）澹归和尚：《徧行堂集》卷首，第 1 册，段晓华点校，第 9 页。
② （清）澹归和尚：《徧行堂集》第 4 册，段晓华点校，第 253 页、第 3 页。
③ （清）澹归和尚：《徧行堂集》第 4 册，段晓华点校，第 286 页。
④ （清）澹归和尚：《徧行堂集》第 4 册，段晓华点校，第 57～58 页。

死、超凡入圣的智慧。这是属于道体上根本的智慧，超越一般聪明与普通的智慧，能了解到形而上生命的本源、本性。所以归根到底，自寻出路，在于对道的证悟。

综上所述，天然函昰和澹归今释的"似诗"论，以"道"为宗，以"情"为趣，以"悟"为教，从根本上解决了诗禅一体的问题，既走出了长期以来僧诗所面临的理论困境，又在实践和方法论上"自寻出路"，不仅在实践上为诗僧的诗歌创作开辟了道路，而且在理论上区别于文人诗和儒家诗论，从而将我国诗禅理论推到了一个新的高度。让人扼腕的是，海云诗僧的诗集在清代因政治原因遭到禁毁，海云诗派及其诗论主张未能在诗坛上引起广泛关注。

作者通信地址：广东省广州市广东外语外贸大学中文学院，邮编：510420。

责任编辑：赵晓涛

屈大均遗著案与清代中期
禁书政策的形成[*]

——兼论"寓禁于修"说之谬误

王富鹏[**]

广州大典研究中心，广东广州，510623

摘　要：有关《四库全书》流行已久的"寓禁于修"说，其实是一个错误的说法。因为乾隆三十七年征书开始和三十八年进入高潮时的有关政策并不包含为实现禁书这一目的而必须采取的措施。乾隆三十九年十月屈大均遗著案的再次爆发是这次大规模禁书行动的关键。对这一案件的处理也直接生成了中国历史上这一影响深远的禁书政策。乾隆三十九年三月至遗著案再次爆发为清朝禁书政策的酝酿期，其后为禁书政策的形成期。

关键词：《四库全书》寓禁于修；屈大均；修中生禁

关于乾隆下令纂修《四库全书》的目的，长期以来就有所谓的"寓禁于征"和"寓禁于修"的说法。据笔者所掌握的材料看，乾隆于三十七年（1772）纂修《四库全书》之初并没有借此进行大规模禁书的动机。这一时期禁书政策的形成与乾隆三十九年（1774）屈大均遗著案的再次爆发有着密切的关系。为了讨论此时期禁书政策的产生，我们需要弄清楚所谓的"寓禁于征"和"寓禁于修"这一说法的真伪，因为这一问题直接关系着

---

* 基金项目：本文为 2015 年度"《广州大典》与广州历史文化研究"重点课题"屈大均研究"（批准号：2015GZZ03）部分成果。

** 王富鹏（1968～　），男，汉族，河南柘城人，广州大典研究中心教授，博士。

对于后来禁书工作开展和禁书政策制定的理解。

一 似是而非的"寓禁于征"和"寓禁于修"说

乾隆三十七年（1772）正月初四日，乾隆正式颁布诏书从全国征集图书。在修书的过程中发动的禁书运动，后来给他带来了最多的负面评价。禁书运动的发起使后世之人对他纂修《四库全书》的目的产生了怀疑。流行已久的普遍看法是乾隆借修书之名来实施其禁书的目的，亦即"寓禁于修"。"在征集图书的幌子下"，把全国各地的图书都集中起来，以便剔除"一切不符合统治集团要求的东西",[1] 其目的之一，"即'寓禁于征'，以采访遗籍、开馆修书为名，对全国书籍进行一次彻底清查，把所谓'悖逆'、'违碍'书籍，或全部销毁，或部分'删改抽撤'"。[2]"高宗诏访遗书编纂《四库》，其政治作用，一言以蔽之，即寓禁于征。"[3]"总之，修书是手段，禁书是目的。"[4] 笔者认为众口一词的"寓禁于修"说其实是不正确的。

康熙时期和乾隆登极之初编纂大型图书一般都不认为包含禁书的目的。乾隆以"稽古右文"之君自命，继承康熙编纂大型图书的做法，"御极之初，即诏中外搜访遗书；并命儒臣校勘十三经，二十一史……开馆纂修《纲目三编》、《通鉴辑览》及三通诸书"。[5] 笔者认为乾隆纂修《四库全书》只是对康熙时期和他御极之初编纂大型图书这一行为的继续，起初并不包含禁书的目的。就目前所知资料，为修此书最早颁布的诏书是乾隆三十七年正月初四日下达的。从这一谕旨中我们看不出禁书的意图。他认为"康熙年间所修《图书集成》，全部兼收并录，极方策之大观"，但还存在不足，"引用诸编，率属因类取义，势不能悉载全文，使阅者沿流溯源，

① 安平秋、章培恒主编《中国禁书大观》，上海文化出版社，1990，第114页。
② 张书才主编《纂修四库全书档案》，上海古籍出版社，1997，"前言"，第4页。
③ 郭伯恭：《四库全书纂修考》，存萃学社编《〈四库全书〉之纂修研究》，香港：香港大东图书公司，1980，第11页。
④ 王彬主编《清代禁书总述》，中国书店出版，1999，第15页。
⑤ 乾隆帝：《圣谕，三十七年正月初四日》，纪昀：《四库全书·总目一》，台北：台湾商务印书馆，"卷首"，第1页。

——征其来处"，所以他才下令广征天下遗书，纂修更大规模的使阅者能
"沿流溯源"的《四库全书》。乾隆起初认为征书会很快完成，"从此四库
七略，益昭美备"，"以彰千古同文之盛"。① 自此之后至乾隆三十九年
（1774），我们所能见到的乾隆所有与修书有关的谕令都没有涉及禁书的计
划。自乾隆三十七年开始征书，乾隆三十八年（1773）和乾隆三十九年是
征书的高潮时期，乾隆三十九年之后，征书工作进入尾声。② 之后至修书
结束虽然还不断有遗书征进，但所进很少。在征书开始和高潮期间不见有
禁书的谕令，相关谕令也不见寓含禁书的意图，那么大臣们在征书过程中
是否曾得到过皇帝的暗示而有意识地查缴过违碍之书呢？

可以肯定的是除高晋、萨载、钟音之外（乾隆三十九年三月，乾隆曾
密令他们三位暗中查访在所征进之书中不见违碍书籍的原因），各地总督、
巡抚在乾隆三十九年八月五日的查办违碍书籍的谕令之前，都不曾有意识
地趁此机会去搜访违碍书籍。此一谕令颁布的时候征书工作也已进入尾
声。乾隆三十九年十月初四日李侍尧和德保等关于查缴屈大均诗文的奏折
云："从前臣等止就其书籍之是否堪备采择，行司照常办理，竟未计及明
末稗官私载，或有违碍字句，潜匿流传，即可乘此查缴，以遏邪言，实属
愚昧。"③作为"大学士，仍管两广总督"的李侍尧和广东巡抚且为满洲世
仆的德保，直到乾隆三十九年征书工作进入尾声还不知道要趁征书这一机
会查缴违碍之书，这足以证明自乾隆三十七年正月开始征书之后，直到征
书工作进入尾声，很长时期朝廷并没有查缴违碍之书的意图，各省督抚也
没有意识到这一问题。因此所谓的"寓禁于征"和"寓禁于修"说是值得
商榷的。

据所见资料可知，有关查缴违碍之书的第一道谕令是乾隆三十九年
（1774）八月初五日颁布的。"书中或有忌讳诞妄字句，不应留以贻惑后学
者……其或字义触碍者，亦当分别查出奏明，或封固进呈，请旨销毁，或

---

① 乾隆帝：《圣谕，三十七年正月初四日》，纪昀：《四库全书·总目一》，台北：台湾商务
印书馆，"卷首"，第 1~2 页。
② 黄爱平：《四库全书纂修研究》，中国人民大学出版社，1989。
③ 《李侍尧德保奏据缴屈大均诗文折》，上海书店出版社编《清代文字狱档》上册二辑，上
海书店出版社，1986，第 198 页。

在外焚弃，将书名奏明，方为实力办理。乃各省进到书籍，不下万余种，并不见奏及稍有忌讳之书。岂有裒集如许遗书，竟无一违碍字迹之理？况明季末造野史者甚多，其间毁誉任意，传闻异词，必有诋触本朝之语，正当及此一番查办，尽行销毁，杜遏邪言，以正人心而厚风俗，断不宜置之不办。此等笔墨妄议之事，大率江浙两省居多，其江西、闽粤、湖广，亦或不免，岂可不细加查核？高晋、萨载、三宝、海成、钟音、德保皆系满洲大臣，而李侍尧、陈辉祖、裴宗锡等亦俱系世臣，若见有诋毁本朝之书，或系稗官私载，或系诗文专集，应无不共知切齿，岂有尚听其潜匿流传，贻惑后世？"①这道诏书的颁布标志着禁书工作的开始，而此时距离乾隆三十七年（1772）正月开始征书已经有两年半的时间了，征书工作已经进入尾声。

乾隆查缴违碍之书的想法大约产生于乾隆三十九年（1774）三月。最早知道乾隆这一想法的是萨载、钟音、高晋三位满洲世仆大臣。江苏巡抚萨载在乾隆三十九年九月初九日的奏折中说："臣系满洲世仆，若见有诋毁本朝之书，恨深切齿，即荷圣慈原宥，亦必奏请上裁，断不敢因书有忌讳，撤留不解，亦无在外焚弃之事。本年三月内，浙闽督臣钟音陛觐回任过苏，曾密传谕旨，令臣留心查察……并密札督臣高晋，一体查办。"②这一密令又进一步证明在乾隆三十七年正月征书、修书之初并没有禁书的计划。如果乾隆当初有禁书的意图，他不可能在事过两年之后，征书高潮即将过去之时再秘密传达给萨载、钟音、高晋三人。既然乾隆最信得过的大臣在征书之初都不知道有禁书的意图，也就谈不上所谓的"寓禁于征"或"寓禁于修"这一策略。

另外，从乾隆三十九年以后处理复本的方式相对于此前处理方式的变化，也可以看出前后两个时期目的的不同。乾隆三十七年正月初四日所颁布的第一份关于征书的谕令说："各省搜辑之书，卷帙必多，若不加之鉴别，悉行呈送，烦复皆所不免。着该督抚等先将各书叙列目录，注系某朝

---

① 张书才主编《纂修四库全书档案》，上海古籍出版社，1997，第239～240页。
② 《江苏巡抚萨载奏遵旨查办遗书及违碍书情形折》，张书才主编《纂修四库全书档案》，上海古籍出版社，1997，第254页。

某人所著，书中要指何在，简明开载，具折奏闻。候汇齐后，令廷臣检核，有堪备览者，再开单行知取进。"① 此时，乾隆只要求各省督抚把所征集到的书籍开具目录呈进，书暂放各处书局。经儒臣们详细阅览，确定值得采进之书，以及同一种书中最好的版本，然后由四库馆臣通知该版本所在省地督抚呈进该书。那些重复的和不值得采录的书籍尽快还给原来藏书之人。后来四库馆臣又把已经呈进的书目开具清单，通知各省督抚不需重复开单呈进。"臣督饬苏松等属，广收博采，凡有续得之书，随时送局查核，除删去重复外，计又得书一百三十二种。理合另缮目录清单，恭呈御览。仰恳皇上敕下《四库全书》总裁大臣，一并核明，饬取到日，即行解送。"② "准四库馆单开删去各种外，实共存应解书一千三十二种。"③ 从这种处理方式，笔者相信此时征书不应该包含禁书的目的。因为应采录版本的复本和不堪采录的书籍、版本都有可能包含违碍的内容。若有禁书的打算，这些书即便不收缴上来由中央统一处理，至少也要地方政府严加看管，绝不可能把复本和不堪采用的书籍、版本退还给藏书之人。乾隆三十九年（1774）八月之后对于书籍的处理办法发生了重大的变化。"字义触碍者，亦当分别查出奏明，或封固进呈，请旨销毁"，④ 乾隆四十年（1775）九月贵州巡抚韦谦恒不恰当地按照原来"将原书封固，发还书局"的方式来处理禁书，结果遭到乾隆的严厉斥责，并为此而丢官。"其现在缴到禁书，臣逐加检阅，均系各省奏明查禁，业已经进呈之书，自应在外销毁。除将原书封固，发还书局。（朱批：何不解事，糊涂至此？）"⑤ 乾隆为此颁布谕令："所办实属乖谬……各省查办违禁之书，屡经传谕，令各督抚检出解京，并经朕亲行检阅，分别查销，从

① 《谕内阁著直省督抚学政购访遗书》，张书才主编《纂修四库全书档案》，上海古籍出版社，1997，第 1～2 页。
② 《江苏巡抚萨载奏再陈续购书籍一百三十二种缮单呈览折》，张书才主编《纂修四库全书档案》，上海古籍出版社，1997，第 154 页。
③ 《两江总督高晋奏陈续购书目并委员汇解各省送　馆校办折》，张书才主编《纂修四库全书档案》，上海古籍出版社，1997，第 172 页。
④ 《寄谕各督抚查办违碍书籍即行具奏》，张书才主编《纂修四库全书档案》，上海古籍出版社，1997，第 239 页。
⑤ 《暂护贵州巡抚韦谦恒奏查缴禁书并发还书局候旨在外焚销折》，张书才主编《纂修四库全书档案》，上海古籍出版社，1997，第 433 页。

无在外销毁者。两年以来，俱如此办理。韦谦恒岂不闻知？即如韦谦恒之意，将书封固候旨，亦应封存署内，静候批示遵行，乃竟将原书发还书局，实无此情理。幸而黔省人心稚鲁，或未必有潜留传播之事。若在江浙等省，闻有应毁之书，必且以为新奇可喜，妄行偷看，甚或私自抄存，辗转传写，皆所不免。是因查销应禁之书，转多流传底本，成何事体！……看来韦谦恒竟是一糊涂不晓事之人，岂尚堪胜封疆重任耶！"① 安平秋、章培恒先生虽然认为"寓禁于征"，但也明白道出了一个事实："在乾隆三十九年八月的诏书下达以前，各省督抚是为皇帝找有益的著作而征集图书，所以复本一般都不要；在那份诏书下达以后，是为查禁坏书而工作，所以无论有多少种复本都在征集之列。最后如决定此书全毁，那就把这些复本也全部烧掉；如决定要抽毁，就把所有复本中的有关部分都去掉，然后再还给原收藏者。"②从这两种不同的处理方式，我们应该可以看出修书的前期工作——征书过程中并不包含禁书的目的，否则这种处理方式就有可能使大量的违碍之书仍流传民间。

诱发乾隆产生查缴违碍书籍这一想法的原因，在乾隆三十九年（1774）八月五日的谕令中说得非常明白，"各省进到书籍，不下万余种，并不见奏及稍有忌讳之书。岂有裒集如许遗书，竟无一违碍字迹之理？况明季末造野史者甚多，其间毁誉任意，传闻异词，必有诋触本朝之语，正当及此一番查办，尽行销毁"。乾隆在另一谕旨中也表达了同样的意思："前以各省购访遗书，进到者不下万余种，并未见有稍涉违碍字迹。恐收藏之家，惧干罪戾，隐匿不呈。"③明末清初有不少人著书诋斥清政权，然而由于藏书人隐匿不呈，此前所进书籍几乎不见有违碍之处。藏书者的刻意隐匿让乾隆感到十分意外和惶恐，使其原来的计划发生了重大转变，由修书衍生出禁书。

根据这些资料我们还可以相信乾隆皇帝就是禁书计划的首创者，且

---

① 《寄谕护理贵州巡抚韦谦恒将违禁书发还书局实属乖谬著明白回奏》，张书才主编《纂修四库全书档案》，上海古籍出版社，1997，第 446~447 页。
② 安平秋、章培恒主编《中国禁书大观》，上海文化出版社，1990，第 118 页。
③ 《屈大均诗文止须销毁屈稔浈等俱不必治罪谕》，上海书店出版社编《清代文字狱档》上册二辑，上海书店出版社，1986，第 205 页。

这一计划的产生是在征书工作开始两年之后，征书高潮行将结束之时。的确，乾隆未经某大臣建议而最早萌生查缴违碍书籍的想法，很容易让人怀疑一开始他就"包藏祸心"。不过这种疑虑很容易释解。如果说他当初秘而不宣，不让一人知晓，作为个人行为则可，若是作为大规模的国家行为则不可想象。即使一开始他本人就有禁书这一想法，我们还要看他是否曾把为实现这一目的而应该采取的措施隐藏或捆绑在征书的实际行动之中。在征书开始和高潮期间的修书行动中，笔者没有发现这种现象的存在。

乾隆三十九年（1774）之后虽然征书工作并未完全结束，但其时的重点已经从征书转移到了编纂和禁书的工作当中。此后乾隆颁布的很多禁书谕令几乎都与征书无关。在征书高潮结束和禁书工作真正展开之前，屈大均遗著案的再次爆发是一个划时代的事件。这一事件在这两件工作之间画上了一条醒目的分界线。面对屈大均遗著案再次爆发前后两个时期且其计划的产生相距两年有余的不同工作，如果说是"寓禁于征"，显然并不恰当。如果仅仅因为大规模禁书工作发生在从征书到修书的过程当中，就得出"寓禁于修"的结论，显然也有些牵强。是否"寓禁于修"毕竟要顾及修书的前期阶段——征书过程中的一些做法是否包含了为禁书而必须采取的措施。据所掌握的材料看，这一禁书计划和禁书行动是修书工作衍生出来的行为。以"修中生禁"代之，则显得更合乎实际。

二 禁书政策的酝酿和大规模禁书行动的突破性展开

明末清初汉人对清政权有很强的抵触情绪，此时产生的许多著作都有诋斥清政权的内容。按照乾隆的说法，在这近两年的征书高潮期间，各省督抚不曾奏进任何忌讳违碍之书。他令人暗访半年也毫无结果。乾隆三十九年八月他颁布谕令，让各省督抚全力查缴违碍书籍，"尽行销毁，杜遏邪言，以正人心而厚风俗，断不宜置之不办"。这一谕令标志着大规模搜剔违碍书籍计划的产生。该计划并非就某几种违碍之书而言，而是就所有对清朝来说有忌讳的书籍。

有人常不自觉地把文字狱和禁书混为一谈，其实这是相互关联的两件事。乾隆三十九年（1774）之前，已发生过多起文字狱。在案发的过程中虽有不少书被禁，但这些书还都是在某些文字狱个案中被禁的。往往文字狱案件是因，禁书为果。涉案人员或者被人告发，或者不小心撞上刀口。这些文字狱案件的发生和书的被禁还都具有一定的偶然性，所禁之书非常具体明确。而此后一个时期文字狱和禁书的因果关系发生了对转，文字狱的发生，是因为大规模禁书行动导致的。何书要禁、何书不禁并不明确具体。清朝前期顺治、康熙、雍正，包括乾隆前半期，朝廷还没有就某一案件生发开来，制定具有普遍意义的禁书政策，主动去搜剔所有的他们认为有违碍的书籍。这一谕令改变了前几代皇帝就事论事、就人论人的做法。该谕令的颁布意义重大。

这一谕令比较笼统，特别是对涉案人员的处置问题还只是停留在文字层面上。所谓的主动呈缴不加罪藏书之人的政策，还缺少一个典型的案例来证明其可信性。因此明察两月、暗访半年之后禁书工作没有丝毫进展。在颁布的这道谕旨中，乾隆对各省督抚也曾表示怀疑："其各省缴到之书，督抚等或见其书有忌讳，撤留不解，亦未可知。"各省督抚接到谕旨后，纷纷上奏剖心发誓确系未曾见到半点有触碍的文字。之后一段时间禁书工作完全陷入了僵局。

自乾隆在乾隆三十九年三月产生查缴违碍书籍的想法，中经同年八月初五日颁布禁书谕令，至同年十月屈大均遗著案再次爆发之前，是清代禁书政策酝酿的时期。

正当这一禁书计划濒于流产之时，两广总督李侍尧于乾隆三十九年十月查出了经过四十多年的查禁仍未查缴尽净的屈大均著作。屈大均遗著案的再次爆发成了这次大规模禁书行动的转捩点，也是清代具体禁书政策形成的关键。乾隆三十九年十月初四日两广总督李侍尧和广东巡抚德保等奏曰："据南海、番禺二县查出逆犯屈大均族人屈稔浈等收藏该犯原著《文外》书籍。又据番禺县童生沈士成缴出屈大均《诗外》一种，及书铺潘明等缴出《广东新语》并岭南三家合刻诗集版片二分，连刷成书十部。……惟查三家合刻内梁佩兰、陈恭尹诗文语多悖逆，实属不应留存。"①屈大均的著作早在雍正八年（1730）即已被禁，经过四十多年查缴居然还有人"胆敢将久经饬行销毁之书私自收藏"。这次乾隆一反很快批复奏折之常态，迟迟没有朱批也没有颁布有关谕令。一个月之后他终于做出了批示。经过半年多，特别是屈大均遗著案再次爆发之后一个多月的酝酿，禁书的具体政策终于出台了。同年十一月初九日乾隆不但批复了李侍尧等一个月前的两本有关此事的奏折，而且又颁布一道谕旨，初十日再下一道有关的谕令。在这两道谕旨中乾隆的态度显得格外的平静温和，反复强调私藏违禁书籍又经官查出的屈稔浈、屈昭泗没有被治罪，藏书之人只要把违碍之书交来也绝不治罪。其目的是以事实重申只要主动呈交就绝不治罪的政策。"凡有字义触碍，乃前人偏见，与近时无涉，其中如有诋毁本朝字句，必应削板焚篇，杜遏邪说，勿使贻惑后世，然亦不过毁其书而止，并无苛求。朕办事光明正大，断不肯因访求遗籍，罪收藏之人。所有粤东查出屈大均悖逆诗文，止须销毁，毋庸查办，其收藏之屈稔浈、屈昭泗，亦俱不必治罪。并著各督抚再行晓谕，现在各省如有收藏明末国初悖谬之书，急宜及早交出，概置不究，并不追问其前此存留隐匿之罪。今屈稔浈、屈昭泗系经官查出之人，尚且不治其罪，况自行呈献者乎!"②

禁书行动的瓶颈终于被突破。首先是江苏巡抚萨载在谕令颁布九天之后即上奏查缴到了违碍书籍。"苏属藏书之家顺成佐、孙嗣学及书贾钱金开等，呈出《吾学编》、《雪屋集》、《博物典汇》等书数种。"③接着湖广总督陈辉祖十一月三十日奏查出《博物典汇》《前明将略》等违碍之书。同一日安徽巡抚裴宗锡奏缴到《洁身堂文集》等"伪妄"书籍九种。十二月初四日江苏巡抚萨载又奏查出《吾学编》等书。各省纷纷上奏，禁书行动进入了高潮。

---

① 《李侍尧德保奏据缴屈大均诗文折》，上海书店出版社编《清代文字狱档》上册二辑，上海书店出版社，1986，第 199 页。按：张书才主编《纂修四库全书档案》"潘明"作"潘朋"（上海古籍出版社，1997，第 269 页）。

② 《屈大均诗文止须销毁屈稔浈等俱不必治罪谕折》，上海书店出版社编《清代文字狱档》上册二辑，上海书店出版社，1986，第 205 页。

③ 《萨载奏遵旨查办伪妄书籍折》，上海书店出版社编《清代文字狱档》上册二辑，上海书店出版社，1986，第 207 页。按："孙嗣学"，张书才主编《修纂四库全书档案》作"孙嗣孝"（上海古籍出版社，1997，第 294 页）。

三　屈大均遗著案与禁书政策的初步形成和实施

清代大规模禁书运动在乾隆三十九年（1774）屈大均遗著案上获得了突破性进展。屈大均遗著案再次爆发的重要性不但体现在它是这一禁书行动的关键，同时此案本身也生成了许多具体的禁书政策，包括后来的一些重要政策也与此案有一定的关系。

（一）"自行缴出"，"并无干碍"

这一政策虽于乾隆三十九年八月初五日的上谕中就已明确，但此后三个月的情况表明，这一政策在当时显然没有带来任何效果。屈大均遗著案中被查出的屈稔浈和屈昭泗不被治罪的实例，使自行缴出不追究藏书之人这一政策获得了民众的相信。这一个案中的番禺县童生沈士成和书贾潘明自行缴出不被治罪从另外一个角度再次向藏书者证明了这一政策的可信性。这一个案对此四人的处理终于使得禁书行动获得突破性进展。其影响之大难以估量，它影响到乾隆禁书计划的实施，影响到清代禁书历史的发展，甚至对中国的文化典籍的保存都产生了深刻的影响。

（二）"于书内黏签固封"，"解京销毁"，版片亦需销毁

屈大均遗著案再次爆发前两月即乾隆三十九年八月初五日的上谕中说："其或字义触碍者，亦当分别查出奏明，或封固进呈，请旨销毁，或在外焚弃，将书名奏明，方为实力办理。"此时乾隆对是否把违碍之书解京销毁并没有严格的要求，"在外焚弃"之后，只要"将书名奏明"即"为实力办理"了。但此后乾隆对这些人臣的信任度似乎有所降低。李侍尧等在为查缴屈大均诗文而进呈的奏折中说："谨将《诗外》二十三本，《广东新语》一部，三家合刻一部黏签封固进呈。余存书籍、版片，俟各属续有缴出，一并烧毁。"[①] 乾隆亲眼看到被查缴到的屈大均诗文中

---

① 《李侍尧德保奏据缴屈大均诗文折》，上海书店出版社编《清代文字狱档》上册二辑，上海书店出版社，1986，第199页。

的悖逆之处，方信李侍尧等所言为实。这是他颁布禁书谕令后第一次亲眼看到被查缴上来的悖逆之书。此时乾隆似乎无意中被他们提醒，若允许在外焚毁很有可能会给一些大臣投机取巧的机会，如此则给禁书工作带来难以堵塞的漏洞，只有缴到军机处查收转交御览之后方可证实大臣所奏不虚。"黏签封固进呈"御览，书籍、版片一并销毁，是李侍尧等在这次屈大均遗著案中的创造。之后各省督抚为了表示自己所奏为实纷纷效仿。

安徽巡抚裴宗锡奏："所有现在缴到伪妄各书九种，逐一黏签封固进呈，请旨销毁，并开具清单，恭呈御览。"①江苏巡抚萨载奏："谨于书内黏签固封，并黏贴印花，送交军机处转呈御览，请旨销毁……至《雪屋集》书板，已据孙嗣孝同书缴出。其余书板，现在分别根查，一并劈销。"②乾隆对"黏签封固进呈"御览，书籍、版片一并销毁这一做法比较满意，于是在乾隆三十九年（1774）十二月二十三日上谕中明白指示各省督抚："此等违碍书籍，不但印就书本，应行查禁，其版片自应一并销毁。但恐各省自行办理，尚未能切实周到。著传谕陈辉祖并各省督抚，遇有查出应禁书籍，一面将原书封固进呈，一面查明如有版片，即行附便解京，交军机处奏闻削毁。"③如前所述，贵州巡抚韦谦恒被罢官，就是因为没有真正领会皇帝的新政而欲在外销毁禁书。乾隆并声言："令各督抚检出解京，并经朕亲行检阅，分别查销，从无在外销毁者。两年以来，俱如此办理。"的确如此，自屈大均遗著案以来这一政策是一贯的。

（三）屈大均、钱谦益、吕留良、金堡等"自著之书，俱应毁除"，相关碑碣扑毁或磨灭

"屈大均所著《广东新语》一部。检阅虽无忌讳，但查屈大均前因妄

---

① 《安徽巡抚裴宗锡奏缴到伪妄书籍九种请旨销毁折》，张书才主编《修纂四库全书档案》，上海古籍出版社，1997，第300~301页。
② 《江苏巡抚萨载奏查办违碍并请旨销毁〈吾学编〉等书折》，张书才主编《修纂四库全书档案》，上海古籍出版社，1997，第303页。
③ 《寄谕陈辉祖并各省督抚查明如有应禁书版片即解京销毁》，张书才主编《修纂四库全书档案》，上海古籍出版社，1997，第314页。

撰诗文，语句悖逆，雍正年间审办有案。"①无论有无违碍之语，只要是乾隆最深恶痛绝的屈大均等人的著作就一概销毁。这一做法自始至终都没有改变。乾隆四十一年（1776）十一月十七日再下谕令："钱谦益在明已居大位，又复身事本朝，而金堡、屈大均则又遁迹缁流，均以不能死节覥颜苟活。乃托名胜国，妄肆狂猜。其人实不足齿，其书岂复可存？自应逐细查明，概行毁弃，以励臣节而正人心。"②这显然是以人废言，且又以言废人。后又在督抚们的建议下，乾隆诏令删削各家编著和方志中的屈大均等人的名字、诗文和议论等，相关书版进行挖改或劈销。与他们相关的各地的碑碣也一概扑毁或磨灭。

（四）抽毁和挖改

乾隆于三十九年（1774）十一月初步处理了屈大均遗著案，这一处理体现出当时的一些禁书政策。随着禁书工作的进展，乾隆四十一年为了对新时期的禁书政策做出解释，对屈大均的遗著案又做出了进一步的处理。

禁书之初政策较为粗暴，即使是多人选集各省督抚只要发现书中有违碍之处，不经详细查阅，不作区别对待就全本查缴。"惟查三家合刻内梁佩兰、陈恭尹诗文语多悖逆，实属不应留存。……谨将《诗外》二十三本，《广东新语》一部，三家合刻一部黏签封固进呈。"③尽管在此之前的雍正八年（1730）十月，广东巡抚傅泰在奏折中已说得明白，"岭南向有三大家名号……查梁药亭诗文词无悖谬"，但此时梁佩兰的作品还是遭到了毁禁。乾隆四十一年后这种滥查滥缴的做法得到了一定程度的纠正。"又若汇选各家诗文，内有钱谦益、屈大均所作，自当削去，其余原可留存，不必因一二匪人，致累及众。"④

---

① 《李侍尧德保奏据缴屈大均〈广东新语〉并查缴〈文外〉折》，上海书店出版社编《清代文字狱档》上册二辑，上海书店出版社，1986，第200页。

② 乾隆帝：《圣谕，四十一年十一月十七日》，纪昀：《四库全书·总目一》，台北：台湾商务印书馆，"卷首"，1986，第8页。

③ 《李侍尧德保奏据缴屈大均诗文折》，上海书店出版社编《清代文字狱档》上册二辑，上海书店出版社，1986，第199页。

④ 乾隆帝：《圣谕，四十一年十一月十七日》，纪昀：《四库全书·总目一》，台北：台湾商务印书馆，"卷首"，1986，第9页。

乾隆四十三年（1778）四库馆臣按照乾隆谕旨的精神对相关的禁书政策又有更详细的阐述和明确："吴伟业《梅村集》曾奉有御题，其《绥寇纪略》等书亦并无违碍字句，现在外省一体拟毁，盖缘与钱谦益并称江左三家，曾有合选诗集，是以牵连并及。此类应核定声明，毋庸销毁。其《江左三家诗》、《岭南三家诗》内如吴伟业、梁佩兰等诗选亦并抽出存留。""钱谦益、吕留良、金堡、屈大均等除所自著之书俱应毁除外，若各书内有载入其议论，选及其诗词者，原系他人所采录，与伊等自著之书不同，应遵照原奉谕旨，将书内所引各条签明抽毁，于原版内铲除，仍存其原书，以示平允。其但有钱谦益序文，而书中并无违碍者，应照此办理。"①其实这一政策并未得到严格执行，乾隆自己的行为也前后反复。湖南巡抚刘墉在乾隆四十六年（1781）的奏折中这样说："《国朝诗选》攸县彭廷梅选。内有吴伟业、陈恭尹、陶汝鼐、屈大均、龚鼎孳、梁佩兰、钱谦益等诗。均奉例禁。并所选诗中。有违碍。应销毁。"②尽管这一奏折与乾隆原来的谕旨有矛盾，但乾隆还是在这一年的十一月七日准奏了。

"不必因一二匪人，致累及众"的圣谕，表面上看似乎查禁标准有所放松，其实不然。与乾隆三十九年（1774）屈大均遗著案再次爆发时相比，后来查禁的范围反而扩大了很多。禁书工作初时所查禁的对象只限于"忌讳诞妄"和"诋触本朝"的书籍。屈著被禁，因为他"妄行撰刻《文外》、《诗外》等书，词句悖逆"。但是由于各督抚"工作卖力"，查办的范围迅速扩大。沿着初期查禁"忌讳诞妄"书籍这一思路，后来被查禁的对象扩展到了本来不曾"诋触本朝"的戏曲、小说和明中叶的一些思想家（如李贽等人）的著作。

乾隆三十九年和乾隆四十一年对屈大均遗著案的两次处理为当时各省督抚查办违碍书籍提供了一个可资借鉴的范式。清代禁书政策中比较重要

---

① 《办理四库全书档案》，乾隆四十三年四库馆违碍书籍条款。转引自黄爱平《四库全书纂修研究》，中国人民大学出版社，1989，第 63 页。

② 雷梦辰：《清代各省禁书汇考》，北京图书馆出版社，1989，第 38 页。

的条款基本上都产生于对这一案件的处理当中，可以说这一案件的处理直接导致了清代禁书政策的形成。

四 结语

乾隆中期以后禁书，与其前就事论事的禁书完全不同。其前禁书只是具体的事务性处理，而这次禁书则变成了针对全国的顶层政策设计，完全突破了其前的禁书模式。这次面向全国的禁书政策也不是一次完成的，而是在实践的过程中逐步深化和完善的。由具体指导全部，由个案向其他扩展，最终形成其政策的普泛性。其前，文字狱发生之后，所要查禁的书籍明确而具体，涉及的人员也比较有限，只是个别相关的人员负责查缴销毁，也只有个别人员被治罪。而这次则不同，具体哪些书要禁毁，哪些不需禁毁并不明确具体。涉及的人员也非常多，著书者、藏书者"自行缴出"，知情者向官府汇报，各省督抚人等负责调查、收缴，并"于书内黏签固封"，"解京销毁"。其前禁书是只涉及个别人的局部行为，而这次则是几乎所有人等皆有干系的全国性运动。

"寓禁于修"和"寓禁于征"说，突出了"禁"这一目的与"修""征"这些手段之间的关系。在对大量事实细节不太清楚的情况下，产生"寓禁于修"和"寓禁于征"的说法并不足怪。如果从事理逻辑的角度进行推理，清代帝王出于"非其族类"的心理，一开始就酝酿庞大的禁书计划，这种可能性难以排除。不过，通过对修书和禁书来龙去脉的梳理，可以看出禁书计划是在修书的过程中逐渐萌生的。乾隆时期的修书与禁书并非手段与目的之间的关系，而是一种行为衍生另一行为的行为递进关系。因此可以说学界流行已久的"寓禁于修"和"寓禁于征"说并不恰当，称"修中生禁"则更为合理。

乾隆三十九年（1774）屈大均遗著案再次爆发，是清代乃至中国历史上最大规模的禁书运动的关键性事件。乾隆三十九年三月至屈大均遗著案再次爆发，为清政府具体禁书政策的酝酿时期，这一事件为清朝历史上这次大规模禁书行动的展开提供了契机。对这一案件的处理也直接催生了中国历史上这一影响深远的禁书政策。

作者通信地址：广东省广州市珠江新城珠江东路 4 号广州大典研究中心，邮编：510623，电子邮箱：sgwangfp@126.com。

责任编辑：陈子

从百年寺庙到新式街市：
西关长寿寺拆庙始末[*]

黄素娟^{**}

广东财经大学，广东广州，510320

摘　要：长寿寺在清代是省城"五大丛林"之一，至清末新政时期因"毁学案"而被拆毁。绅商之间的竞争在其中起到重要的作用。广东当局在拆毁的寺址上建起了第一座大规模的新式街市。但这座街市却未能起到发展经济之效，最终以改建为戏院收场。

关键词：长寿寺；毁学案；新式街市

长寿寺是清代广东著名的寺庙，清末新政时期因极具戏剧性的"长寿寺毁学案"而被拆毁。许效正认为这一事件，反映了清末庙产纷争中僧界与学界的尖锐矛盾、新旧知识分子的激烈冲突以及基层官员与省抚大员对庙产兴学的不同态度。^①但通观长寿寺被拆始末，知识的冲突似乎并非决定性因素，反而绅商之间的矛盾和竞争是拆庙的重要原因。更耐人寻味的是，长寿寺被拆后，其旧址上建起了第一座由官府建设的大规模新式街市。在清末广东的报刊中，"街市"指的是由一栋或几栋建筑物组成

---

* 基金项目：本研究得到教育部人文社会科学 2017 年度青年项目"近代城市居住社会史研究：以广州为中心（1860～1936）"（批准号：17YJC770012）资助。

** 黄素娟（1982～ ），女，汉族，广东河源人，广东财经大学人文与传播学院讲师，历史学博士。

① 许效正：《清末庙产纷争中的官、绅、僧、民——1905 年广州长寿寺毁学事件透视》，《世界宗教文化》2017 年第 3 期。

的集中贸易区。新式街市则意味着建筑物往往仿照外国建筑形式或布局风格。清末新政时期，传统的街道、建筑、市场已被视为"落后"，改良街道、改良建筑、建设新式街市、开辟商场等观念日趋盛行，城市空间利用形式的转变被赋予带动经济发展、步入"文明"的宏愿。① 这些观念的实践遭遇种种曲折，实践的结果也未尽如提倡者所料。在长寿寺旧址上建起来的新式街市乏人问津，最终不得不改建为戏院。本文拟探析长寿寺拆庙的始末，并以长寿寺新街市为例分析清末新政时期城市建设失败的部分原因。

一　毁学案与拆庙

长寿寺在清代是省城"五大丛林"之一，至清末却因妇女进庙烧香问题导致声誉不佳。长寿寺原名长寿庵，在西关顺母桥故址，明代万历三十四年（1606）由巡按御史沈正隆建为慈度阁、妙证堂，禅房前后有地 8 亩。僧人大汕苦心营建半帆循廊、绘空轩、半帆竝池、怀古楼、离六堂等景致，"水木清华、房廊幽窈如吴越间寺"。南海（今佛山市南海区）县令刘延元又拨了白云山的废寺田 34 亩以供香火。② 清代长寿寺与光孝寺、大佛寺、华林寺、海幢寺并称省城"五大丛林"，是官绅喜好雅集的名胜之地。康熙二十三年（1684），王士祯南下祭告南海，与屈大均、陈元孝、胡峤孩、程衎祖、黎方回等人流连诗酒，敦握手之欢，赏览光孝寺、长寿庵、五羊观诸胜。嘉庆二十年（1815）广东布政使司曾燠及其幕僚在长寿

---

① 清末新政时期，中国各大城市几乎都出现一些学习西方建设现代城市的趋向。诸多学者已经关注到这一趋势，城市改良者响应中央和地方政府的新政措施，以西方城市为模式对中国城市进行改造。见 David Buck, *Urban Change in China*: *Politics and Development in Tsinan*, *Shantung*, *1890 - 1949*, Madison: University of Wisconsin Press, 1978, chap. 3; Kristin Stapleton, *Civilizing Chengdu*: *Chinese Urban Reform*, *1895 - 1937*, Published by Harvard University Asia Center and distributed by Harvard University Press, 2000, chap. 6; Di Wang, *Street Culture in Chengdu*: *Public Space*, *Urban Commoners*, *and Local Politics*, *1870 - 1930*, Stanford: Stanford University Press, 2003, chap. 4; Peter J. Carroll, *Between Heaven and Modernity*: *Reconstructing Suzhou*, *1895 - 1937*, Stanford: Stanford University Press, 2006, chap. 2.

② （清）阮元：《（道光）广东通志》卷 229《古迹略十四》，《续修四库全书》编委会编《续修四库全书·史部·地理类》第 0672 册，第 718 页下栏。

寺举办了一次修禊雅集。① 因此，该寺僧人与不少官绅关系密切。但至清末，长寿寺一再遭遇危机。1881 年 10 月，因妇女入寺烧香，长寿寺被怀疑"藏污纳垢"，附近民众冲进寺内打砸焚毁，造成巨大破坏。此事虽被官府判定为乱民滋事，但在舆论上却是一片声讨长寿寺的声音。妇女进入寺庙烧香引发了长久存在的道德问题讨论，长寿寺僧被视为不守清规戒律、勾引妇女的淫僧典型。《申报》连日刊载事件始末及评论文章，评述官府碍于寺僧与巨绅交结之情而处置不公。② 这一事件甚至被改编为戏剧《火烧长寿寺》，由广东钧天乐名班在一天茶园演出。③ 长寿寺的名声因此大受影响。

清末新政时期，长寿寺被多方借用，主要的两支势力是文澜书院士绅伍铨萃和农工商会绅商。据《广东日报》载，在发生毁学案之前，"长寿寺祖堂，已借为时敏初级小学校地，半帆亭又借为伍铨萃住宅，又为伍之新会学务公所，即其方丈内地，亦可借为伍铨萃接收会议路权电信处，而东偏又可借为巡警六局，西偏隙地，又可借为农工商会阅书报处，及俱乐部"。④ 其中，伍铨萃字荣建，号叔葆，籍贯广东新会，世居省城西关。广雅书院肄业生，梁鼎芬高弟。光绪十八年（1892）进士，钦点翰林院庶吉士，散馆授编修，1901 年任广西乡试副主考。1902～1903 年，他以丁忧归，借住在长寿寺的蝶影园。1904 年，搬迁至该寺半帆亭。⑤ 伍氏虽出身科举，但也参与创办新学和商业类的活动，在寺内设新会学务公所和接收会议路权电信处。可以说，伍氏是亦绅亦商的身份，亦可称为"绅商"。农工商会成立时间与组织情况不详，但出面活动的是李戒欺、潘金牲、黄

---

① 见（清）李福泰修，史澄等纂《（同治）番禺县志》卷 33《列传二》，《中国方志丛书·第四十八号》，第 463 页上栏；姜伯勤：《清代长寿寺园林雅集与广府文化及琴道——〈曾宾谷先生长寿寺后池修禊图〉初探》，《广州文博》2007 年 12 月 31 日。

② 见《申报》，1881 年 11 月 26 日第 2 版《众怒烧寺》，1881 年 12 月 8 日第 1 版《焚寺呈控》，1881 年 12 月 27 日第 1 版《论粤东长寿寺案办理情形》，1881 年 12 月 28 日第 1 版《论焚寺罹刑事》。

③ 《一天茶园上记》，《申报》1889 年 12 月 19 日第 5 版。

④ 《长寿寺老秃狼狈》，《广东日报》1905 年 2 月 24 日第 1 页。

⑤ 见顾廷龙主编《清代朱卷集成》76，台北：成文出版社，1992，第 423～432 页；江庆柏编著《清朝进士题名录》中册，中华书局，2007，第 1242 页；钱实甫主编《清代职官年表》第 4 册，中华书局，1980，第 2991 页；姜伯勤《清代长寿寺园林雅集与广府文化及琴道——〈曾宾谷先生长寿寺后池修禊图〉初探》，《广州文博》2007 年 12 月 31 日。

景棠等人，均是七十二行极有影响力的人物。潘氏、黄氏曾任广州总商会的坐办。他们三人之后都参与粤商自治会的活动。^① 邱捷指出，清末广东主要社会团体的头面人物大概都是"绅商"。但这些团体属于什么"界"，社会上是有大致共识的。"绅""商"的对流、联合非常普遍，形成一个人数颇多且在社会上有很大影响的"亦绅亦商"的群体；但"绅"与"商"的界限与竞争也是很明显的。^② 在长寿寺内，伍氏似乎与寺僧的关系更为融洽。1904 年底，绅商筹议争夺粤汉铁路路权时，绅商欲借长寿寺之半帆亭为会议地，伍氏"首出而抗阻"。^③ 又传言，绅商曾公议借长寿寺祖堂或女堂为公所，商之与伍氏，伍氏以"寺门以法事为重"加以拒绝。后来的报道视之为"庇僧之铁证也"。^④

伍铨萃与农工商会绅商的矛盾在设立商业学校时彻底爆发，酿成"毁学案"。1905 年 2 月，农工商会欲借该寺铁汁堂，开办"商业公立学校"。寺僧不允，由伍铨萃出面向官府请求让学校另外择地。商业学堂则置之不理，在得到总商会批准后，强行开学。双方遂发生激烈冲突。2 月 26 日，该寺数十僧人毁烂学堂匾额、校具，抢掠图书、仪器。27 日，又雇人拆毁农工商会俱乐部。传言这两件事皆由伍氏策划，并称他"祖僧毁学"。^⑤ 事件引起轩然大波，李戒欺等绅商自称"学界中人"与伍氏互相禀控，搅动整个广东士绅精英阶层。时敏学堂、述善堂、商业学堂诸位绅董连日在时敏学堂开会，定以商业学堂、时敏小学校联名向广东当局呈控，要求"责令长寿寺僧赔偿校具，让出地方，以凭再设学堂"。又以"全省学堂学生"名义发出一道公禀及数起电文，分别发送给在梧州剿匪的两广总督岑春煊，北京管学大臣、商部、翰林院，东京两粤留学生，务求远近皆知"伍铨萃主使之罪"。^⑥ 革命派报刊《广东日报》连日报道"毁学案"，大肆攻击伍氏"目无商会，目无粤吏、目无商部、目无清廷之绝怪恶潮，"将之

① 李衡皋、余少山：《粤商自治会与粤商维持会》，《广州文史资料》第 7 辑，第 21 ~ 29 页。

② 邱捷：《清末文献中的广东"绅商"》，《历史研究》2001 年第 2 期。

③ 《宣布伍铨萃四大罪恶》，《广东日报》1905 年 3 月 1 日第 1 页。

④ 《贼绅伍铨萃又狡辩祖僧毁学事矣》，《广东日报》1905 年 3 月 18 日第 1 页。

⑤ 《伍铨萃祖助寺僧闹学之详情》，《广东日报》1905 年 2 月 28 日第 1 ~ 2 页；1905 年 2 月 29 日第 2 页《伍铨萃祖僧毁学之大风潮二志》。

⑥ 《伍铨萃祖僧毁学之大风潮三志》，《广东日报》1905 年 3 月 3 日第 1 页。

与丁仁长、陈如岳并称"阻学三魔鬼"。^①伍铨萃则致电北京戴鸿慈、伍廷芳等人，禀诉黄景棠等耸动"学界"，又有某志士愿为之作证。^②

鉴于事件的恶劣影响，岑春煊下令查封长寿寺，以儆效尤。起初，该事件由南海知县主理。南海知县傅汝梅与伍铨萃为同年。他亲到该寺拜访伍氏，又召集绅董商讨善后，意图大事化小。后在管学大臣张百熙及商务部大臣的压力下，两广总督、广东巡抚札学务处、商务局会同办理，委派朱之英、崔丙炎两人彻查该案。^③3月13～14日，两委员召集各方人等到南海县署当面对质。^④两委员既不愿得罪潘金姓等绅董，也不愿得罪伍铨萃，故将责任归咎寺僧，令其赔偿商业学堂及农工商会俱乐部共2700元，并割菜园及寺后房屋数间。^⑤对此，各方均不满意，绅董一再要求严惩伍氏主使之过；伍氏四处申辩无果，不得不举家离省避祸。岑春煊也大为不满。他判断潘金姓等绅董、伍氏、寺僧均有责任，且案件影响恶劣，"寺僧纠众毁学，固已共见共闻。此风一开，办学者将有所畏惧。学者且日以多，于兴学大有妨碍"。^⑥在岑氏看来，寺僧聚众毁学确凿无疑。这在全国大兴学堂的背景下，俨然是政治性错误。若不严惩，无以彰显兴学之意。因此，岑氏下令查封长寿寺充公，滋事僧徒分别惩责驱逐。

① 贯公：《对待伍铨萃祖僧毁学之问题》，《广东日报》1905年3月3日第1页；援亚：《阻学三魔鬼丁仁长陈如岳伍铨萃之比较》，《广东日报》1905年3月4日第1页。丁仁长（1861～1926），字伯厚。光绪八年（1882）中举，翌年中进士，入选翰林院庶吉士。历任贵州乡试正考官、顺天乡试同考官、日讲起居注官等。1897年，主掌越华书院。1902年，以广府学宫明伦堂首席身份，创办教忠学堂，任监督。1903年，任广东存古学堂监督。陈如岳（1842～1914），字峻峰，号镇南，广东南海大富堡莲塘乡人。幼从学于朱九江，研习经史论著及八股文。同治十一年（1872）中举，光绪九年（1883）中进士。历任翰林院编修。后辞官归里，批注古籍，教育子弟，兼营陈太吉酒庄。曾为"莲香楼"题书牌匾。见广州市地方志编辑委员会编《广州市志》卷19《人物志》，广州出版社，1996，第186页；朱哲夫：《陈如岳与陈太吉》，《南海文史资料》第2辑，1983，第51～53页。
② 见《伍铨萃与寺僧毁学后举动》，《广东日报》1905年3月4日第1页；《贼绅伍铨萃之最近运动》，《广东日报》1905年3月13日第1页。
③ 《呜呼贼绅伍铨萃危矣》，《广东日报》1905年3月14日第1页。
④ 《研查贼绅伍铨萃毁学证据汇闻》，《广东日报》1905年3月15日第2页。
⑤ 《赔款割地后之农商工会》，《广东日报》1905年3月16日第1页。
⑥ 《岑督批长寿寺毁学案》，《广东日报》1905年5月16日第1～2页。

二 从寺庙到新式街市

长寿寺查封后，"学界问题"变成"经济问题"，其地产引来各方觊觎。长寿寺地产众多，租簿多达 117 册，附近"文兴里、福源里等街屋宇半属寺僧管业"，又有田地坐落在增城。① 对如何处置寺产，广东当局内部也有分歧，学务处欲在寺内开设实业学堂，省城电话局又想在该处设分局。又有商人集资数十万欲承领该寺及其铺产，开街建商场。② 西关人烟稠密，商贸兴盛，岑春煊认为若将该处开辟街市，必能获得最大的经济效益。于是，岑氏下令将该寺拆除变卖，款项拨充优级师范学堂，寺址改建为街市，原租寺产的铺户缴价领回产业。由道台温宗尧和南海知县刘鸣博作为改建监工委员。寺庙拆卸后，监工委员张贴《长寿寺改建商场之示文》，其文曰：

> 长寿寺屋宇业经一律拆平，现请工程师绘图划分街衢、铺户，务使四通六辟，头头是道。东将围墙拆平，通天巷出第七甫；西将三拱门左右铺拆平，通吉星里、福星街；北将围墙及小铺拆平，通洪寿大街；南将华帝庙拆平，通德星里；又将都府庙拆平，通小圃园。其余凡有可通之处无不尽行开通，四围开走马大街，中开棋盘街、十字街，铺户略仿香港、上海建筑洋楼，以兴商场而开风气。况此间为西关中心点，众所争趋，其兴盛可翘足而待。本省城厢居民稠密，而街道逼狭，往来行人肩摩踵接，至以为苦，故今日此地务为文明建设，以为他日各街改良之嚆矢。③

---

① 见《焚寺呈控》，《申报》1881 年 12 月 8 日第 1 版；《查封长寿寺余闻》，《申报》1905 年 6 月 27 日第 3 版；《长寿寺田产之估价》，《唯一趣报有所谓》1905 年 8 月 22 日，庄部第 3 页。

② 见《长寿寺之末路》，《唯一趣报有所谓》1905 年 6 月 9 日，庄部第 3 页；《长寿寺经济问题》，《广东日报》1905 年 6 月 9 日第 2 页；《觊觎长寿寺》，《香港华字日报》1905 年 6 月 10 日。

③ 《长寿寺改建商场之示文》，《广东日报》1905 年 11 月 2 日第 1~2 页。

　　在广东当局看来，新式街市需要有四通八达的十字马路，需要模仿香港、上海建筑西式洋楼，这样才称得上是"文明建设"，并欲使之成为街道改良的开端。消息传出，敏锐的商人立刻闻到了商机。一位梁姓商人拟利用开路的优势，在寺旁的福星里玉器墟一带，计划仿照墟廊形式创建土货陈列所。"闻赞成者甚为踊跃，不日即备价领地开办矣。"①

　　然而，建筑形式与商业兴盛没有必然联系，新街市未能如愿地振兴商业。1906 年 5 月，长寿寺前一段已建成洋楼数间，其余各段由承建工匠陆续兴工，已初具整体规模。记者相当看好街市前景，认为"西关繁盛之区当以此为巨擘也"。② 1906 年 9 月，新街市行将竣工，布局完全按照西式格局。时人描述，该建筑"中路拱形，两旁设明渠以泄水。上有拱篷，独立遮街。高于铺瓦数尺，以便空气流通。其直街铺户，则合掌共二十间，前后均可出入。复有巷铺户三间。各铺均建楼，亦殊广阔"。③ 这个新建筑设计却不合商人的理想，未能吸引资本流入。商人考虑得更多的是实际成本问题。该处地价定为每井 150 两，共 1700 余井。商人们认为定价过高，且建铺的图形不合丈尺，因此"裹足不前"。④ 1907 年 2 月，广东当局不得不减少租项以广招徕。后由德和公司出价最高，租得长寿街市试办。⑤ 几个月后经营毫无起色，德和公司一再呈请退办。当局不得不靠巡警"不准在附近之顺母桥、大巷口、长寿里等处街边摆卖鱼菜"来加以维持。⑥

　　寄托着发展商业宏愿的新街市，无奈改为了消费娱乐场所。据 1911 年 3 月 13 日《香港华字日报》报道，长寿街市规模太狭，不合街市之用，有李姓商人愿缴饷将街市改建影画戏园，得到当局批准。⑦ 这座戏院被命名为"乐善戏院"，是民国时期广州最负盛名的戏院之一。更有意思的是，关于长寿寺的种种戏剧性情节，再次被改编成广东改良时事新戏《自由女

　　① 《长寿墟拟设土货陈列所》，《广东日报》1905 年 11 月 4 日第 2 页。
　　② 《长寿寺商场工程》，《香港华字日报》1906 年 5 月 2 日。
　　③ 《长寿街市之形式》，《东方报》1906 年 9 月 23 日。
　　④ 《地段待领》，《香港华字日报》1905 年 11 月 21 日。
　　⑤ 《西关新街市定期开市》，《香港华字日报》1907 年 2 月 28 日。
　　⑥ 《警局维持新设街市之意见》，《香港华字日报》1907 年 6 月 1 日。
　　⑦ 《街市将易戏园》，《香港华字日报》1911 年 3 月 13 日。

滚水渌和尚, 岑宫保督拆长寿寺》, 1909 年在上海上演。其广告云该剧最初是在香港上演, 盛况空前,"观者人山人海, 已有招接不暇之势。即蒙绅商学界暨闺阁名媛同声叹赏, 誉传中外"。① 直至 1911 年, 这部改良剧仍是上海粤剧戏班"夜演出头"必演的热门剧目。② 已拆毁的长寿寺以这种娱乐化的形式留存在了人们的记忆里。

三　小结

长寿寺从百年寺庙到新式街市的发展历程折射出清末新政时期广州城市建设的一些问题。虽然在发展民族经济的旗号下, 官商都有模仿西方城市建设马路、街市、建筑和商场等的意愿, 但在实践中往往遭遇诸多困难。首先, 新建设需要解决土地的产权问题。清末新政时期, 广东当局曾先后在川龙口、大沙头规划开辟商场, 均因无法解决土地产权问题而失败。在长寿寺的案例中,"毁学案"为官府没收长寿寺提供了合理、合法的理由。这意味着, 只有在政府控制了长寿寺的土地产权后, 建设新街市才成为可能。值得注意的是, 市政公所成立后建立的第一座大规模"模范街市", 即禺山市场, 也是位于寺庙旧址之上。禺山市场原为新城育贤坊禺山关帝庙, 1913 年被广东军政府没收充公, 原因是"庙僧私售庙地"。③ 其次, 表面上看商民不愿接受长寿寺新街市是因尺寸不合、定价过高, 但实际上建筑形式变化背后所隐藏的是政府与商民关系的变化。新式街市设立以前, 商贩在街头巷尾随意摆卖, 具有较大的自由度和灵活性。在新式街市设立后, 商贩既要受限于固定的建筑形式, 也要受限于街市规则的管理, 还要承受铺位的租金。因此, 在新街市毫无起色时, 广东当局试图禁止商贩在附近街巷摆卖。在一定程度上, 商民抵制的不只是新式街市, 更

---

① 《重庆戏园》,《申报》1909 年 12 月 30 日第 7 版。
② 见《申报》, 1910 年 5 月 27 日第 7 版《重庆合记戏园》; 1910 年 9 月 29 日第 7 版《鸣盛公记梨园》; 1911 年 3 月 7 日第 7 版《粤班活趣戏园》; 1911 年 9 月 3 日第 6 版《鸣盛梨园》。据中山大学历史人类学中心粤剧粤曲文化工作室的谢少聪先生介绍,"夜演出头"是指戏班晚上正式的演出。
③ 见《香港华字日报》, 1913 年 10 月 29 日《禺山关帝庙充公》; 1920 年 1 月 13 日第 8 版《禺山市场开市》。

是政府日益加强的控制。

作者通信地址：广东省广州市海珠区仑头路 21 号广东财经大学人文与传播学院，邮编：510320。

责任编辑：黎俊忻

新发现清代广州十三行之隆和行[*]

邢思琳[**]

广州大学十三行研究中心，广东广州，510006

摘　要：广州十三行是由诸多商行组成的商会组织，商行及商人是十三行研究的主体内容，历代学者研究记述对中外文献所载商行及商人已经有了较为齐备的统计和研究。经过考证美国收藏的档案文献，以往研究所没有提及的隆和行及行商杨岑龚相关资料得以发掘，为广州十三行的研究增加了新的个案。

关键词：十三行；隆和行；丙官；"大土耳其"号

16 世纪世界开启了"海洋时代"，受中国丰饶的物产和巨大的市场吸引，西方资本主义国家商船蜂拥而至。乾隆二十二年（1757）清政府停止其他海关与西方国家的海路外贸渠道，通过粤海关建立"以官制商、以商制夷"的广州十三行制度，广州成为中西重要的贸易体系及文化交流中心。[①]

十三行是由诸多商行组成的商会组织，商行及人物是十三行研究的主体内容。[②] 随着资料发掘和研究的不断深入，不断发现新的行名行商，近

---

　*　基金项目：2017 年国家社科基金重点项目"广州十三行与海上丝绸之路发展变化研究"
　　　阶段性成果（批准号：17AZS010）。

　**　作者简介：邢思琳（1994 ~ 　），女，广州大学十三行研究中心硕士研究生。

　①　参见林瀚《清代广州十三行在中西交流中的历史地位》，《广州大学学报》2006 年第 8
　　　期；冷东《"十三行与清代中外关系"国际学术研讨会综述》，《广州大学学报》2012 年
　　　第 5 期。

　②　梁嘉彬《广东十三行考》设有"广东十三行行名、人名及行商事迹考"一章，对历年中
　　　外文献所载行 39 家、茶行 1 家的行名、人物进行了陈述。遗憾的是除少数商行内容较
　　　为详细以外，大多数商行只是个别史料罗列，无法得见全貌。时至今日，有关商行研究
　　　取得较大进展，同文行（同孚行）潘氏家族、天宝行梁氏家族已有研究著（转下页注）

期经过发掘考证美国收藏的档案文献，发现了以往没有提及的隆和行，为广州十三行的研究增加了新的个案。

一 隆和行的起家

隆和行的建立者杨岑龚，其籍贯和家庭资料尚不得而知，最初是从事瓷器贸易的行外商人。康熙五十九年（1720），十三行成立时对瓷器贸易有明确规定，瓷器有待特别鉴定者（按似指古瓷），任何人得自行贩卖，但卖者无论盈亏，均须以卖价百分之三十纳交本行。[①]而十三行成立不久，1727年7月英船"麦士里菲尔德"号（Macclesfield）抵达广州，该船所得的报告谓：粤海关监督已出布告，禁止全部低级商人，或不是公行的商人与外人来往或贸易，如作瓷器贸易者，缴付新公行20%，他们中间作茶叶贸易者，缴付40%。[②]杨岑龚最初以行外商人的身份，通过乾隆四十三年（1778）建立的广顺行进行瓷器贸易。广顺行破产后商馆为美国商人所租用，称为广源行。1833年美国传教士裨治文在《中国丛报》（*Chinese Repository*）第2卷上连载的《广州城概述》一文，对十三行商馆区地理位置、区内建筑、商馆名号、中外贸易状况、行商制度等进行了记载："……第9座是美国商馆，称为广源行（kwang-yuen hang），即'广阔源泉的商馆'。广源行与第10座商馆之间隔着一条宽阔的街，叫做中国街（China Street）。"[③]广源行成为美国商人在广州经商的主要据点，因此又被称为"美国馆"。日后的隆和行也成为美国商人主要的贸易伙伴，可以猜测杨岑龚早在作为行外商人时就已经和美国商人有了密切的联系。

（接上页注）作问世，并有较为丰富的论文成果；怡和行伍氏家族、广利行卢氏家族也有较多学者关注；此外泰和行颜时瑛、义成行叶上林、达成行倪秉发、万成行沐士方、兴泰行严启昌也有个别文章涉及。详见潘刚儿、黄启臣、陈国栋编著《广州十三行之一：潘同文（孚）行》，华南理工大学出版社，2006；黄启臣、梁承邺编著《广东十三行之一：梁经国天宝行史迹》，广东高等教育出版社，2003。

① 梁嘉彬：《广东十三行考》，广东人民出版社，1999，第85~86页。

② 〔美〕马士：《东印度公司对华贸易编年史》第1~2卷，区宗华译，章文钦校注，中山大学出版社，1991，第164页。

③ 〔瑞典〕龙思泰：《早期澳门史》，吴义雄等译，东方出版社，1997，第316~317页。

乾隆末期以后，行商因拖欠官府课税和外商债款而倒闭破产者不乏其人，因而面临抄家、下狱、充军的厄运，被流放到伊犁者相续于道，行商已不足以应付对外贸易的需要。因此，粤海关监督延隆以"数年以来，夷船日多，行户日少，照料难周，易滋弊窦"为由，上奏要求"嗣后如有身家殷实呈请充商者，该监督察访得实，准其暂行试办一二年，果能贸易公平，夷商信服，交纳饷项不致亏短，即照旧例一二商取保著充"。① 于是，由总商联名保结的制度即宣告停止，试办制出现。为了招收新行商，海关监督还将领取行商执照的规费，从过去的 7 万两至 20 万两减为 4 万两甚至 1 万两，以广招徕。②

梁嘉彬引马士《东印度公司对华贸易编年史》卷 2 所载 1783 年 Se-un-qua（即义丰行蔡昭复）破产事云："根据海关监督之令，Se-unqua 已被迫将其最后剩下之财产荷兰馆（Dutch Factory）出卖，以缴付皇上税捐，因此，彼已被视为完全破产。新行商之一 Pinqua（即"丙官"或"丙观"），用一万六千六百两将其承购。"③ 到 1784 年，十年赔偿期限到了，蔡昭复却无资金。监督将此情况密告皇帝，建议将其所欠荷兰东印度公司的 30500 两债务平摊给了 Tan Tsjooqua、Monqua、Pinqua 和 Geowqua，四人同意在四年之内分期赔付给荷兰东印度公司。④ 1786 年 8 月 22 日丙官等四人签订互保声明，将义丰行破产后剩下原来供给荷兰人的商品用以抵扣欠款。正是在这种形势下，杨岑龚由行外商人进入行商队伍，成立隆和行，商号"丙官"或"丙观"。⑤ 杨岑龚建立隆和行后，1782～1793 年主要与美国商人进行

---

① 《宣宗实录》卷 155，中华书局，2008，第 894 页。

② H. B. Morse, *The Chronicles of the East India Company Trading to China*, *1635 - 1834*, vol. 4, Oxford: Clarendon Press, 1926, pp. 201 - 202, 372.

③ 梁嘉彬:《广东十三行考》，第 271 页。

④ Paul A. Van Dyke, *Merchants of Canton and Macao*: *Politics and Strategies in Eighteenth-century Chinese Trade*, Hong Kong University Press, 2011, p. 134, nn. 49, 50. BL (British Library): IOR (India Office Records) G/12 (English East India Company's Canton Factory Records in the British Library, India Office Records) /77, 1783.02.21, pp. 19 - 20. Ch'en, Kuo-tung Anthony, *The Insolvency of the Chinese Hong Merchants*, *1760 - 1843*, Academia Sinica, 1990, pp. 267 - 268.

⑤ 因"观"与"官"同音，按照行商普遍称谓"浩官""启官"等，"丙观"亦可作"丙官"，应为隆和行行商的称谓。

贸易往来。①

《广东十三行考》中并无关于隆和行和杨岑龚的相关记载，但可以从其他史料中找到旁证。美国自 1784 年后开始与中国直接进行贸易，该国商人也留下了许多宝贵的商业文书。在美国马萨诸塞州塞勒姆市皮博迪·艾塞克斯博物馆（Peabody Essex Museum）和菲利普斯（Phillips）图书馆的资料中搜集到隆和行的印章资料，印文为"丙观"。印章是权力和职能的标志，更是身份和名称的信物。方寸的印章是"取信于人"的物件。书画家钤于作品之上，用以表示自己的创作；鉴赏家盖于作品之上用以表示自己的慎重鉴别；藏书家盖于作品之上，表示曾为己所有的宣示；政治家盖于条约之上，代表的是国家的意志和承诺；商人们盖于契约之上，代表的是身份和义务的约束。十三行行商有单独的印章吗？学术界尚无任何证据和研究成果，因此隆和行"丙观"印文的发现实属可贵，为隆和行的研究提供了宝贵的资料。

二　隆和行与美国"中国皇后"号

美国独立后，英国采取各种经济手段对其报复，面对各种危机的美国必须打破这种僵局，"如果不是独立战争结束所带来的巨大幸福感使一些人对于必将到来的经济真空持麻木态度，'中国皇后号'起航这样一个大胆的远见可能不会那么快浮出水面"。② 美国迫切需要新的贸易伙伴，确立直接通商关系，开拓新市场。1784 年 2 月 22 日，正好是华盛顿 52 岁生日，由费城大商人罗伯特·莫里斯、丹尼尔·派克和纽约公司共同投资购买的"中国皇后"号商船正式启航。"中国皇后"号是一艘由私掠船改装而成的、机器发动的木制帆船。船身长约 31.8 米，宽约 8.66 米，吃水深度约 4.88 米，③ 只有约 360 吨重。船上的人员主要有船长格林（John Green），海军

① 陈国栋：《东亚海域一千年：历史上的海洋中国与对外贸易》，山东画报出版社，2006，第 270 页。

② 〔美〕菲利普·查德威克·福斯特·史密斯编《中国皇后号》，《广州日报》国际新闻部、法律室译，广州出版社，2007，第 12 页。

③ 〔美〕菲利普·查德威克·福斯特·史密斯编《中国皇后号》，第 26 页。原文记载长为104.2 英尺（编者注：1 英尺 = 0.3048 米）。

出身，具有丰富的航海经验。商务代理人山茂召（Samuel Shaw），战功卓著，精力充沛，颇有才气。除此之外，还有副船长、木匠、医生、水手等43 人，船上的货物基本上以人参、皮毛、羽纱为主，计载有人参 473 担、毛皮 2600 张、羽纱 1270 匹、棉花 361 担、香料 26 担等。① 船离开纽约港，历时 6 个月来到中国的广州。8 月 23 日到达澳门，一周后，"中国皇后"号抵达了目的地黄埔港。

按照中国外贸管理的规矩，美国人来华进行贸易，必须为自己的人和船雇用一名担保商人，担保"中国皇后"号缴纳税款和人员的行动。"中国皇后"号除了选择他们认为最可依靠的商人潘启官作为担保人，也选择了杨岑龚作为保商，因为小行商与外商贸易更加热心。"中国皇后"号与隆和行的良好合作，也奠定了杨岑龚与美国商人长期合作的基础。

"中国皇后"号在广州停留 4 个月，于 1784 年 12 月 28 日自黄埔港起锚返美。1785 年 5 月 11 日抵达纽约，往返共用 15 个月。在广州，他们把带来的全部货物售出，并购进了他们需要的中国特产——茶叶、丝绸、瓷器等。其中红茶 2460 担、绿茶 562 担、瓷器 962 担、丝绸 490 匹，此外还有香料、棉布、肉桂等。这次对华贸易投资共 12 万美元，获利 3.07 万美元，利润达 25%②。

三 隆和行与美国"大土耳其"号

17 世纪 80 年代的美国塞勒姆市，位于波士顿东北 16 英里（约合 25.7千米），人口 9500 人，按人均计算，它是当时美国及之后三十年的第六大人口中心和最富裕的城市。凭借精明的生意头脑和管理能力，1739 年 8 月

---

① 〔美〕马士：《东印度公司对华贸易编年史》第 1 ~ 2 卷，区宗华译，章文钦校注，第 417页。文中原注认为，这个（马士记载"中国皇后"号运入中国贸易的物品）表格与公司的记录相符的，但贸易的一些数目有出入，怀疑羽纱的价格是错误的。

② 关于"中国皇后"号对华贸易的利润率，有不同的说法。一些报刊说达到几倍甚至十几倍的获利，不足信。有两种记载还是可以参考的。如按丹涅特的数据，"中国皇后"号首航的纯利润是 37700 美元，那么利润率为 30%。如采用赖德烈的数据，纯利润是 30727美元，那么利润率就是 25%。此间存有债务问题、风险问题和内部利益分歧，笔者采用后一种数据。参照〔美〕泰勒·丹涅特《美国人在东亚》，姚曾廙译，商务印书馆，1959，第 6 页；〔美〕赖德烈《早期中美关系史》，商务印书馆，1964，第 11 页。

6 日出生于塞勒姆的伊利亚斯·哈斯克特·德比被认为是美国第一个百万富翁。1776 年美国向英国宣布独立之后，德比利用私掠船与强大的英国海军交战。私掠船系指"战时政府所雇，用以攻击和劫掠敌方船只，尤其是商船的私人武装民船"。① "大土耳其"号（Grand Turk）本是一艘私掠船，通过劫掠英国商船发家，同时开展与西印度群岛、欧洲、南非、印度及中国之间的贸易联系。

1784 年 11 月 17 日，德比派"大土耳其号"前往开普敦，途中遇到刚刚回来的"中国皇后"号及携带的茶叶、瓷器和丝绸等货物，令德比对潜在的中国市场有了深入了解，在那次相遇中搜集到的信息在很大程度上促使了塞勒姆的商人参与后来的对华贸易。②

1786 年"大土耳其"号抵达广州黄埔，韦斯特船长、范斯和萨皮尔是商人，由于不熟悉广州的贸易制度，他们拜访了新近被任命为美国驻华领事的山茂召，③ 他们租了一条舢板，沿河前进，最后在商馆区登陆。看到标志美国领事馆的美国国旗在一幢建筑物前飘扬时，他们感到非常高兴。山茂召欢迎他们的到来，并在租来的一间外国商馆接待"大土耳其号"的客人。他详细介绍了广州贸易的独特方式，还告诉韦斯特船长、范斯和萨皮尔，在贸易之前，他们必须指定一位行商作为"大土耳其"号的代理。山茂召推荐之前有过交往的丙官，经双方会晤，丙官作为"大土耳其号"的保商，为"大土耳其号"推荐了一名买办，后又为其雇用了一名通事，④在杨岑龚的斡旋下，美国商人的贸易活动顺利进行。

---

① Webster's New World Dictionary, Pocket Star Books, 1988, p. 1071.

② 〔美〕菲利普·查德威克·福斯特·史密斯编《中国皇后号》，第 206 页，插图 57 的文字说明。

③ 1786 年，山茂召"被国会任命为美国驻广州领事，而兰德尔先生则被任命为副领事"，任职三年（1786～1789）。参见 Josiah Quincy, *The Journals of Major Sammuel Shaw*, p. 219. "虽然这个职务既无薪金，又没津贴，可是这样受到美国信任和推崇的一个明显标志，无疑会给你一定程度的分量和体面。"参见 Foster, R. Dulles, *China and America*, *The Story of Their Relations since 1784*, Greenwood Press, 1981, p. 2。但从实际权限看，早期美国驻广州领事的身份更像是商业管理人员。他们通常被称为"大班"（supercargo），即商务总管。

④ 外国商人必须通过保商来雇用通事和买办而不能自由选择，参见 Paul A. Van Dyke, *The Canton Trade*: *Life and Enterprise on the China Coast*, *1700 – 1845*, Hong Kong: Hong Kong University Press, 2007, p. 52。

杨岑龚负责评估了"大土耳其"号的货物价值，进行了采购茶叶以及关税估算，并负责联系粤海关监督的到来。船只开舱前，必须经过丈量，缴纳"规礼和船钞"。粤海关监督会亲临这一仪式现场。韦斯特船长闻讯，立即返回黄埔，作好迎接海关监督的准备。次日早晨，"大土耳其"号的甲板已用砂石打磨干净，黄铜器皿也擦得铮亮，总之，船上的一切都焕然一新。美国国旗高高飘扬，德比公司的旗也升上主樯。船员们配发周日才能穿的最好的制服，乘务员则把点心备好。临近正午，由十名桨手划行，上面飘着不计其数的三角旗和大清国龙旗的海关监督船只沿河驶近，围行"大土耳其"号几周。步桥放下，身着华丽丝织官袍的海关监督登上"大土耳其"号。随行的是丙官及扈从人员。韦斯特船长在舷梯迎接来访者，寒暄客套之后，重要的丈量程序开始了。一名随员拿起一根丈量的带尺，从舵头前部拉到前樯后部，将长度仔细地记下来。然后又从船的中部，靠近主樯后面的盖板中间量出船的宽度。船只大小计算如下：两数相乘，得出总尺数，丈量费按每尺多少两的方式计算。"规礼"是在所获银两基础上翻一番，加上 50% 就是海关"放关费"。再加上一些其他名目的费用，比如丈量费的 10% 即"财政监督费"，另外 10% 用来支付"解京费用和衡量费"。除此之外，还要拿出总数的 7% 作为广州与北京称量差额的费用，以及 0.2% 的折兑手续费。让韦斯特船长吃惊的是，这艘仅 300 吨重的"大土耳其"号，各项税费折算成美元后，居然高达 3500 美元。① 萨比尔原计划将货物卖出后，用货款购入美国市场需要的茶叶。但入港费用远远超出他的预算，因此不得不将货物以 12300 美元的价格抛售，所得收入勉强能够支付租金、范斯的债务以及入港规费。②

看到萨比尔即将破产，范斯遂于 9 月底和杨岑龚签订了一个武夷茶的购买合同，费用由丹麦、荷兰公司支付（见图 1）。额外支付的 10000 美元，丙官会帮助范斯选购上好的松萝茶以及陶器，交货日期是 1786 年 12 月 1 日。这是因为到 11 月底才能将茶叶收割完毕，之后要走差不多 300 英

---

① 船只丈量部分明显参考了亨特《广州番鬼录》"船只进出口"一节，只是数字有出入。《广州番鬼录》是以 1830 年 6 月到广州的纽约船"玛利亚"号为例，该船入港税费 3666.6.6.7 美元。参见〔美〕亨特《广州番鬼录》，冯树铁、沈正邦译，广东人民出版社，2009，第 101 页。

② 参见 Peabody, pp. 88 - 89; McKey, p. 184。丙官有关"大土耳其"号的货物合同。

里（约合 482.8 千米）的路程才能将茶叶运到。"大土耳其"号最终于1787 年元旦离开广州。返回塞勒姆的途中，在开普敦装上去年 6 月就已订购的毛皮。

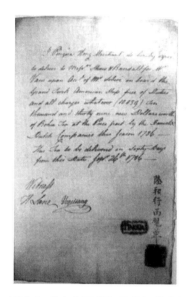

图 1　丙官与"大土耳其"号签订的茶货合同

1786 年的最后一天，最后一箱茶叶装上"大土耳其"号，木匠开始封闭底舱。启航的各项准备工作正在进行。中桅升起，挂上风帆，帆具及各部件均从岸上堤房拿到船上，妥善放在船上指定的地方，买办带来航海所需的各类物品。范斯、韦斯特的生意已经完成，准备离开领事馆。出发当天，他们去和丙官告别。丙官以常规礼仪接待了他们，饮茶环节结束后，他让仆从拿出一个大瓷碗，作为客人居留广州的纪念品。这个瓷碗绘制精美，碗心绘着满帆的"大土耳其"号，船上悬挂两面旗子，文字显示"大土耳其号在广州，1786 年"（见图 2）。① 然后，韦斯特船长让通事向粤海关申请"大土耳其"号的离港执照。这份文件在货物装好后发给他们，证明所有手续都已办妥，所有税费均已缴齐。换句话说，这相当于现代海关

---

① 德比之子于 1800～1801 年将此碗捐献给皮博迪·艾塞克斯博物馆（前身是 1799 年在塞勒姆成立的东印度航海学会），与该馆收藏的其他文物一样，该碗有十分清楚的来源和收藏记录。该碗虽是丙官亲赠，但所绘图案可能不是大土耳其号，详见王睿《"大土耳其"号来华贸易考辨》，《清史研究》2016 年 1 期。

的出入境许可证。一切手续办妥，"大土耳其"号升桅挂帆，准备返航。买办前来道别，按惯例给船长和船员带来礼物，其中包括荔枝、橘子、坛姜及其他美味佳肴。分送完毕，又转身回到舢板船上，在一根竹竿上点燃爆竹，保佑船只一帆风顺。"大土耳其"号回以礼炮，正式开航。至虎门关口，海关人员检查船牌，通关放行。经过澳门，引水下至一只等待的舢板，这是"大土耳其"号看见的最后一个中国象征。广州、黄埔之旅已成追忆。船员们结束漫长的旅途，正式踏上塞勒姆的返程之旅。

图 2　丙官赠送的粉彩加金"大土耳其"号船图调酒钵，景德镇，口径 40.5 厘米，美国马萨诸塞州皮博迪博物馆藏

"大土耳其"号的广州冒险之旅盈利丰厚。当它于 1787 年 5 月 22 日抵达塞勒姆之际，伊利亚斯·哈斯克特·德比就迫不及待地查看广州的购货清单：

240 箱武夷茶 & 175½ 箱武夷茶	17510 美元
2 箱熙春茶	95 美元
52 箱小种红茶	521 美元
32 箱武夷工夫茶	459 美元
130 箱肉桂	779 美元
10 箱肉桂子	85 美元
75 箱陶瓷器	1923 美元
945 张牛皮	1050 美元
100 张麂皮，50 张鹿皮，130 张普通皮	184 美元
10 桶酒	568 美元
1 箱纸	44 美元

总计　　　　　　　　　　　　　　　　　　23218 美元

　　我们从清单中看到，[1] 占"大土耳其"号船货总数量80%的各式中国茶中，武夷茶就占了75%，此外，中国陶瓷占8.3%，开普敦采购的牛皮则占4.5%。

　　很难弄清德比究竟从这批货中盈利了多少，因为它们被送到仓库后，可能要好几个月才能销售完毕。1785年12月，"大土耳其"号从塞勒姆售出的商品，达31000美元。[2] 而在开普敦和毛里求斯仅以成本以下的价格销售，得到25000美元。船货清单显示，"大土耳其"号的回船货物价值仅23000美元多一点。据一位历史学家估计，本次航行所得收益是投入资金的两倍多。如果情况属实的话，那么德比的利润主要来自中国茶叶和陶瓷器，为成本价的两倍多。而据某消息称，广州武夷茶的价格是每箱17英镑，而在塞勒姆，每箱竟高达40英镑，茶叶等级越高，获利越大。[3]

　　有关"大土耳其"号的广州贸易，记载最详尽的莫过于罗伯特·E.皮博迪编著的《"大土耳其"号航海日志》，书中材料主要采自"大土耳其"号主人，伊利亚斯·哈斯克特·德比的商业信函以及商船的航行日志。这些材料目前都保存在马萨诸塞州塞勒姆市皮博迪·艾塞克斯博物馆和菲利普斯图书馆，此外也有关于"大土耳其"号的研究成果可作参考。[4]

四　隆和行的结局

　　1787年，清政府要求广州商人分担30万两的国家预算经费。[5] 从1760

---

① Peabody，p. 102.

② Peabody，p. 104.

③ 德比资料中的茶叶销售账目，引自 McKey，p. 236。

④ 袁清：《第一艘"大土耳其"号，伊利亚斯·哈斯克特·德比与广州贸易》（1780~1790），载冷东主编《广州十三行文献研究暨博物馆建设》，世界图书出版社，2014；王睿：《"大土耳其"号来华贸易考辨》，《清史研究》2016年1期。

⑤ Paul A. Van Dyke, *Merchants of Canton and Macao: Politics and Strategies in Eighteenth-century Chinese Trade*, p. 194. n. 57；ZhuangGuotu, *Tea, Silver, Opium and War: The International Tea Trade and Western Commercial Expansion into China in 1740 – 1840*, Xiamen University Press, 1993, p, 41. NAH（National Archives, The Hague）：Canton 93，1787. 08. 20.

年成立"公行"开始到 1843 年行商制度被废止的 84 年间，前后共有 47 家洋行。而这 47 家洋行当中的 37 家在 1771～1839 年陆续停业，平均不到两年就有一家停止营业。除了两家是因为行商退休，四家原因不明，八家因能力不足或涉及违法被勒令停业以及三家因行商死亡后继无人而关闭外，其余 20 家洋行都是由于周转不灵而导致破产。[①] 丙官所经营的隆和行也不例外。1791 年，丙官负债日多，第二年就无能为力了。他虽然一度富有，但在官府勒索和外商钳制的双重重压下不堪重负，隆和行终于在 1792 年倒闭，债务又分摊给了其他行商。作为乾隆时期的十三行之一，隆和行向为人们所忽略，稍有论及，也语焉不详。笔者就仅见的几条材料稍加梳理，唯期抛砖引玉，引起更多学者的注意。

作者通信地址：广东省广州市番禺区广州大学十三行研究中心，邮编：510006。

责任编辑：黎俊忻

[①] 陈国栋：《东亚海域一千年》，第 271 页。

地方学理论探讨

从广州研究到广州学的兴起

刘平清*

广州大典研究中心，广东广州，510623

摘 要："广州学"最初的提出，是对国内城市学研究兴起的一种回响与反应。文章通过梳理学界广州学研究的现状，回答何谓广州学，广州学何为，广州学的兴起与广州研究的关系，最后阐释广州学与《广州大典》的关系。

关键词：广州学；广州研究；广州大典

城市是文明社会发展到一定阶段的产物。与城市悠久历史相比，城市学的研究要晚得多。迟至20世纪初，美国学者帕特里克·盖迪斯把生物学、社会学、教育学和城市规划融为一体，在世界最早提出"城市学"的概念。在城市化领域一直走在世界前列的美国，20世纪二三十年代蔚然兴起的社会学芝加哥学派，研究的一个重点就是城市。[1] 20世纪60年代，伴随着战后日本经济的起飞，东京经济圈的崛起，日本学界高度重视对城市学的研究。1968年，日本城市科学研究会更名为"日本城市学学会"，就可见一斑。

20世纪80年代中期，中国改革从农村转入城市。城市在社会生活中发挥的作用越来越大。1983年，李铁映刊发了《城市与城市学》一文；1985

---

* 刘平清（1967~ ），男，汉族，湖北襄阳人，文学博士，高级记者。历任广州日报社理论评论部副主任、太原日报社总编辑、河源日报社总编辑等职，现任广州大典研究中心常务副主任。

① 〔美〕帕克等：《城市社会学——芝加哥学派城市研究文集》之中译本序言，华夏出版社，1987。

年，钱学森发表了《关于建立城市学的设想》；1986 年，以陈旭麓等为代表的上海历史学者，在国内提出创建"上海学"的呼吁。同样是 20 世纪 80 年代中期，随着澳门研究尤其是澳门历史文化研究的步步深入，学术界关于建立"澳门学"（Macaology）的呼声日益高涨。以陈树荣、杨允中、黄汉强为代表的一批澳门学者，就曾于 1986 年 11 月的一次有关澳门研究的学术研讨会上，提出过要建立"澳门学"的构思。20 世纪 90 年代初，海南建省不久，就有学者建言，建立世界性的独立学科"海南学"。① 随后，海南学首届学术研讨会于 1992 年 3 月底在海口举办，并推出《海南学论丛》。

进入 21 世纪，中国城市化发展步伐明显加快。在此期间，泉州、武汉、西安、杭州、温州等城市都提出建立以自己名字命名的泉州学、武汉学、西安学、杭州学、温州学等。在海峡彼岸，创建于 1914 年的台湾图书馆，前身系日本殖民统治时期设立的"台湾总督府图书馆"，为台湾历史最悠久的公共图书馆，拥有最丰富的台湾文献资料，长期以来成为研究台湾历史、文化、政治、经济等各领域的知识宝库。无论是在资料的数量与研究价值方面，堪称海内外台湾研究资料的重镇。台湾当局于 2007 年 3 月批准在该馆成立"台湾学研究中心"以加强台湾学研究的推广。

"广州学"最初的提出，是对国内城市学研究兴起的一种回响与反应。2010 年 5 月，广州市文史馆副馆长李翔与馆员邱昶赴武汉参加"历史文化与城市发展"论坛。受会上学者提出建立"武汉学"的启发，二人合作撰写《创建"广州学"刍议》一文，发表于馆刊《文史纵横》。此议得到广州市领导的重视和批示，市文史馆更是大力支持，推进此事。随后，有关方面举办了以"广州学"为题的学术研讨会，在馆刊《文史纵横》上开辟研究广州学的栏目。② 2012 年 3 月，广州市文史馆派馆员到开展城市学研究较早的上海、杭州、温州考察取经，考察组成员之一，广州市文史馆馆员林子雄撰文《可否建立"广州学"》，③ 介绍考察经过，"广州学"的提法被社会更多人注意并引起共鸣。

---

① 周伟民：《建立世界性的独立学科——海南学》，《海南日报》1990 年 3 月 15 日。
② 参见陈泽泓《广州学》之《序二》，广州出版社，2014。
③ 参见《羊城晚报》2012 年 4 月 30 日。

近年来，从广州学概念的提出到《当代广州学评论》集刊的创办，再到广州大学广州学协同创新发展中心的制度建构与安排，广州学国际论坛的一次次举办，使广州学越来越成为一个引人注目的学术现象。本文试图通过梳理学界对广州学研究的现状，回答何谓广州学，广州学何为，广州学的兴起与广州研究，最后阐释广州学与《广州大典》的关系。

一　何谓广州学

何谓广州学？《广州学引论》作为国内最早一部研究广州学的著作，作者也承认，"由于广州学是一门初创之学，目前要给其下一个精确的定义是比较困难的。但下列思路却是明确的：广州学不同于广州史、广州志；广州史是记述广州的过去，广州志是分载广州的自然和社会诸现象；广州学高于广州的史、志，是它们的理论升华"。"顾名思义，广州学当然是以研究广州为对象，研究广州的历史沿革、历史文化、社会经济、当代发展、广州人以及自然状态等。"在作者看来，"广州学是一门从对广州的历史文化与现实问题的研究中，找出它们之间的联系和内核，揭示它们之间发展的内在的一般规律，并在此基础上进行整合型研究的学科"。①

作者的上述看法，基本上借鉴了陈旭麓先生对上海学的论述。在《上海学刍议》中，陈旭麓先生说："顾名思义，上海学当然是以研究上海为对象，但它不同于上海史、上海志，史是记述的过去，志是分载它的自然和社会诸现象，学高于史、志，是它们的理论升华。上海学要研究上海沿革、政治、经济、文化、社会和自然状态，这些都是早已分别研究的内容，也是正在深入研究的内容，但它们的排列不等于'上海学'。上海学应该是从对于上海的分门别类及其历史和现状的研究中，找出它们的联

①　邱昶、黄昕：《广州学引论》，广州出版社，2014，第12页。该书共分七章，第一章探讨广州学的基础理论，第二章是广州学文献工作，第七章是广州学研究工程选题参考；其他四章分别论述广州的城、市；千年商都；独树一帜的广州文化；展示大写的"广州人"，这四章占了全书的大部分篇幅。而广州学研究工程选题参考中，大部分属于广州历史文化研究、广州政治经济社会等研究。从学理性上说，大部分选题内容属于传统广州研究的范畴。

系和内核，由此构成为研究和发展上海这样一种都市型的学理，富有上海的特殊性，又含有都市学的共性。"①

也有学者认为，广州学"是以广州地区为对象，从历史演变、风俗习惯、文化传统、物质生产、宗教信仰等各个方面研究广州城市的形成、变迁和发展的过程，通过跨学科的综合比较研究，探究广州的社会人文，发现广州独特的精神气质和城市形象，凸显广州的文化特色"。②

广州地方志研究专家胡巧利认为，"广州学的研究领域应当包括广州城市的发生与发展、结构与功能、组合与分布等方面的客观规律，以及各种广州城市问题产生、发展与解决的机制"。③

以上几种关于广州学的概念，有其共同性一面，都认可广州学是以广州为研究对象的综合性学科；广州学研究离不开传统的对广州历史、文化、政治、经济、社会、城市发展等的研究，但又不能把对后者的研究与广州学完全混为一谈。

在广州学引起学界重视的同时，其质疑声从来都没有停止过。质疑广州学的学者们经常提出的疑问就是，是否每个城市都会冒出以城市命名的"学"？如果命名如此随意，这样是否会泛滥？在笔者看来，这种担心是多余的。不是每个城市的研究都可以随便命名为"学"的。比如，1988 年才设市的广东河源，我们可以说要重视对河源市的研究，但不能因此就倡导"河源学"。

还有人质疑，广州学作为一个学科，非驴非马，影响学问、学术的严肃性；他们还担心广州学与传统的"广府学"、广府文化等形成一种研究的重复。这其实是对作为名称后缀的"学"的误读。定义一个语词，就是定义一个概念。从形式逻辑来说，要求概念的明确与准确；概念的明确与准确，就要有其明确的内涵与外延。汉语语境中，"学"有多重含义。有

---

① 陈旭麓：《上海学刍议》，《上海大学学报》1986 年第 1 期，第 10 页。这一年，由上海大学文学院举办了首届上海学研讨会。上海学再次引发上海学界的讨论已是 20 世纪末，《史林》杂志 1999 年第 5 期在刊发有关讨论文章中，再次刊发陈旭麓先生的文章。

② 李钧、顾涧清：《广州在海上丝绸之路的历史地位与作用研究——基于广州学的研究视角》，《当代广州学评论》2017 年第 1 期，社会科学文献出版社，2017，第 122 页。

③ 胡巧利：《广州学视野下的〈广州城坊志研究〉》，《当代广州学评论》2017 年第 1 期，社会科学文献出版社，2017，第 241 页。

时"学"与思想、文化、文明等外延更大的语词画等号。比如与"西学"相对应的"中学",是指西方文化与中国文化。包括汉学、兰学、东方学、国学、汉学、儒学、道学、佛学等,这里的"学",不仅仅指学问学术,也是思想文化的代名词。在这个意义上使用的"广州学",完全可以涵盖传统的广府学研究与广府文化研究。但为什么要用"广州学"替代"广府学"呢?因为广府学或者广府文化研究,更多是对清代中叶以前广州府及下辖的 14 个县的研究。地理区域远远大于今天广州的行政区划。广府学无法涵盖广州学,而广州学可以包括广府学。在汉语中,"学"有时又是指学问、学术思想、学科,与之相对应的英文词汇后缀是"logy"。广州学作为一门学问,和"广州研究"在许多方面有其相似的地方;广州学作为一门学科,则意味着对广州研究的学科化。因此,广州学有着广义与狭义之分。广州学包含有基础的研究,但更要有超越基础研究的学理成分。

广州是全球城市发展史中的奇迹。在全世界所有城市中,只有广州是保持千年不衰的商业型城市。后起如纽约、首尔、东京等世界名城都是过去五百年间才开始繁荣崛起,上海开埠时间不过 175 年,香港也是从 20 世纪 50 年代才繁荣起来的。而曾经与广州一起站在世界巅峰的威尼斯现在只有往事可追忆。到底是什么因素,让广州保持了千年竞争力?[①]

媒体的探讨,再次说明广州在世界城市之林中的独特性。如果没有自秦始皇三十三年(公元前 214 年)在番禺设立南海郡以来这 2000 多年的历史沉淀,没有广州在海上丝绸之路扮演的重要角色,没有广州在近代中西文化激荡中发挥的重要作用,没有广州在第一次国共合作和改革开放中的领跑,更重要的是,如果没有今天广州对继续保持自己在中国和世界城市之林中地位的雄心和追求,就不可能催生近代以来海内外数不胜数的与广州有关的研究,而这正是广州学兴起的学术背景和坚实的基础。学界呼呼广州学的诞生,一则表现为社会实践的需要,再则表现为知识增进的需要。应运而生的广州学,也可以说是时代发展的产物。

因此,何谓广州学?从归类看,它首先属于地方城市学范畴,是在传

---

① 郑佳欣等:《广州为什么是全世界唯一千年不衰的商业城市?》,《南方日报》2018 年 2 月 8 日、9 日。

统广州历史、广州方志等奠定的雄厚的学术研究基础上，以广州为研究对象的一门综合性学问、学科。通过学术化、学科化，不仅探究广州作为城市的共性一面；更重要的是，深挖广州作为历史上唯一两千年不衰的世界名城背后的独特性一面。广州学研究不是发思古之幽情，仅仅面对过去，关键是要在传统研究的基础上，实现创造性的转化，立足现在与未来。广州学，从根本上说，是要回答广州何以成为广州，广州为什么行，广州怎么才能行。广州学要服务于今天广州城市建设、城市发展、城市管理等的需要；通过对比世界名城发展之路的研究，为破解广州城市发展难题献计献策；回答在当今第三轮城市化浪潮中，广州将走向何处。从这点上说，广州学具有明显的综合性与交叉性，是学理与现实兼具，历史与未来并重的综合性学科。

二　广州学何为

在笔者看来，做好广州学研究，要处理好三个不同的关系范畴。

古与今。今天的广州是对昨天的广州的延续与继承。必须承认，与中原地区、江南地区相比，岭南地区开发较晚，长期处于落后状态。但进入明清时期，以广州为代表的岭南文化基本上与全国同步，甚至在许多方面领先全国。特别是改革开放近 40 年以来，包括广州在内的广东省的发展更是处于全国的最前列。经济大繁荣的背后，当然有地理环境、政策等的因素，但与一个地方的文化也有直接关联。

中国传统文化，历来重视义利之辨。孔子说："君子喻于义，小人喻于利。"孟子著名的鱼和熊掌不可兼得，其价值取向是舍生取义、义高于利。朱熹一生非常看重义利之辨，甚至说"义利之说，乃儒者第一义"（《与延平李先生书》）。由此出发，以谋利为业的商人，在中国社会历来地位都比士农要低。

学界普遍认为，以广府文化为代表的岭南文化，向来重商、重利、重物。这种价值取向和中国传统文化形成鲜明的对照。清末民初广州府人何启、胡礼垣一反上述传统观念，他们从人的本性中寻求社会发展动力的重要源泉："天下之人所以贵者，非必尽出于士大夫也。元时隶儒于娼后亦能享国百年。其他若日本初行西法时，仍以士农工商为等，而积弊不蕫，后改商农工士为等，而风气始开。此则今日中国所宜急学者也。"把商人的地位提高到士大夫之上，这种主张在中国可谓空谷足音，弥足珍贵。为此，他们还主张采取一系列具体措施来辅助新政的实行。如减轻商税，奖励制造、贸易，发放贷款等，保护工商业者利益；他们还提出统一发行纸币的主张，以利于商品流通，并倡导民间集股或国家筹款修建铁路、造轮船，鼓励民间合资办厂，有利于国内外通商贸易。①

几年前，广东学界展开了广东精神的大讨论，最后经过反复提炼，推出的新时期广东精神是"厚于德、诚于信、敏于行"。我们不难从重商、重利、重物，肯定利益，肯定事功的岭南传统中，寻找到"诚于信、敏于行"的历史渊源。

从广州学角度，研究广州历史、广州城市、广州文化、广州民俗等，关键是打通古今，为今天的广州发展服务。通过研究，辨析传统的优劣长短。仍然以重商、重物、重利而言，导致广州文化趋向消费型和平民化，在极大地促进了广州繁盛的同时，是否也有其负面影响？这些值得我们研究。

中与外。复旦大学教授葛剑雄在接受笔者采访时指出："比较而言，广州文化最有价值的是在中国近现代文化进程中扮演的独特角色。鸦片战争前，广州作为唯一的通商口岸，既向外传播中国文化，又向内引进西方文化。前者如广彩、广州通草画等，大量通过广州流传到世界各地。我认为，广州近代以来对海外的影响远比我们知道的要多得多。对内而言，像老花眼镜、自鸣钟等都是通过广州登陆中国流布四方的。此外，广州人文资源中，最有价值的是与近现代革命有关的部分，特别是与孙中山、国民革命、国共合作有关的部分，这是别的城市无法替代的，对历史、对海内外、对未来都具有深远的影响力。这是广州文化最灿烂多彩的一面，即便是在国内，广州的这种独特性仍然被学术界低估。"②

---

① 侯杰、胡伟：《论何启、胡礼垣的政治思想——以〈新政真诠〉为核心的探讨》，《青岛大学师范学院学报》第 22 卷第 2 期，2005 年 6 月。

② 刘平清：《广州对海外影响远超我们所知》，《广州日报》2005 年 3 月 30 日 A5 版。

广州是岭南文化的中心地，海上丝绸之路的发祥地，近代革命的策源地，改革开放的前沿阵地。"四地"文化，现在可谓深入人心，已经得到学界普遍认可。"四地"文化的核心，就是广州在中外关系上扮演了中国历史上独一无二的角色，在中西文化交融中发挥了独特作用。这一点广州学和澳门学有相似的地方。否则以澳门弹丸之地，怎么可能形成澳门学？以第二次鸦片战争为例，冲突围绕是否允许英国人、法国人进省城广州展开。洋人坚持按照此前的合约，认为可以进广州，而省城内官僚则百般推脱，搪塞应付，坚决拒绝。向来以"开放"著称的广州，很难想象在百余年前，其实也是相当封闭的。至少开放程度不如同时期的上海。同样是与外国人接触，上海催生了洋泾浜英语，而在粤语中同样掺杂着不中不西的词语，如"士多""的士"等。还有租界，上海英租界与法租界深刻影响了中国近代史，比如早期国民党、共产党的活动，大多借助租界作为法外之地拥有的权力提供庇护。而同期作为英法租界的沙面，对广州的影响远不如上海租界那么大。

时与地。"时"有共时性与历时性。前者研究的是同一时间段、不同空间对同一问题的反应。比如第一次鸦片战争后，英国割占香港，中国五口通商，打破了广州在对外贸易中长达 80 年的垄断地位，对广州的发展可谓影响深远。从广州学角度看广州这段历史，就不能仅就广州谈广州，而要从同时期与其他城市的对比中研究广州，发现广州的特点。历时性侧重研究的是同一对象在不同历史时期的特征。同样是广州城市发展研究，广州城市发展，历经农业时代、近代工业时代、信息时代，为什么三个时代广州都能独领风骚，屹立世界城市之林，这对今天的广州又有什么启迪？这是广州学要回答的问题。

从共时性与历时性角度，可以展开许多研究。晚清学者林损在论述浙学重要组成部分的永嘉学派时曾经指出："永嘉诸子非不言心性也，其所谓心性者，经济之心性耳；非不习文章也，其所谓文章者，亦经济之文章耳。""惟事功而无体，终亦必亡其用；惟心性而无用，终亦必丧其体，体用交丧，而人道于此尽矣。"[1] 林损的观点，和上文引述的何启、胡礼垣论

---

① 转引自王锟《浙学的独特价值》，《光明日报》2017 年 7 月 29 日。

述，可谓有异曲同工之妙。近代以来，特别是改革开放后，广东和浙江的发展几乎可以说在中国各省中异军突起，粤商浙商可谓"独步天下"。从广州学研究来说，这些都是非常重要的研究领域。

通过历时性研究，分析广州在时间变迁中所沉淀的那些过往对当今和未来的影响；通过共时性研究，在空间交汇中开掘广州的独特性一面，并汲取其他城市发展中的精髓为广州所用。

在笔者看来，从关系性上着力、发力，更多运用比较研究，在比较中，揭示广州的独特性一面，这是广州学与传统广州研究既有密切联系，但又超越后者的精髓所在。在大量广州研究基础上，广州学研究才能别开生面，结出丰硕的学术成果。

三 广州学与广州研究

目前，虽然学界对广州学进行了多角度的探讨，但尚未进入官方话语体系。以 2017 年 10 月颁布的《广州市哲学社会科学十三五规划》为例，该规划仍然强调的是加强广州研究。如果把广州学作为一门学科，就必须把它与广州研究加以区别。有学者敏锐地看到这一点："'广州学'的提出，并非简单给当下林林总总、零碎松散的广州研究加上'学科'的冠冕，而是基于学科概念、学术体系和研究方法对现有'广州研究'的成果进行甄别、梳理与整合，使之具有学科的树干和学术的枝叶。同时，'广州学'一旦作为学科确立或者发展成形，就必须按照学科建设规律去梳理、整合与发展，既要厘清'广州学'作为学科的学科定位、内容框架与学理逻辑等，也要确立'广州学'的基础理论、主干学科与分支学科等内容。"[1]

从形式逻辑上说，规定的语词定义（概念）在语言方面起着一种压缩与简化的作用。语言方面的压缩与简化，就大大加快了思维的速度，从而也加大了思维的深度。在有些地方，有些领域，"广州学"未尝不可以视为对"广州研究"的简化。特别是从传播学角度，从提升城市知名度而论，"广州学"的提出，比"广州研究"效果要好得多。当上海学、纽约

---

[1]　涂成林：《当代广州学评论》第 1 辑，社会科学文献出版社，2015，第 4 页。

学、巴黎学、伦敦学、东京学、泉州学、海南学、武汉学、杭州学、温州学、西安学等风起云涌之时，如果我们仍然停留在"广州研究"阶段，并不利于广州作为城市竞争主体的身份确认。从这点说，建设广州学，提倡广州学，是讲好"广州故事"，扩大"广州好声音"的需要。

从研究角度论，"某某学"是建立在"某某研究"量的积累的基础上的提升，或者说是更高层次的研究。比如我们说《红楼梦》研究，为何日渐演变成为"红学"？为何四大名著中，只有《红楼梦》成为一门学问？这是对《红楼梦》作为中国最伟大的古典长篇小说的认可，这是对其在中国古典小说中卓越艺术成就的认可，是建立在《红楼梦》诞生后涌现的大量研究成果的基础上的。类似的还有楚辞学、甲骨学、简帛学、黄河学、炎黄学、鲁学等，都是在此前研究大量积累的基础上应运而生的。这有点类似于对老人的敬称。不是每个老人都可以称呼为"某老"，只有那些德高望重的老人才有资格被称为"某老"。

任何对话一定要以学科为支撑，否则对话就不可能是平等的。大力提倡广州学，把广州研究"升级"为"广州学"，以学科建构的方式，用"学"来梳理出学界关于广州研究的基本脉络，形成广州文化、广府文化等的研究共识；以广州学促进广州研究，依托广州学，推动广州研究。从而在"广州学"的大旗下，驳斥所谓"广州是文化沙漠"的陈词滥调，建立起广州的文化自信与自觉。

从方法论角度说，在笔者看来，广州学更多是宏观研究，通过大量个案总结共性，广州研究更多是微观研究。广州学兼顾历史与现实，打通中外与古今；广州研究则侧重于某个具体时段的某个具体问题。广州研究回答广州"是什么"，广州学探究"广州为什么是这样"。广州研究可以是某个具体学科的分支，比如历史、经济、政治、社会、民俗等；广州学则是综合性交叉学科。

当然，广州学要构建成为一门学科，要走的路还很长。任何一门学科，不仅是研究力量的投入，更要通过课程设计、教学建设、教材建设、科研建设、人才梯队建设等，才能真正建构广州学学科体系。

四 《广州大典》与广州学

1925 年 7 月，王国维先生做过一次演讲——《最近二三十年中国新发见之学问》。演讲中，他提出了"古来新学问起，大都由于新发见"的著名论断，并分析了当时的四大发现甲骨文、西域木简、敦煌文书、清代内阁大库档案对中国古史研究发展的贡献。1930 年，著名学者陈寅恪先生在《敦煌劫余录序》中说："一时代之学术，必有其新材料与新问题。取用此材料，以研求问题，则为此时代学术之新潮流。""敦煌学者，今日世界学术之新潮流也。"[1]

这段论述，充分说明了文献资料对一个学科兴起的重要性。事实上，没有甲骨文的出土、敦煌文物的发现等，就不可能有甲骨学、敦煌学。新材料的发现，往往催生一种新学问、新学术的诞生。以敦煌学为例，敦煌学的学术体系承载于 5 万余件遗书、3 万余件简牍以及莫高窟、千佛岩、榆林窟等保存的壁画、彩塑等，内容包括中国古代文化以及古丝绸之路的文化交流等。徽学则以徽州文书档案为基础，以徽州古文化为研究对象，是具有徽州特色的区域性学术体系。

对于文献的重视，日本政界和学界的某些做法值得我们借鉴。甲午战争日本战胜清政府，特别是日俄战争日本获胜后，日本通过蚕食东北，进而侵占中国、称霸东亚的野心日渐明晰。配合其侵略计划，日本政界加强学界对中国东北地区、蒙古等的研究，《禹贡》杂志主编冯家升先生在 20 世纪 30 年代就有过深刻分析："东北四省，就历史上、地理上、法律上说，明明是中国的领土，而日本人为了伸展领土的野心，早几年前就在国际间宣传他们的'满蒙非支那论'，可怜我国学者没有一个能起来加以有力的反驳的。同时日本人为了实现此种基调起见，就雇用了大批学人专门致力于'满鲜学'或'满蒙学'。"[2]

即使到了今天，一些研究近代以来中国及东亚历史的学者包括西方学

---

[1] 陈寅恪：《金明馆丛稿二编》，上海古籍出版社，1980，第 236 页。
[2] 转引自韩东育《善于突破"学术岛链"》，《人民日报》2018 年 1 月 29 日。

者，仍会参照《幕末明治中国见闻录集成》、《大正中国见闻录集成》、《满蒙地理历史风俗志丛书》、《韩国地理风俗志丛书》、《清国通商综览》和《日本外交文书》这些早年由日本人编辑的系列资料。这反映出我们在这些研究领域的缺失和不足，也影响了中国在这些领域的话语权。①

在广州学学科体系构建中，文献建设要摆在突出位置。有学者认为，正是《广州大典》的出现，为广州学"提供了深厚的文献基础、思想基础与社会文化基础"。② 资料的收集与整理，历来是学科建构和专业研究的基础，也是广州学研究走向深化的标志。

岭南地区古为百越地区的一部分。公元前 214 年，秦平岭南，建番禺城，广州从此一直是岭南地区的中心。中原文化与百越文化在这里交融。从秦汉直至唐宋，中原文化随着移民的增多而影响大增。伴随海外贸易交往增多的影响，岭南文化又有了长足的发展，并趋向包容兼备多元创新的特点。

学界一般认为，岭南开发较晚，其文化包括历史典籍的撰著和学术思想的发展，大大落后于中原地区和江南地区。但就岭南文献产生的时间、质量及其影响而言，则没有这种情形。在历史长河中，以广州为中心的岭南地区曾涌现过许多在全国有影响力的历史人物，诞生过许多不朽的著作。清代初年屈大均说："广东自汉至明千有余年，名卿巨公之辈出，醇儒逸士之蝉联，操觚染翰，多有存书。"③ 特别是作为岭南首府，广州从古到今积累了丰富的文献资料。但是，由于种种原因，许多文献或被毁灭，或鲜为人知，流布不广。清代修《四库全书》著录文献合计 10254 种，其中岭南文献 187 种，仅占其中的 1.82%。而《广州大典》煌煌 520 册，收录广州府一地的文献数量达 4000 多种，占了 1911 年前保存至今的岭南文献的 60% 以上。据不完全统计，《广州大典》总字数近 4 亿，内容包罗万象，不仅涵盖历史文献中的经、史、子、集、丛几个大的类别，近代文献很多已经属于新学范畴。这些文献，为广州学的研究提供了一批新材料，

---

① 转引自韩东育《善于突破"学术岛链"》，《人民日报》2018 年 1 月 29 日。
② 涂成林：《依托广州大典构建"广州学"的学科基础》，载《当代广州学评论》第 2 辑，社会科学文献出版社，2016，第 35 页。
③ 屈大均：《文语·广东文集》，屈大均撰《广东新语》，《广州大典》第 218 册，广州出版社，2015，第 172 页。

为广州学的研究与发展提供了坚实的基础。

2015 年 4 月底,《广州大典》一期出版,在广州大典编辑部基础上成立的广州大典研究中心挂牌,该中心其中一个职能就是推进广州学的研究。目前,《广州大典·曲类专辑》正进入编纂出版的最后环节。作为世界非物质文化遗产的粤剧,诞生于广州,发展壮大于广州,并从广州通过华侨传播到世界各地。《广州大典·曲类专辑》涵盖粤剧留存至今的戏曲、南音龙舟歌、木鱼书、粤讴等近 2000 种文献。可以预计,它的出版将为广州学提供更加丰富的文献,拓展广州学研究的新领域。

广州作为中国海上丝绸之路的重要起点,是中西文化交流融合的重要城堡。从明朝开始,大批传教士、航海家、商人、外交官员等,通过广州深入中国,广州作为他们观察中国的一个窗口,留下了大量外交档案、商业档案、传教文献以及私人文献等。目前,广州大典研究中心已委托相关领域的研究专家,先期对保存在美国、法国、荷兰、比利时、瑞典、丹麦 6 国与广州历史文化有关的文献进行调研;时机成熟后,将以《广州大典·海外文献汇编》(暂名)的方式影印出版。可以预期,这些文献一旦问世,将改变我们对中西文化交流的认识,从而深化广州学的研究。

目前出版的《广州大典》,收录的文献截至 1911 年。而《广州大典》(民国篇),不仅时间上聚焦于民国时期,区域扩大至广东全省(此外还包括今天的海南省和广西钦州地区等)。这些都可以为广州学学术体系的建设,提供源源不断的活水。

当然,无论是作为一种文化思想的广州学,还是作为一种学术思想的广州学,作为一种学科的广州学,都还有许多问题都需要破解,需要厘清自身与相关学科的关系,在比较中明确自己独特的学科范畴、研究方法、话语体系,并吸收借鉴相关学科的成果。广州学研究之路,还很长很长。

作者通信地址:广东省广州市天河区珠江东路 4 号广州图书馆广州大典研究中心,邮编:510623。邮箱:57319311@ qq. com。

责任编辑:王富鹏

大典动态

《广州大典总目》出版

按《广州大典》编例及编纂工作计划，在《广州大典》各辑编讫出版后，即着手编制全书总目录和总索引，包括书名索引和著者索引。2015年5月，编制工作正式启动。因而，《广州大典总目》可说孕育甚早，筹划精心，先后成为广州市社科规划2013年度重点课题，中国索引学会2015年度重点课题。

其间，编辑组成员兢兢业业，对编制体例方法多次展开讨论，不断调整完善；为编制每条书目及其索引，逐一核实每个著录项，逐页翻阅520册《广州大典》；对样稿超额校对至8次之多。历时两年多，终于2017年9月完成出版。

《广州大典总目》分为"总目""索引"两大部分。"总目"按经、史、子、集、丛五部分类编排，每部再酌分类、属，并加以标注。"索引"包括书名索引及著者索引，分别按笔画顺序编排。为检索方便计，特设置字头检字，异体字等均于其中标明，大大提高可检索性。字头检字又分别有笔画字头检字、拼音字头检字，兼顾不同的检字需求。

与一般意义上的工具书和传统的总目编制方法相比，《广州大典总目》主要有三个创新。一是增加了类别属别的标注，更好地揭示了《广州大典》的内在组织结构。二是在书目著者项中，增加了对本地著者的籍贯标注，突出反映了《广州大典》的地方特色。三是在书名索引和著者索引中，实行快速双检索功能。每个条目里，括号外的数字指引其在《广州大典》的册次及页码，括号内的数字表示其在《广州大典总目》的页码，既便于使用者快速而准确地在520册中查找到所需文献的原文，也明晰地展示该文献在整个丛书中的归属位置。

《广州大典总目》甫出版，即分送至广东省立中山图书馆、中山大学图书馆、广州图书馆，以尽快编目上架供广大读者利用。有读者闻风而动，图书尚未正式上架即要求查阅。

11 月，在大典研究中心参与主办的"广州中药产业史与品牌传承"学术交流会、"民国时期广府华侨文献的史料价值"学术研讨会、"《广州大典》与广府文化研究"研讨会、"《广州大典》与岭南农业文化遗产"学术研讨会上，出版两个月的《广州大典总目》精彩亮相，作为宣传礼品分送有关会议嘉宾和学者，广受欢迎，得到热烈反响。

在新开放的广东方志馆、广州市方志馆，《广州大典总目》上架展示，受人瞩目。广州社会科学界联合会曾伟玉主席出访东欧，携《广州大典总目》走出国门，作为文化交流礼物赠予波兰、捷克、斯洛伐克等国，受到欢迎与好评。

《广州大典研究》集刊征稿启事

广州大典研究中心以传承和弘扬中华优秀传统文化为宗旨，是具有文献搜集与整理出版、研究阐发、人才培养、普及推广、传播交流、咨政与社会服务等职能的学术研究机构。《广州大典研究》集刊是广州大典研究中心与社会科学文献出版社为推动广州地方文献整理和学术研究合作创立的学术集刊。

一、办刊宗旨：本刊秉持科学理性、兼容并包的文化精神，深入挖掘整理广府文化资源，开展系统理论研究，传承和弘扬中华文化，密切关注中国文化建设及世界文化发展的前沿理论与实践问题，充分展示当代学人的思想与探索，推进广州历史文化、历史文献的整理和研究，促进学术交流，发挥学术为社会服务的功能。

二、主要栏目：本刊收录文章主要是关于广州以至广东历史文献的搜集与整理、关于广东历史文化研究的学术文章，包括新文献的发现和研究、现有文献的研究利用、既有文献的重新解读等，涉及哲学、政治学、文学、历史学、文献学等社会科学及相关交叉、边缘学科的学术论文。此外，可适当收录学术著作读书笔记、评论性文章及相关学术会议内容综述等。初步拟推出"名家专论或学人视界""史料挖掘""成果应用""地方学理论探讨""广府论坛""异域文明"等栏目，栏目将根据实际情况适时调整。

三、出版时间：本刊为半年刊，在每年 6 月 30 日、12 月 30 日两期出版。《广州大典研究》（第 1 辑）定于 2018 年 6 月出版。

四、本刊热诚欢迎国内外专家学者惠赐有关论文，提供讯息和数据，希望本刊能成为荟萃本地区及国内外专家学者研究广州文献整理、研究学术成果的刊物。

五、赐稿可使用汉语、英语。本刊秉持学术规范精神，倡导严谨学风，拒绝任何抄袭剽窃和弄虚作假行为；如有侵犯他人著述版权及人身权等行为，作者应承担全部责任并赔偿一切损失。

六、编辑部对来稿有权作文字修改、句段删节或提出意见请作者修改；凡不愿意者，请予以注明。

七、本刊不接受一稿两投或多投，三个月内未接获采用通知，即可自行处理；来稿一经刊发，即奉薄酬。

八、论文一经发表，本刊有权将之以其他形式出版；任何外界的转载、摘要、翻译、出版等均须征得本刊许可。

九、本刊设退稿制度。文稿发表与否，均通知作者。

十、联系地址：广东省广州市天河区珠江东路 4 号广州图书馆南 8 楼广州大典研究中心《广州大典研究》编辑部。

邮箱：gzdd-studies@ foxmail. com。

联系人：赵新良。

文稿要求

一、文章内容

本刊收录文章主要是关于广州以至广东历史文献的搜集与整理、关于广东历史文化研究的学术文章，包括新文献的发现和研究、现有文献的研究利用、既有文献的重新解读等，涉及哲学、政治学、文学、历史学、文献学等社会科学及相关交叉、边缘学科的学术论文。此外，可适当收录学术著作读书笔记、评论性文章及相关学术会议内容综述等。其内容及撰写方法需符合学术规范。

二、文章要求

（一）本刊为中文集刊，文章篇幅以 3000～15000 字为宜（含注释、参考资料等）。

（二）文章应未在其他出版物（不包括网络媒体）中发表过，或是首次被翻译成中文的文章，可包括做过修改并未发表的博士论文、硕士论文。每人每期投稿以一篇为限。

（三）集刊创刊初期或为了更好地全面论述某一主题内容，可包括少部分已发表过的有助于诠释相关讨论主题的文章。

（四）作者须恪守学术规范。杜绝抄袭、剽窃等学术不端行为。

（五）在不改变原意的前提下，本刊有权对来稿进行必要的文字处理。

三、截稿时间

本刊单期出版时间在每年 6 月、12 月，鉴于审稿、排版、印刷等工作需要，收稿截止时间在当期 2 月 25 日和 9 月 25 日。

四、稿件内容

（一）名家专论或学人视界（常设栏目，每期二选一）

名家专论：以广州学研究大家之专题学术论文，引导、推动相关研究之深入发展。

学人视界：通过名家访谈、学术争鸣等形式，推介岭南学者和岭南学术。

（二）史料挖掘

以新发现之《广州大典》未收录史料为对象，以影印和排印两种方式同时刊登。

（三）成果应用（常设栏目）

通过对《广州大典》所收集文献的应用，加强对广府乃至岭南地方社会、经济、文化、城市、乡村等之研究。

（四）理论探讨

坚持以创新为研究导向。通过新理论、新方法的介绍，加强交叉学科之研究。

（五）广府论坛

主要收录关于广府文学、历史学、语言学、民俗学、艺术学、宗教学及其他方面研究的文章。

（六）异域文明

广州特殊的地理位置为海上丝绸之路的发展提供了依托。通过对海上丝绸之路、中西文化交流等的研究，突出广州在过去的历史与当今的现实中与东南亚、西亚、北非、欧美的贸易和经济文化交流中承担的极为重要的角色。

（七）学术前沿

主要包含申遗动态、调研报告、会议综述、新书推介等。

撰稿格式

（全文采用 1.5 倍行距）

文章内容应依次包括：题名；作者姓名；工作单位；摘要、关键词；正文；作者详细通信地址、邮编、电话号码或电子邮件地址。

一、题名：应简明、具体、确切，概括文章的要旨。中文题名一般不超过 20 个汉字，必要时可加副题。（4 号字，宋体，加粗；副标题小 4 号，宋体）

二、作者姓名及工作单位：工作单位包括单位名称、所在省市及邮政编码；多位作者名之间用逗号隔开，不同工作单位的作者在姓名右上角及相应的工作单位间夹注不同的数字序号。具体排列为：题目单列一行，姓名单列一行，单位单列一行，均居中排列。（小 4 号字，宋体）

三、基金项目：文章请在首页脚处注明基金项目的正式名称，并在圆括号内注明项目批准号。如基金项目：中国社会科学基金项目（批准号：59637050）。（小 5 号，宋体）

四、作者简介（文章首页地角处标注）：

姓名（出生年月～　），性别，（民族），籍贯，单位，职称（职务），学位。（小 5 号宋体）

五、摘要与关键词（5 号楷体，"摘要""关键词"加粗）：来稿均应有中文摘要，篇幅为 100～300 字，用第三人称对全文进行准确概括，禁用"本文、笔者、作者"等主语，不加诠释，不用评价性文字，不用报道语式，不用序号，不分段。摘要要求文字简洁而精练；内容客观，应具有独立性和自含性；重点突出而新颖。

关键词：选取反映文章最主要内容的术语 3～5 个，关键词之间用分号隔开。

六、正文（5 号宋体，大段引文 5 号楷体；一级标题小 4 号宋体加粗，居中；二级标题 5 号宋体，缩进 2 字符）：

1. 文内分层或小节的标题数字顺序依次是：一、二、三……；（一）、（二）、（三）……；1、2、3……；（1）、（2）、（3）……。一级标题汉字数码后不用标点符号，空一格后出标题题文；二、四级标题后紧接题文；三级标题阿拉伯数字后用"."。

2. 为突出引文的重要而另立段落者，引文第 1 行起首空 4 格，从第二行起，每行之首均空两格。引文首尾不加引号。

3. 数字用法

（1）公历世纪、年代、年、月、日用阿拉伯数字，行文中古代年代要加公元。如：19 世纪 60 年代、1922 年 12 月初、公元前 463 年、公元 1628 年。

（2）民国采用公元纪年。

（3）表的顺序号、数据及计量单位均用阿拉伯数字。

（4）古籍文献的卷数和引文使用汉字数字。

（5）非公历年、月、日使用汉字数字。中国朝代的年号及干支纪年后加括号用阿拉伯数字标出公元年代，公元前在年份前加"前"字，公元以后只标年份。如：元封四年（前 107）、乾道六年（1170）。

4. 表格

文稿中表格需注明标题，文中含一个以上的表需注明表序号，表中或表后应注明资料来源。

5. 文稿附加文字，如国家社科基金项目、鸣谢等置于全文后，另段标出。

七、注释体例及标注位置：

文献引证方式采用注释体例。注释放置于当页下（脚注）。注释序号用①、②……标识，每页单独排序。正文中的注释序号统一置于包含引文的句子（有时候也可能是词或词组）或段落标点符号之后。

图书在版编目（CIP）数据

广州大典研究. 2018 年. 第 1 辑：总第 1 辑 / 刘平清
主编. -- 北京：社会科学文献出版社，2018.8
　ISBN 978 - 7 - 5201 - 2845 - 2

　Ⅰ.①广…　Ⅱ.①刘…　Ⅲ.①地方文献 - 研究 - 广州
Ⅳ.①K296.51

　中国版本图书馆 CIP 数据核字（2018）第 118996 号

广州大典研究（2018 年第 1 辑　总第 1 辑）

主　　编／刘平清

出 版 人／谢寿光
项目统筹／周　琼
责任编辑／周　琼　李秉義

出　　版／社会科学文献出版社·社会政法分社（010）59367156
　　　　　　地址：北京市北三环中路甲 29 号院华龙大厦　邮编：100029
　　　　　　网址：www. ssap. com. cn
发　　行／市场营销中心（010）59367081　59367018
印　　装／三河市龙林印务有限公司

规　　格／开　本：787mm × 1092mm　1/16
　　　　　　印　张：16　字　数：242 千字
版　　次／2018 年 8 月第 1 版　2018 年 8 月第 1 次印刷
书　　号／ISBN 978 - 7 - 5201 - 2845 - 2
定　　价／89.00 元

本书如有印装质量问题，请与读者服务中心（010 - 59367028）联系